Breve historia

del fútbol

BREVE HISTORIA
DEL FÚTBOL

Marcos Uyá Esteban

nowtilus

Colección: Breve Historia
www.brevehistoria.com

Título: *Breve historia del fútbol*
Autor: © Marcos Uyá Esteban

Copyright de la presente edición: © 2019 Ediciones Nowtilus, S.L.
Camino de los Vinateros 40, local 90, 28030 Madrid
www.nowtilus.com

Elaboración de textos: Santos Rodríguez

Diseño y realización de cubierta: Universo Cultura y Ocio
Imagen de portada: Imagen del partido Francia-Italia del 12 de junio
de 1938. Cuartos de final de la Copa Mundial de Fútbol de 1938.
Estadio de Colombes

ISBN edición impresa: 978-84-1305-008-9
ISBN impresión bajo demanda: 978-84-1305-009-6
ISBN edición digital: 978-84-1305-010-2
Fecha de edición: marzo 2019

Impreso en España
Imprime:
Depósito legal: M-6308-2019

Para mis tres sobrinas
Carla, Flavia y Diana

Índice

1

El fútbol antes del fútbol

Tengo que reconocer que el deporte rey siempre me ha gustado. Aún recuerdo con cariño, nostalgia y risas entre medias que, cuando estudiaba en el colegio, si alguna asignatura se hacía tediosa, me ponía en la última página del cuaderno a escribir alineaciones de equipos de casi cualquier época y a rememorar partidos históricos y competiciones, y hasta las tácticas de juego. Más de una vez me pillaron con las manos en la masa y alguna reprimenda cayó; las típicas que te dicen que eso no te va a servir en la vida y que te centres en los estudios, que sí que te darán un futuro. Como en ciertas cosas reconozco que he sido cabezón, al llegar a la Universidad, en los primeros años, seguí por el mismo camino, aunque ya cada vez menos, hacía lo mismo si la asignatura del momento era soporífera. Se me viene a la cabeza la historia medieval de España. Servidor hizo la carrera de Historia y, entre visigodos, reinos cristianos, Al-Andalus y las taifas, se ponía a hacer las alineaciones de la Alemania de los ochenta, del Real Madrid de Di Stéfano, del Brasil de Pelé o de la selección española de cualquier época. Ni caso a Abderramán III, Jaime I el Conquistador, a las mesnadas, a los privilegios reales o al Reino Nazarí de Granada. Eso lo dejaba para otros.

Y he aquí que, años después, barruntando la posibilidad de escribir un libro sobre la historia del fútbol, por fin lo voy a realizar. Sinceramente tengo la ilusión de un niño pequeño, la misma que tenía cuando jugaba de portero en el patio del colegio y me compraba la equipación y los guantes, intentando emular a mi ídolo de aquellos años, Paco Buyo, o en el parque del Retiro, en donde pasé mi infancia y donde los partidillos entre los niños alcanzaron cotas casi internacionales en un tiempo en el que se dejaba ya sentir la influencia de la inmigración, en el que casi cada equipo parecía sacado de la Organización de Naciones Unidas (ONU). Espero, querido lector, que sea de tu agrado esta historia que te voy a contar de un deporte que mueve a cientos de millones de personas y que, en muchas ocasiones, ha servido de lazo de unión entre culturas y países.

UN DEPORTE MILENARIO

Establecer el origen exacto de cuándo apareció el fútbol es como intentar resolver el misterio del Triángulo de las Bermudas. Desde que nuestros primeros ancestros empezaron a practicar el *bipedismo*, el darle patadas a las cosas se fue convirtiendo en una costumbre que, con el tiempo, se fue asentando. Ya en la prehistoria, no es que se organizaran partidillos entre tribus de cazadores-recolectores para determinar quién se llevaba al mejor mamut, pero sí me imagino a algún hombre de Neandertal u *Homo sapiens sapiens* pegándole un puntapié a algún fruto maduro o podrido que se encontrase en el suelo. El problema de aquellos lejanos tiempos es que no estaba la cosa como para perder la energía pegándole patadas a cualquier objeto mínimamente redondo; bastante tenían con conseguir alimento, luchar contra enfermedades infecciosas y con las inclemencias del tiempo.

Pasaron los siglos, y los milenios, y aquello no se olvidó. E incluso parece que surgieron los primeros pictogramas que representaban el noble arte de este deporte. Aunque no esté científicamente demostrado, en la llamada pintura rupestre, la que se hacía en las rocas o en las cavernas —y ya en el Neolítico—, aparecen en África unas figuras antropomórficas en las que se muestran individuos jugando a algo parecido a un esférico. No se sabe si era algo cotidiano, pero ahí está.

Según la FIFA (ya os hablaré detenidamente de qué es), el antecedente más remoto del que se tenga constancia del uso del deporte rey, documentado y demostrado, se remonta a la China de los Han, concretamente en los siglos III y II a. C., pero existen testimonios más antiguos que pueden evidenciar que esto del fútbol ya se practicaba antes. Un ejemplo curioso proviene del milenario Egipto, que, aunque no esté relacionado con el juego en sí, está asociado a las cosechas, que eran el modo de supervivencia de sus habitantes, y a los rituales de fertilidad agrícola. En ellos se observa, a través de objetos encontrados en tumbas egipcias, que los granos y las semillas eran envueltos en una especie de paño colorido de lino atado con cuerdas, que, como si de un saque de puerta se tratase, se mandaba lo más lejos posible para que se esparciera sobre el campo, tras lo que se esperaba que la benevolencia del río Nilo hiciera el resto.

En la Antigüedad clásica, en Grecia y en Roma, también se encuentran evidencias del uso del fútbol. Entre los griegos no fue tan popular, ya que preferían competir en los Juegos Olímpicos y en otras modalidades, pero tuvo cierta aceptación en toda Grecia. Llamado *episkyros*, aunque no hay muchos testimonios referentes a esta modalidad. Se sabe que cada equipo estaba compuesto de doce o catorce jugadores y que se podían utilizar las manos, lo que a veces es considerado más bien un precursor del balonmano o del rugby. Aun así, y sobre todo en Esparta, debió de levantar algunas pasiones, ya que a veces se usaba la violencia. El espacio en donde se jugaba se denominaba *scyras*, y había una línea central, llamada *skuros*, que separaba a los dos equipos. El objetivo era llevar la pelota, una vejiga de cerdo rellena de lana, plumas y vegetales resistentes, hasta una línea blanca detrás de cada equipo; el que más veces lo hiciera, ganaba. También lo practicaron las mujeres. Es curioso cómo este nombre, el *episkyros*, significa 'juego engañoso', ya que el objetivo era, a través del despiste, del engaño y del drible al contrario, llegar a la línea de fondo. Hubo otra modalidad en Grecia llamada *phaininda*, de la que luego derivaría el *harpastum* romano, mencionada por el literato griego Antífanes de Berga, y también por Clemente de Alejandría y Julio Pólux, aunque por desgracia no se sabe apenas en qué consistía, siendo probablemente, al igual que su posterior homólogo romano, una rara modalidad en la que se mezclaban el balonmano, el rugby y el fútbol. No conviene olvidar las representaciones artísticas griegas que reproducen estos juegos, en especial una que se encuentra en el Museo Arqueológico de Atenas en la que se observa, en un bajorrelieve de un jarrón, la figura de un atleta que sostiene una especie de balón con el muslo haciendo malabares, imagen que se reproduce en el trofeo que se entrega al ganador de la Eurocopa de Naciones.

Los romanos, aunque inventaron casi de todo, nunca dejaron de mirarse en el espejo griego, del que copiaron el arte, la mitología, la religión o la filosofía entre otras muchas cosas. Y como no podía ser menos,

Relieve de un atleta griego sosteniendo un balón en el muslo, imagen plasmada en el trofeo de la Eurocopa. Museo Arqueológico de Atenas.

también el fútbol. Los romanos practicaron el ya mencionado *harpastum*, que parece ser que fue implantado por el gran Julio César después de la conquista de la Galia y que alcanzó su punto álgido en tiempos del emperador Claudio, cuando Roma conquistó el sur de Britania, la actual Inglaterra, llevando, por primera vez en la historia, el fútbol a las islas británicas. Fue muy practicado por las legiones romanas y servía de entretenimiento en aquellos momentos en los que no tenían que luchar contra algún fiero guerrero germano o celta en algún bosque sombrío y húmedo, o adentrarse en los vastos y calurosos desiertos para ser atacados por la caballería persa. El juego, también de cierta violencia, consistía en que dos equipos de número variable, entre cuatro y seis jugadores, tenían que llevar una pequeña pelota al otro extremo del campo, que estaba delimitado por cuerdas, y se

Fresco que representa a soldados romanos jugando al *harpastum*

conseguía el *gol* si se tocaba con la pelota la cuerda situada en la llamada línea de fondo, ya que no valían las laterales. No había unas reglas precisas, salvo la de no matar al contrincante. Aunque era duro y agresivo, rápido y físico, servía de distracción para los legionarios romanos en tiempos de paz, y así mantenían la forma física y seguían entrenando. En muchas ocasiones, se celebraban partidos entre oficiales y legionarios. Seguramente más de un centurión acabaría vapuleado por un simple legionario, y el primero se tomaría cumplida revancha cuando, en las largas caminatas que debían de hacer para ir de un sitio a otro, le atizase con la vara de sarmiento.

Afortunadamente, esta modalidad de juego fue recogida por algunos autores griegos y romanos como Ateneo de Naucratis, Galeno, el gran médico de la Antigüedad —que escribió un pequeño texto titulado *Tratado de la pelota pequeña*, asegurando que su práctica propiciaba una recia salud tanto de cuerpo como de mente—, el ya nombrado Julio Pólux, o Sidonio Apolinar; este último en el siglo v de nuestra era. Ovidio en su *Metamorfosis* y Séneca en *Los Beneficios* aluden a diversos juegos de pelota para hablar de la condición física y espiritual del ser humano, e incluso el célebre San Agustín, en sus *Confesiones*, lo practicaba y, encima, era mal perdedor, puesto que le gustaba siempre salir victorioso. Había otras modalidades en Roma como el *follis*, un balón ligero pero más grande que el utilizado en el *harpastum*, que podría estar emparentado con el voleibol, ya que era golpeado con la mano o con el antebrazo para evitar que tocase el suelo, o el llamado *trigon*, cuya pelota tenía un tamaño similar al de una pelota de tenis y que era lanzado contra un contrincante que debía detenerlo con los pies o con las manos.

OTRAS CULTURAS, OTRAS VISIONES

Muchos consideran como antecedente directo del fútbol el llamado *pokolpok* o *pok-ta-pok* maya o el juego de pelota mesoamericano. Sus orígenes son debatibles, ya que muchos investigadores sostienen que se practicaba en la época olmeca, a finales del primer milenio antes de nuestra era, y los vestigios más antiguos parecen ser del 1400 a. C. aproximadamente. Sea como fuere, y a pesar de que se han encontrado numerosos restos arqueológicos en México, Honduras, Puerto Rico, la zona del Caribe e incluso en lugares como Arizona, existen discrepancias a la hora de señalar sus orígenes tanto geográficos como cronológicos; tradicionalmente se suele admitir que, tomando como referencia temporal el siglo III a. C., se expandió en la época maya y alcanzó su auge entre los años 200 y 1400 d. C.

No se sabe con exactitud en qué consistía exactamente este juego, ya que adopta múltiples variantes en función de su desarrollo en cada zona, aunque hay rasgos comunes, como son las metas, el campo de juego, su

Juego de pelota en los restos de la ciudad maya de Uxmal,
Yucatán, México

simbolismo y ritual, y la pelota, normalmente de caucho
(hule) o de goma. Las que sí variaban eran las dimensiones del campo, las reglas, la composición de los equipos,
entre dos y once, y las representaciones artísticas. Se
jugaba usando casi cualquier parte del cuerpo, en especial las caderas, los pies y, en algunos casos, las manos,
con el objetivo de llegar o rebasar la meta de fondo.
Normalmente, la cancha era rectangular, con pavimen-
tación y delimitada por cuatro muros sobre los que se
alzaban sendas plataformas.

El campo de juego siempre estaba dentro del recinto
ceremonial y en las proximidades de los templos más
importantes, junto con santuarios en donde se celebraban
los rituales y, en ocasiones, junto con los altares dedicados
a los sacrificios humanos. Se encuentran campos de los más
variados tamaños. Desde el gigantesco campo situado en
Chichén Itza de casi 100 metros de largo por 30 de ancho
hasta el minúsculo de Tikal de apenas 15 metros de largo
por 5 de ancho. Una de las incógnitas más estudiadas

era el tamaño y el peso de la pelota, pese a que existen discrepancias al respecto. Se cree, en líneas generales, que esta debió de medir entre 20 y 30 centímetros de diámetro y de 2 dos a 3,5 kilos de peso, lo que da que pensar que los moratones, los golpes en las partes más sensibles del cuerpo y los dientes volando formarían parte del juego, no solo por las dimensiones de la pelota, sino por la velocidad y la violencia con la que esta se usaría. En cuanto a la vestimenta y a las protecciones que se utilizaban, apenas ha llegado vestigio alguno, con lo cual hay que recurrir a las representaciones artísticas para dar fe de los elementos utilizados. Destacan, sin duda, los cinturones especiales usados para proteger la cadera, ya que este elemento del cuerpo era el más usado, así como las caretas y los cascos de cuero para proteger la cabeza. Una de las innovaciones, coincidiendo con el comienzo de la decadencia maya, fue colocar los famosos aros de piedra a cada lado del campo para introducir la pelota dentro del anillo o, al menos, para que lo tocase. Si se tocaba el anillo situado en la pared del lado contrario al del equipo, se conseguían varios puntos, y el primer equipo que introdujese el balón dentro del aro ganaba el partido.

Mucho se ha hablado de las connotaciones rituales, esotéricas y simbólicas de este juego. Por regla general, se practicaba en tiempos de paz y de tregua, y muchas veces servía para dirimir y resolver conflictos sin necesidad de entrar en guerra, especialmente en el periodo azteca, en el que el juego de la pelota se conocía como *tlachtli*. No era de extrañar que hubiera grandes apuestas en la época y que líderes de diferentes pueblos y culturas ganaran o perdiesen todas sus pertenencias en un solo partido, desde tierras, mujeres, esclavos o hijos, hasta la propia libertad. Pero también servía para resolver conflictos comerciales, para saldar impuestos que debían pagarse a las autoridades o para solucionar problemas relacionados con la propiedad de la tierra. Sin embargo, a partir del llamado periodo clásico, que suele situarse entre el 300 y 900 d. C., se relacionó el juego de la pelota con los sacrificios humanos. No se sabe a ciencia cierta si el equipo ganador o el perdedor era el que acababa siendo decapitado, ya que se consideraba que el ser sacrificado a los dioses era un *privilegio*, como tampoco se conoce si se sacrificaba a todos los miembros del equipo o solamente al capitán. Se conserva algún vestigio artístico de ello, como la conocida estela del jugador de pelota decapitado en Aparicio, situado en la zona de Veracruz o en unos de los murales del campo de juego de pelota de El Tajín, ambos en México. En cuanto al valor simbólico de este juego, gran parte gira en torno a la pelota, que podía representar al Sol o al movimiento de los cuerpos celestes del universo, mientras que el terreno de juego era consagrado por las divinidades, el jugador desafiaba su propio destino dentro de un mundo cosmológico del cual esperaba formar parte.

Cuando en el siglo XVI los conquistadores españoles llegaron a dicha zona, reunieron testimonios de este deporte. Uno de ellos, recogido por el cronista Bernadino de Sahagún en su *Historia general de las cosas de la Nueva España*, habla de cómo elaboraban la pelota para poder jugar, extrayéndola de la resina negra y elástica de un árbol conocido como *ullequahuitl*. Por su parte, el dominico Diego Durán también describe la proporción de las canchas de juego, mientras que fray Juan de Torquemada, pariente del inquisidor fray Tomás de Torquemada, nos relata las apuestas que realizaba el emperador azteca Axayácatl, el padre de Moctezuma II, con algunos líderes de otras culturas adyacentes y que debían resolverse en el terreno de juego. Finalmente no hay que dejar de lado el testimonio dado por el *Popol Vuh*, el texto maya por excelencia a caballo entre la ficción y la realidad, con la historia de los gemelos

Hunahpú e Ixbalanqué; en él, ambos personajes se encuentran en el terreno de juego y al molestar a los llamados señores de Xibalbá, es decir, a los guardianes del inframundo, son llevados a este para superar una serie de pruebas, entre ellas disputar el juego de la pelota en el inframundo. Posteriormente, Hunahpú se convierte en el Sol mientras que Ixbalanqué sería la Luna. Hoy en día, en algunas zonas de México y de Guatemala se sigue practicando este juego. Destaca el *ulama*, parecido al voleibol, pero en el que no existe la red que separa las dos mitades del campo y en el que la pelota, de bastante peso, se golpea con la cadera, algo harto difícil de ejecutar.

En el Lejano Oriente, los amarillos también le dieron a esto del balón, y la verdad es que se lo pasaron pipa. En el siglo III a. C., la dinastía Han, aunque tal vez pudo ser la Qin con su emperador Qin Shi Huang (el unificador de China), instauró el llamado *Tsu Chu*, también llamado *cuju*, en el que la palabra *tsu* significa literalmente 'dar patadas' y *chu* es bola hecha de cuero relleno con materiales como plumas, virutas de madera y vegetales. La FIFA lo considera como el vestigio más antiguo del deporte rey por estar recogido en un manual de arte militar en el que se explican las reglas de juego de este deporte, y, además, por no estar basado en vestigios arqueológicos, artísticos o en los escritos de filósofos e historiadores. Aun así, parece que ya en la dinastía Shang, en la Edad de Bronce, hay, según hallazgos arqueológicos, los primeros vestigios de este deporte. En este manual se recogen las reglas del deporte, aunque algunas pueden ser interpretadas. En primer lugar, al igual que el *harpastum* romano, era practicado por los soldados en tiempos de paz para entretenerse y mantener la forma, además de para mejorar su valor, pues, mediante este juego, perfeccionaban algunas técnicas de ataque y de defensa que luego desplegarían en la batalla. Prácticamente se podía

Niños jugando al *Tsu Chu* o *cuju*. Pintura de la Dinastía Song, mediados del siglo XII

utilizar casi cualquier parte del cuerpo, aunque a veces se prohibía el uso de la mano.

Históricamente, ha habido dos versiones de este juego que se han desarrollado en China. La primera era el llamado *zhuqiu*, reservado a momentos puntuales como era la celebración del cumpleaños del emperador o la visita de delegaciones diplomáticas de otros lugares. Normalmente, cada equipo tenía de doce a dieciséis jugadores. El segundo era el denominado *baida*, muy arraigado en la dinastía Song entre los siglos X al XIII y en el que se hacía más hincapié en las habilidades personales del *futbolista*, es decir, el regate, la carrera, la habilidad con los pies, la velocidad, etc. En este momento, también se había cambiando ya la pelota de cuero por una de aire; hecho que ocurrió en el tiempo de la dinastía Tang entre el siglo VIII y el IX, lo que la hizo más ligera pero a la vez más complicada de manejar, y esto hizo que todas las clases sociales, incluidos los emperadores, disfrutasen más del juego. Incluso se cuenta la historia, dentro también de la dinastía Tang, de que una joven de apenas diecisiete años consiguió vencer a un equipo compuesto de soldados del ejército imperial.

En cuanto a las reglas del juego, no eran tan fáciles de entender y sufrieron variaciones a lo largo del tiempo. La principal era cómo conseguir el *gol*. Una modalidad era la de poner en ambas líneas de fondo varios postes con redes y, si se introducía el balón en en cualquiera de ellos, el gol valdría como tal. Más tarde se pusieron dos postes con una red o, en su defecto, con un cordón tensado que hacía que aquellos que poseyeran más habilidades con el esférico lo tuviesen más difícil para marcar. Incluso llegaron a existir jugadores *profesionales* dotados de extraordinarias destrezas que se ganaban el pan practicando este deporte o que incluso llegaban a pertenecer a la corte imperial. Llegó un momento en que se retiraron los postes y las redes, y el deporte simplemente se convirtió en un juego consistente en trasladar la pelota de un lado a otro en el que ganaba el equipo que menos faltas cometía. En esta época, los equipos estaban formados por un número de jugadores de entre dos y diez.

En el país del sol naciente, Japón, se practicó una modalidad llamada *kemari*, derivada del *Tsu Chu* chino. Implantado hacia el siglo VI d. C., dentro del periodo Asuka (durante el cual se instauró el budismo), el juego consiguió calar en la sociedad japonesa hasta tal punto que ha sobrevivido hasta nuestros días gracias a la labor del emperador Meiji, quien, a principios del siglo XX, impidió su desaparición. En el juego, con equipos de entre seis y doce jugadores, llamados *mariashi*, la pelota, cuyo nombre es *mari*, está hecha con cuero de ciervo y rellena de serrín, tiene un diámetro de 23 a 25 centímetros y no puede tocar el suelo, para lo que solo se utilizan los pies, sin estar permitida ninguna otra parte del cuerpo (salvo en contadas ocasiones en las que se puede utilizar la cabeza, rodillas, espalda e incluso codos). El terreno de juego, de unos 15 metros de largo, recibe el nombre de *kikutsubo*, y las cuatro esquinas están representadas por cuatro árboles que hacen referencia a las cuatro estaciones del año: el cerezo para el verano, el arce en invierno, el sauce en primavera y el pino en otoño. A pesar de no estar considerado como deporte de competición, siempre había un ganador, que era el equipo que más toques daba a la pelota sin que esta cayera al suelo; algo que todos hemos hecho alguna vez en el patio del colegio. Normalmente se practicaba con un traje japonés clásico utilizado en ceremonias religiosas, llamado *kariginu*, que, la verdad, debía de ser incómodo por mucho que fuera de seda.

En otros lugares y latitudes, también se practicaban deportes parecidos al fútbol. Algunos tenían nombres casi impronunciables como el *pasuckuakohowog*, que se jugaba en lo que hoy en día es Estados Unidos o el *asqaqtuk*, en Alaska. El primero significa literalmente 'reunirse para jugar a la pelota con los pies' y, aunque hay evidencias de que se practicaba en el siglo XVII, posiblemente se jugase desde mucho antes. Las dimensiones del campo eran enormes; podía llegar a tener casi un kilómetro y medio de largo por unos setecientos metros de ancho, y se jugaba en la costa, en grandes playas. Se atestigua que hasta mil personas lo practicaban a la vez y era bastante peligroso y violento, de hecho, las lesiones estaban a la orden del día. La duración del juego era variable, desde unas pocas horas hasta un día entero, caso en el que acabarían totalmente tiesos. Eso sí, después de darse la paliza jugando y de intercambiarse tortas, al final del partido lo celebraban a lo grande: bebida, comida, jolgorio y juerga por doquier. Mientras, en Alaska, con un frío que pelaba, los esquimales jugaban, para calentarse, con una pelota rellena de hierba, de pelo de caribú y de musgo. No se sabe demasiado de las características del juego, pero hay una leyenda que cuenta que hubo un partido en el que la distancia entre una portería y otra era de casi quince kilómetros. Una auténtica locura. Eso sí, se te pondrían las piernas con unos músculos de acero.

Tampoco en Oceanía andaban paticortos en esto del futbol. El llamado *marngrook* alcanzó una popularidad interesante ya en épocas tardías, concretamente en el siglo XIX, debido a que los europeos inmortalizaron, a través de imágenes y fotografías, la práctica de este deporte. Al igual que en el *kemari* japonés, la base consistía en no dejar que la pelota tocase el suelo y era jugado por más de cien personas a la vez. En teoría, el juego debía enfrentar diferentes tribus, pero, en realidad, se mezclaban siguiendo unos estrictos protocolos asociados a la diferenciación por altura, género e incluso color de la piel. No había unas reglas escritas en el juego y, normalmente, solo se ganaba si el que se sentía perdedor aceptaba. Algunos historiadores creen que el *marngrook* es el antecedente del fútbol australiano, aunque no hay evidencias empíricas para afirmar tal hecho.

Por último, en la India se jugaba al *yubi lakpi*, particularmente en la región de Manipur, al noreste; aunque se parece más al rugby que al futbol y, de hecho, algunos lo consideran como el antecedente directo del rugby. Constaba de siete jugadores y el balón era un coco. Existía un árbitro y las dimensiones del campo, de barro seco y áspero (aunque, en ocasiones, podía ser de hierba), eran de cuarenta y cinco metros de largo por dieciocho de ancho. Los jugadores se embadurnaban con aceite de mostaza y con agua para que su piel estuviera resbaladiza y, así, ser más difíciles de atrapar. El equipo ganador sería el que más veces traspasase con el coco la meta situada en la línea de fondo, en la que se disponía una especie de área pequeña de cuatro metros y medio de largo por tres de ancho; área donde se encontraba la línea de gol. No estaba permitido dar patadas al rival ni tampoco golpearlo.

La Edad Media. No tan media como parece

A pesar de que la Edad Media se caracteriza por las guerras, por los torneos conocidos como justas (celebrados por los señores feudales) en los que el caballero va detrás de la damisela de turno, por los célebres cantares de gesta y los numerosos poemas épicos, también había tiempo para darle a la pelotita. Y, para ello, hay que viajar a las islas británicas, en donde por primera vez los ingleses sí que pueden sentirse orgullosos de *su* deporte. Allí, después de la llegada de anglos y sajones, y tras los vikingos y los normandos, las cosas parecieron calmarse ya en los siglos XI y XII, y eso propició que los ingleses de aquellos años, durante la época de carnaval (que derivaba de las antiguas saturnales romanas), empezaran a celebrar algunas competiciones y juegos para entretener al pueblo llano. Una de estas competiciones fue la que, con el paso del tiempo, se denominaría *fútbol medieval*, aunque sus orígenes parecen remontarse al *harpastum* romano exportado por los romanos cuando llegaron a las islas y que habría sobrevivido a lo largo de los siglos, tal y como recoge el monje e historiador Nennio en su *Historia de los Britanos* escrita en el siglo IX.

Pese a que se popularizó en el siglo XII, ya que se atestigua que en torno al año 1170 los habitantes de Londres jugaban a un juego de pelota (que, por otra parte, no era novedad) bastante violento; tanto que, para llevar el balón a la línea de meta, lo único que no estaba permitido era el asesinato y el homicidio, si bien se podía emplear todo tipo de tretas para alcanzar tal propósito. A veces, la meta no era una portería o una línea, sino la iglesia de los oponentes. Aun siendo violento, debió de ser bastante divertido, pues no había un campo de juego y tampoco unas dimensiones concretas, por lo que se podía jugar en las calles y en cualquier lugar de la ciudad o del campo, con lo que se producía un notable desaguisado compuesto de destrozos, pisoteos y batallas campales no solo entre equipos contrarios, sino con comerciantes, tenderos, posaderos y agricultores que veían que, como mínimo, se les acercaba el apocalipsis. El número de participantes podía ser ilimitado, lo que conllevaba que a una masa ingente de personas estuviera deseosa de jugar a toda costa. Así pues, se forjó una rivalidad, a veces malsana, entre aldeas vecinas e, incluso, entre los miembros de un mismo lugar, lo que, en ocasiones, creaba situaciones bastante violentas, tanto es así que tiempo después, ya en el siglo xiv (en el año 1314), Eduardo II, el rey inglés, hubo de prohibir la práctica del fútbol en época de carnaval en la capital londinense bajo pena de prisión. Hay algunos documentos que atestiguan la práctica de este deporte, como la de un grabado realizado en la Catedral de Gloucester, en el que se muestra a dos jóvenes que juegan, al parecer, utilizando también las manos.

Aun así, pese a ser declarado ilegal, este deporte se siguió practicando y, de hecho, de vez en cuando se producían fatales desenlaces, como recoge un testimonio de 1321 en el que el papa Juan XXII da una dispensa papal a un tal William de Spalding de la ciudad de Shouldam, en el condado de Norfolk, debido a que, en un lance del juego, otro tal William chocó con él con tal mala suerte que el cuchillo que llevaba el primero se clavó en el cuerpo del segundo, por lo que murió a los seis días. El Papa declaró que no había habido sido premeditado y que, por tanto, estaba libre de culpa. Los reyes ingleses posteriores intentaron por todos los medios

Jóvenes jugando al fútbol. Grabado de la catedral de
Gloucester. Nótese el uso de las manos.

Eduardo II de
Inglaterra. El rey que
quiso prohibir el fútbol
en época de Carnaval

no permitir que se siguiera jugando de manera clandestina, ya que había estallado la famosa guerra de los Cien
Años contra Francia en aquel tiempo, y querían que los
jóvenes y los soldados ingleses estuvieran más pendientes de practicar el tiro con arco, especialidad inglesa en
el arte de la guerra, que de perder el tiempo dándole

patadas y manotazos a un balón. Por ello, en 1363, el rey Eduardo III proclamó un edicto en el que cual no solo se prohibía el fútbol medieval, sino también otros deportes como los lanzamientos de piedra, de hierro y de madera, la lucha, el balonmano y el fútbol, de lo que se desprende que ya estos dos últimos podrían estar diferenciados en cuanto a las reglas de juego y a la utilización de ciertas partes del cuerpo. Ya en el siglo xv, se siguió con esta lucha por erradicar el deporte y, en 1409, se constata la utilización por primera vez de la palabra inglesa *football* cuando se proclamó otro edicto que prohibía la recaudación de dinero destinado a la práctica del juego. En 1424 se conoce el primer documento que recoge el intento de prohibir el fútbol en Escocia por parte del rey Jaime I, quien lo denomina *futeball*, y, a finales del siglo xv, se documenta la palabra *dribbling*, es decir, driblar o regatear al contrario.

En la vecina Francia, se practicó otro juego conocido como la *soule*, que también se venía jugando desde tiempos inmemorables, pero no fue hasta el siglo xii cuando se extendió a todas las clases sociales, sobre todo entre los clérigos y los nobles. Era especialmente popular en el noroeste de Francia, en las regiones de Picardía, Normandía y Bretaña, y sus reglas eran relativamente sencillas. Con dos equipos, a menudo miembros de parroquias diferentes, el objetivo del juego era devolver la pelota a la iglesia parroquial o, a veces, a otro lugar, como podía ser una casa del equipo contrario, que en ocasiones estaba situada al otro lado de la aldea, del pueblo o de la ciudad; algo que a veces implicaba atravesar no solo calles, sino bosques, páramos, arroyos, prados o ríos. El tamaño del equipo oscilaba entre los veinte y los doscientos jugadores, y el juego podía durar hasta varios días, cuando los contendientes de ambos equipos estuvieran totalmente agotados. Se utilizaban los pies para golear el esférico y solo se usaban las manos para recibirlo, no para lanzarlo.

La pelota podía ser o bien de cuero, rellena de lana o de madera, o bien una vejiga de cerdo llena de heno. Al igual que en Inglaterra, en el siglo XIV hubo disposiciones para su prohibición; la más famosa fue promulgada por el rey Carlos V en 1365, quien consideraba que este deporte no era digno de fomentar el ejercicio del cuerpo. Gracias a esas disposiciones, la práctica de este deporte, pudo llegar a ser causa de posible excomunión para el obispo de Tréguier en el año 1440.

Nos vamos a Italia...

Con la llegada del Renacimiento en el siglo XV, hubo un enorme florecimiento en las artes y en las letras, pero fue concretamente el humanismo, un movimiento intelectual que surge paralelamente y que se desarrollaría durante aquel periodo, el que tuvo como enfoque una reforma cultural a todos los niveles. Italia, aunque hasta el siglo XIX no es considerada como nación, es la cuna del Renacimiento o, al menos, su epicentro. Pero Roma, aun siendo una de las ciudades más importantes del periodo, no es el lugar privilegiado en donde se desarrollaría este excepcional periodo político, artístico y cultural, sino en las ciudades toscanas como Florencia o Siena. Con el regreso a la Antigüedad clásica, de ahí la palabra *Renacimiento*, se recuperaron, en parte, las ganas de volver a hacer deporte, ya que los humanistas y renacentistas consideraban que el cuerpo y la mente debían estar siempre sanas y en plenitud. Ya sabéis, el dicho de mens sana in corpore sano, se aplicó muy bien en esta época.

Los italianos, pues, lo aplicaron a rajatabla y ya en el siglo XVI, al que artísticamente se conoce como *Cinquecentto*, se desarrolló un juego llamado *calcio fiorentino*, que se puede transliterar como 'juego de la patada'.

Las primeras referencias se sitúan hacia 1530 en la ciudad de Florencia, en época de carnaval, cuando el emperador Carlos V sitió la ciudad y los sitiados, según se constata, se entretenían en la Piazza de la Santa Croce jugando partidillos de diversa índole. No obstante, no sería ya hasta finales del siglo XVI, en 1580, cuando aparece la primera reglamentación del juego dictada por Giovanni Bardi. Cada equipo se componía de veintisiete jugadores, de los cuales quince jugaban de delanteros, cinco de centrocampistas, cuatro de medios defensivos y tres de defensas. No había un portero, sino cinco, los cuales se turnaban a lo largo del partido. El terreno de juego estaba cubierto de arena y, por primera vez, se atestigua la figura del árbitro: había seis que eran una especie de jueces de línea, más un árbitro principal y un maestro de campo, con lo que la cantidad ascendía a ocho. Las dimensiones del terreno se asemejaban a las actuales; por ejemplo la Piazza de la Santa Croce albergaba un campo de 137 metros de largo por 50 de ancho. En un principio, se utilizaron los pies y manos, pero con el paso del tiempo se fue derivando solo al uso de los pies.

El juego empezaba con un cañonazo y duraba cincuenta minutos. El partido era violento, con patadas por doquier, encontronazos, zancadillas, placajes e incluso algunos jugadores podían dar rienda suelta a su frustrada vocación por las artes marciales, que también estaban permitidas. En la línea de fondo, había una especie de meta llamada *caccia* en donde había que introducir la pelota. Cada *gol* valía dos puntos y los jugadores cambiaban de campo cada vez que se hacía un tanto. Era importante disparar con precisión porque una de las normas más curiosas era que, si el equipo atacante fallaba su disparo por encima de la red de la meta, el equipo defensor recibía medio punto. El que ganaba el partido tenía cena gratis. Se hizo famoso en Florencia un torneo que enfrentaba a las cuatro facciones de la

Calcio fiorentino del siglo XVII (1688) en la Piazza de la
Santa Croce

ciudad, encabezadas por las cuatro basílicas más importantes, entre las que estaba la propia Santa Croce, a la
que pertenecían los azzurri italianos de la época, que
iban de azul. Las otras tres eran Santa María Novella,
vestidos de rojo, el Santo Spirito, equipados de blanco, y
San Giovanni, de color verde. El torneo se celebraba en
junio, y el día 24, en la festividad de San Juan, se jugaba
la final. Los italianos, pasionales como ellos solos, hacían
galas de cánticos, apostaban como locos y vitoreaban a su
equipo mientras que abucheaban al contrario. No era
de extrañar que hubiese peleas multitudinarias entre los
seguidores. Incluso el rey Enrique III de Francia consideraba el juego como «demasiado pequeño para ser una
guerra real y demasiado cruel para ser un juego». A partir
del siglo XVII, la práctica del juego descendió considerablemente, pero fue recuperada en 1930 por Benito
Mussolini para promover de nuevo el deporte entre los

soldados dentro del contexto de la Italia fascista. Hoy en día, se sigue disputando este tipo de juego, aunque en una versión más *light*, ya que las patadas y los golpes al oponente están prohibidos; aquel que las comete, es expulsado del partido.

Y VOLVEMOS A INGLATERRA: LA UNIFICACIÓN DEL FÚTBOL Y LOS PRIMEROS REGLAMENTOS

Durante los siglos XVI y XVII el *fútbol medieval* inglés que se practicaba en carnaval continuó presente a pesar de las numerosas prohibiciones a las que fue sometido. No obstante, a principios del siglo XVII, en Gales, se practicaba un deporte parecido a este llamado *kanppan*, descrito detalladamente por George Owen como un juego en el que incluso podrían congregarse más de dos mil jugadores (entre los que había algunos montados a caballo), que se practicaba en una llanura y en el que la pelota era de madera maciza y pesada, pero no lo suficiente como para no poder ser volteada y cogida con las manos y que causase daño. Se utilizaban garrotes y era especialmente violento.

A lo largo del siglo XVII, se van a conocer algunas reglas o vocabulario que posteriormente se aplicaría al fútbol moderno. Por ejemplo, es en esta época en la que se va a utilizar por primera vez la palabra *gol* como tal, lo que se recoge en el *Libro de Juegos* de Francis Willughby, o la palabra *táctica*, además de definirse la forma de selección de los equipos, el *lanzamiento* a la meta o la primera ilustración de un campo de fútbol.

Una de las referencias más emblemáticas de la época la recogió William Shakespeare en 1605 en su obra *El rey Lear*, en la que, de manera casi cómica, tendría lugar el primer 'penalti' de la historia cuando Kent tira al suelo a

Osvaldo con una zancadilla en el momento en que este último sostenía la mirada al rey Lear.

Por desgracia, desde la mitad del siglo XVII y durante todo el siglo XVIII, la práctica del fútbol disminuyó considerablemente entre el puritanismo inglés, que, con su moralina, era implacable con deportes como este y con otras artes como el teatro; las prohibiciones anteriores habían hecho mella en el fervor popular. Sin embargo, en algunos periodos cortos, se sabe que hubo algún torneo que otro en tierras inglesas, especialmente en la corte gracias a la benevolencia de ciertos reyes, como es el caso de Carlos II, que permitió partidos en los que se enfrentaban nobles y cortesanos.

Y es en este tiempo, prácticamente bajo el manto de la ilegalidad y en la penumbra, donde se van a desarrollar las llamadas *escuelas británicas* de fútbol, que tendrían su apogeo ya en el siglo XIX. Al hilo de este desarrollo, en la propia Inglaterra se estaban produciendo cambios que no solo afectarían a los ingleses, sino a toda la historia de la humanidad. Es el comienzo de la Revolución Industrial, por la que las formas de ocio van a cambiar de manera sensible y cuyos cambios políticos, ideológicos, culturales y religiosos darán inicio a lo que hoy se denomina sociedad capitalista, en la que la burguesía representa el eje dominante.

En cuanto al ocio, que es lo que más nos interesa, se empieza a regular fiestas y eventos en base a un calendario que se va estandarizando y unificando cada vez más; en especial las fiestas relativas a la Cuaresma y a Pentecostés, hecho que afecta, sobre todo la estandarización de la primera, a los juegos que hasta entonces se andaban practicando —y me repito— de manera clandestina. Además, no solo se quiere regularizar el ocio, pues la nueva clase obrera tiene un horario, excesivo por otra parte, de trabajo, sino que se pretende implantar una serie de reglas para que estos juegos no fueran tan violentos ni acabasen con más de uno en el hospital; y, en consecuencia, con el patrono cabreado porque la producción bajaría sin la presencia de sus obreros o peones.

Es por ello por lo que, casi como setas, van a salir a la palestra multitud de escuelas británicas que poco a poco van a ir regularizando e implementando una serie de reglas que desembocarán en la aparición del fútbol moderno. Estas escuelas británicas, en realidad, eran una especie de colegios en los que los chavales que allí iban tenían entre trece y dieciocho años, practicaban varios deportes y mantenían la esencia de aquellos que ya llevaban mucho tiempo practicándose. Pero, obviamente, eran hijos de la clase burguesa, y estaba claro que no iban a seguir con la forma de juego que hasta entonces se practicaba, de ahí que aparecieran algunas reglas.

Una de ellas sería el empezar a decidir cuál podría ser la delimitación del terreno de juego y con qué partes del cuerpo jugar. Esto se debía a que, en numerosas ocasiones, se jugaba al aire libre (así lo hacían siempre las escuelas de Eton y Harrow) y no existía prácticamente ninguna limitación, aunque se fomentaba el lanzamiento del esférico con los pies. Otras escuelas, como la de Charterhouse, disputaba sus encuentros en el claustro de los monasterios, de setenta metros de largo y tan solo cuatro de ancho, y se permitía el uso de las manos, al igual que en Marlborough y Cheltenham. Era necesario, pues, estandarizar las normas, y en 1848 apareció lo que se conoce como las reglas de Cambridge, que básicamente consistían en eliminar toda clase de juego violento. Ya en 1841, Thomas Arnold, director de la escuela de la ciudad de Rugby, prohibió el uso del *hacking*, que era propugnar una dolorosa patada en la tibia del oponente, pero serían Winton y Thring, estudiantes de la Universidad de Cambridge, quienes, en las citadas reglas de Cambridge y en colaboración con otros colegios como los de Eton, Harrow, Winchester, Shrewsbury y Rugby, dieron el primer paso. Por desgracia, solo se conserva una copia de 1856 en Shrewsbury, seguramente con algunos cambios, pero en ella se incluye cómo había que iniciar el partido y las condiciones de la reanudación tras un gol, se instaura el saque de meta y el de banda, una primitiva regla de fuera de juego por la que el atacante no podía merodear entre el balón y la meta del adversario, y se incluye el uso de las manos para tocar el balón (excepto para detener el esférico) y la prohibición de empujar o sostener a los rivales. La portería estaba compuesta por dos postes de madera y por una cuerda a una altura determinada, y se concedía el gol cuando el balón atravesaba la línea de los postes y pasaba por debajo de la cuerda. En 1863, algunas reglas se cambiaron y se estableció que el terreno de juego no podría ser superior a 150 yardas de largo, unos 137 metros, y 100 de ancho, unos 91 metros. Las dimensiones del terreno se marcaban con postes situados a 25 yardas alrededor del campo y la meta tenía 15 pies de largo, es decir, 4,5 metros. El saque inicial se haría en el centro del campo y el fuera de juego consistiría en que, si un jugador le pasaba la pelota a otro de su mismo equipo y este estaba más cerca del la línea de meta que de su oponente, sería sancionado. Además, se incorporan los tiros libres o lanzamientos de falta, en los que ningún compañero de equipo se podía situar en la trayectoria del balón y los adversarios no a menos de 10 yardas (9,1 metros). El tiro libre no se hacía en el lugar donde se hubiese cometido la falta, sino a 25 yardas de meta, unos 23 metros. Y lo más importante, se prohíbe terminantemente jugar o usar las manos para tocar el balón.

Sin embargo, algunos conceptos de las variantes de las reglas de Cambridge de 1863 ya habían sido introducidos por las reglas de Sheffield cinco años antes. En 1857, se va a fundar el Sheffield Football Club, que es considerado por la FIFA como el club más antiguo del mundo. Nathaniel Creswick y William Prest fueron,

Thomas Arnold, el personaje que prohibió el uso del *hacking* o patada en la tibia del oponente.

junto con gente de clase media, los fundadores y un año después instauraron una serie de reglas, de las cuales las más sobresalientes son las citadas anteriormente a propósito de los cambios de 1863 de la reglas de Cambridge, con la salvedad de que el gol no podía conseguirse a través de un tiro libre y de que cada jugador debía ir equipado con una franela de color rojo y otra de azul oscuro para formar parte, cuando se le requiriese, de uno u otro equipo y así poder distinguirse. Durante los años siguientes, algunas reglas fueron cambiando, como ocurrió, por ejemplo, con la introducción de los llamados *rouges*, por los que se colocaba una meta de unos cuatro metros de largo más una bandera cada lado, en la línea de fondo, que también se situaba a cuatro metros de la meta. Si el balón llegaba a colocarse entre las banderas tras un mínimo de dos toques o pases, se consideraba gol.

Al principio, los propios componentes del club de Sheffield jugaban entre ellos, pero es el 26 de diciembre de 1860 cuando se celebra el primer partido de la historia entre dos equipos diferentes. El propio Sheffield FC y el Hallam FC, que se había convertido en el tercer club más

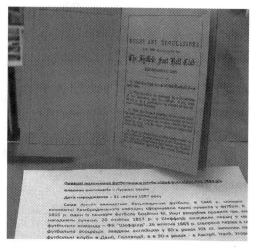

Edición de 1859 del libro que contenía las Reglas de Sheffield

antiguo del mundo. Quedó victorioso el primero a pesar de que jugó con inferioridad numérica; dieciséis contra veinte. Las reglas de Sheffield sufrieron una modificación en 1862, pues pasaron de ser doce a diecisiete, pero, según cuentan las crónicas, el fútbol era todavía bastante violento, ya que en otro partido contra el Hallan FC, el propio Creswick y el jugador del Hallam, Waterfall, se agredieron mutuamente y el partido se denominó la *batalla de Bramall Lane*, pues acabó con una trifulca entre varios jugadores y el público asistente.

Y llegamos al año 1863, que sería célebre en la historia del fútbol y que cambiaría para siempre la visión del mismo. Es el momento en que se va a fundar la Football Association y en que se sentarían las bases del llamado fútbol moderno, el que conocemos hoy en día. En el siguiente capítulo, os cuento más en detalle. Seguid atentos. Os garantizo una historia apasionante.

2

Cosas de ingleses

ENTRE CERVECITAS NACE EL JUEGO

El otoño inglés, desde luego, no es la mejor época del año. Empieza a hacer frío, humedad, los días son más cortos, etc. La gente, para resguardarse, se va a las tabernas y es en una de ellas donde va a nacer el fútbol moderno, para que luego digan que las tabernas no sirven para crear cosas o resolver conflictos. Nos trasladamos al Londres de la época victoriana, en honor a Victoria I de Inglaterra, una de las mejores reinas que los británicos han tenido a lo largo de su historia. Había algunos periódicos ya famosos en aquella época, el *The Times*, *The Field* y el *Bell's Life*, y este último sugirió que, si verdaderamente el fútbol se iba a implantar, necesitaba de unas reglas y códigos estandarizados y no que cada escuela impusiese sus propias normas.

Imagen actual de la Freemason´s Tavern, lugar en dónde nació
el fútbol moderno

Un 26 de octubre de 1863, en la llamada Freemason´s
Tavern de la Great Queen Street, tuvo lugar la primera
reunión entre representantes de once clubes londinen-
ses, entre los que destaca el Blackheath. Anteriormente,
ya había habido una reunión en Cambridge en donde
se había impuesto prácticamente la separación entre el
fútbol y el rugby, junto con la prohibición del *hacking*,
la famosa modalidad en la que se daba una patada en la
espinilla del adversario. Aun así, esta primera reunión sí
que unificó varias cosas: por ejemplo, las dimensiones del
juego, el ancho y alto de las porterías y la regla del fuera de
juego. No hubo consenso en la prohibición del *hacking*,
y de hecho el Blackheath se retiraría poco después al
no estar a favor de su prohibición, y en la eliminación
permanente de la utilización de las manos. Tras una serie
de reuniones en las que se limaron ciertas asperezas y se
bebieron unas cuantas jarritas de cerveza, por fin, el día 1
de diciembre, nace la Football Association y, por primera
vez en la historia, se saca el primer código unificado de

reglas (concretamente 13) junto con una definición de términos, aunque la FIFA habla de 14. El Blackheath no estuvo presente y ocho años más tarde, en 1871, junto con otros veintidós clubes, fundará la Rugby Football Union, en donde sí se podía utilizar las manos.

CABALLEROS, PONGAMOS LAS REGLAS ENCIMA DE LA MESA

De entre estas nuevas reglas, tomadas algunas de las de Cambridge y redactadas por el secretario Ebezener Cobb Morley, abogado y futbolista y, posteriormente, presidente de la Football Association (en aquel momento el presidente era Arthur Pember), destacan, sin duda, la ya citada delimitación del campo en la que la largura no debe exceder las 200 yardas, que son 183 metros, y que las porterías tienen una distancia muy similar a la actual, 8 yardas, es decir, 7,3 metros. Otra regla es que, tras un gol, hay que cambiar de campo. Curiosa es la regla del saque de banda, ya que se dispone que, sea cual sea el equipo que lance fuera el balón, el primero que lo recoja tendrá derecho al saque. Cinco de las catorce reglas hacen referencia al tema de las manos, cuyo uso únicamente se permitía en la regla 8; de ahí deriva el llamado *fair-catch*, en el que, si un jugador recoge directamente el balón con las manos en el aire y lo pone en el suelo, tendrá un tiro libre a su favor. Por otra parte, en la regla 13 se establece que, tras botar el balón en el suelo, se puede cogerlo con las manos y pasarlo. Esto es, sin ningún género de dudas, todavía influencia del rugby, hasta que, con el tiempo, el tema de las manos se suprimiese por completo, salvo en lo que respecta a las manos involuntarias y a las del portero dentro del área. La regla 14 no permite la utilización de botas con tacos de clavos salientes de hierro ni en las suelas ni en los tacones. Y, por último, el gol aún se

Logo del Sheffield United Football Club, el club de fútbol más
antiguo del mundo, fundado en 1857

conseguiría atravesando los palos de la portería y no desde
un disparo lejano (aún no existía el larguero, considerado
también una reminiscencia del rugby). Por supuesto, hay
que decir que la Football Association (que, a partir de
ahora, llamaré FA) compuso sus propios estatutos en los
que el número 8 permite la propuesta de alterar las reglas,
algo que iría sucediendo en numerosas ocasiones con el
paso de los años.

Durante los primeros años, se crearon clubes de
fútbol y estos se fueron asociando a la FA pero, en Sheffield,
las cosas parecían funcionar de otra manera, ya que la
escuela conservó sus propias reglas de 1862 y entró en una
disputa con la recién creada FA por la supremacía de las
mismas, lo que llevó a que Sheffield formara su propia
asociación en 1867, compuesta de doce equipos, y a que
estableciera un nuevo código de normas en 1870. En estos
años, se produjeron algunas innovaciones, como la introducción del larguero, que en los primeros tiempos era una
cinta atada a los dos postes de una altura de 2,44 metros
(la misma que en la actualidad), que sería sustituida por

un tablón horizontal, el larguero propiamente dicho, en 1875. Otra innovación fue el cambio en las reglas del fuera de juego, ya recogido por la FA en 1863, en las que, originariamente, se estipulaba que el atacante incurría en fuera de juego si estaba en posición adelantada con respecto del balón en un pase hacia delante. Más tarde, en 1866, como propuesta de Sheffield, el fuera de juego pasó a darse solo si había menos de tres defensores por delante del balón; posteriormente, sería con el portero y dos defensores en el momento del pase adelantado. Esto era porque ningún jugador podía encontrarse delante del balón sin incurrir en posición ilegal si lo tocaba. Lo mismo ocurrió con el *fair-catch*, suprimido también por Sheffield, donde poco a poco se va a ir restringiendo el uso de las manos.

El primer torneo de la historia...

Llegó un momento en el que las Reglas de Sheffield adquirieron más importancia que las de la FA, y es la propia Sheffield quien en 1867, va a crear una competición que recibió el nombre de Youdan Cup, y parece que aquí va a empezar oficialmente a funcionar la figura de ese señor de negro, aunque actualmente de cualquier color, que todos conocemos, el árbitro, aunque se situaba fuera del rectángulo de juego y solo señalaba las infracciones más importantes. El Hallam FC fue el primer campeón de la historia de una competición. Sin embargo, el Sheffield quiso ir más allá e intentó volver a recuperar el *rouge*, cosa que fue desestimada mientras que la FA introdujo la figura del portero, que podía tocar con las manos el esférico en cualquier lugar del campo, pero Sheffield enseguida pensó que, para hacer el juego más divertido, solamente podría hacerlo hasta medio campo, y así se hizo.

Mientras tanto, en 1868, se crea un segundo torneo, la Cromwell Cup, en la que participarían equipos que no tuviesen más de dos años de historia. Solo compitieron cuatro, resultando ganador el The Wednesday, que necesitó, y también por primera vez en la historia, de una prórroga ya que en el tiempo reglamentario, los conocidos noventa minutos, el partido había acabado con empate a cero.

A partir de la década de 1870, las tornas se cambiaron y las reglas de la FA fueron cogiendo fuerza en detrimento de las de Sheffield. Esto se debió principalmente a que el secretario de la FA, Charles Alcock, se preocupó de enviar información a otros clubes sobre el cómo proceder al cambio de reglas y, si era necesario, hacer partidillos demostrativos para ver si dichos cambios tenían efecto. Además, en 1870 la FA admitió a dieciséis equipos que estaban inscritos a Sheffield permitiéndoles seguir jugando con las reglas de Sheffield. También coincidió que en 1871 se produjo la definitiva escisión con respecto al rugby y por entonces, y sin duda auspiciado por una campaña de propaganda, el fútbol empezó a ser visto como un deporte igual de viril que el rugby pero menos violento, empezando a acuñarse y expandirse el dicho de que «el fútbol es un juego de caballeros practicado por gamberros y el rugby es un juego de gamberros practicado por caballeros», influenciado porque el fútbol fue el deporte que más se empezó a practicar en la clase media y obrera mientras que el rugby era más elitista y destinado a personas con poder adquisitivo. Otro hecho importante resultó ser que la propia Sheffield se afilió con la FA y a partir de entonces empezaron a disputarse partidos entre equipos de las dos asociaciones, dando como lugar a la aparición de la FA Challenge Cup en 1871, que permanece hasta la actualidad y es la competición viva más antigua del mundo. El campeón sería el The Wanderers, que ganó 1-0 a los Royal Engineers. Como anécdota

Plantel de los Royal Engineers, finalista de la primera edición
de la FA Cup

participó el Queen´s Park, procedente de Glasgow, y los
clubes de Sheffield se negaron a formar parte del torneo
ya que se jugó con la reglas de la FA, si bien en las ediciones posteriores si participaron.

Sin embargo, en 1876 a los de Sheffield se les
ocurrió crear su propio torneo, llamado Challenge Cup y
a la FA le pareció que el cachondeo había llegado demasiado lejos. El problema es que esta primera edición tuvo
bastante éxito pero, por otro lado, ya la FA Challenge Cup
se había asentado, con lo que el periódico *The Field* instó
de una vez por todas a que Sheffield y la FA se pusieran de
acuerdo en estandarizar de una vez por todas las reglas
y normas. Por fin, en 1877, se produjo la unificación, y
algunas de las reglas de Sheffield, como la de sacar de
banda hacia cualquier dirección, fue admitida por la FA,
mientras que la famosa regla del fuera de juego propuesta
en 1866 por Sheffield también finalmente fue aceptada.

Por entonces, ya el fútbol se había expandido por
el resto de Gran Bretaña. El 13 de marzo de 1873 se
había creado la Asociación de Fútbol Escocesa y el 2 de

febrero de 1876 la de Gales. También, como es lógico, son años de introducción y modificación de reglas. Una de ellas es que oficialmente cada equipo debe estar formado por once jugadores y otra de las innovaciones es el saque de esquina, el córner de toda la vida, que ya había sido instaurada por Sheffield e incorporada a la FA en 1873. En 1876 se modificó la de cambiar de campo tras un gol y solo se hace en el descanso, algo que pervive hasta hoy en día.

El primer partido internacional

Y en 1872 se produjo uno de los hitos de este deporte: el primer partido internacional celebrado entre Escocia e Inglaterra el 30 de noviembre. Es curioso cómo los escoceses, que aún no habían formado su propia asociación, ya jugaban al fútbol y, encima, mejor que los ingleses. Es cierto que anteriormente hubo cuatro partidos entre 1870 y 1872, celebrados en el estadio The Oval (utilizado para el críquet), que se saldaron con tres victorias inglesas y un empate. Además, la selección escocesa estaba formada por escoceses afincados en Londres o en sus alrededores y que no provenían de la propia Escocia, lo que le restó credibilidad a ojos de la FIFA, que consideró estos cuatro partidos como no oficiales. En el último partido no oficial, celebrado el 24 de febrero de 1872, se constata la primera formación de los jugadores sobre el terreno de juego, con un 1-1-8, es decir, un defensa, un medio y ocho delanteros. Lo sorprendente es que Inglaterra ganó solo por un ajustado 1 a 0, lo que da que pensar que a los delanteros de la época todavía les costaba meter goles, o tuvieron ese día la pólvora mojada. Para solucionar el problema del desplazamiento de los escoceses a territorio inglés debido a las condiciones logísticas de la época (sumado a que los propios

Ilustración del primer partido internacional de la historia entre Escocia e Inglaterra el 30 de noviembre de 1872

escoceses iban escasos de dinero), Charles Alcock, que no solamente era el secretario de la FA, sino, por decirlo de algún modo, seleccionador inglés y jugador al mismo tiempo, propuso que el encuentro se celebrase en el norte de Inglaterra o en la propia Escocia. Finalmente se dirimió que fuese en el país de los gaiteros con falda y que los jugadores escoceses fueran oriundos de su propio país, geográficamente hablando. Como el único equipo escocés que existía en aquel momento era el Queen´s Park, fundado en 1867, los once jugadores seleccionados serían de dicho equipo, acompañados de dos seleccionadores que entrenaban a equipos ingleses: Arthur Kinnaird, entrenador escocés de The Wanderers, y Henry Renny-Tailyour, de origen hindú (ya que la India era por entonces colonia británica), del Royal Enginners. Ambos fueron finalistas de la FA Cup de 1871, pero, por desgracia, ninguno de ellos estaba disponible.

El partido se disputaría en el día de San Andrés a las dos de la tarde en el campo de Hamilton Crescent, en Glasgow. El árbitro asignado, que como ya sabéis permanecía fuera del campo, fue el escocés William Keay. Finalmente, y con un público de más de cuatro mil personas (algo inusual para la época) que había pagado por la entrada un chelín, el partido comenzó con veinte minutos de retraso. Escocia llevaba camiseta azul y la de Inglaterra era de color blanco. El partido, en un campo pesado tras tres días de lluvia, aunque acabó sin goles, demostró que los escoceses, al jugar todos en el mismo equipo, se compenetraban mejor en el campo, con un fútbol más asociativo. Pero es cierto que, en la segunda parte los ingleses, que hacían un fútbol más directo basado en el regate (*dribbling*) y en el famoso patadón hacia arriba, se habían adaptado mejor y crearon algunas ocasiones de gol. De hecho, a Escocia se le anuló un gol, ya que parece ser que el balón había tocado la cinta por encima (recordad que aún no había larguero), e incluso, casi al final del partido, el equipo escocés dispuso de otra ocasión desperciada por muy poco. Escocia empleó un 2-2-6 y, por su parte, los ingleses, un sistema de 1-1-8.

A partir de entonces, los enfrentamientos entre escoceses e ingleses se convertirían en costumbre, pues parecían querer resolver sus diferencias en un campo de fútbol en vez de en un campo de batalla. Tanto es así que los escoceses parecieron cogerle el gustillo a jugar contra sus *enemigos* y, en los años siguientes, consiguieron algunas victorias muy abultadas, como la de 1878, con un 7-2 a favor, o la de 1881, con un 1-6. A partir de 1882, creada ya la Asociación Irlandesa de Fútbol, la IFA, el 18 de noviembre de 1880, se instauró una competición: la Home Championship o también denominada British Championship, que perduró hasta 1984 y en la que participarían Escocia, Inglaterra, Gales e Irlanda.

APUNTALANDO COSAS

Mientras tanto, nuevas reglas iban saltando a la palestra. El famoso silbato del árbitro apareció por primera vez en 1878. El concepto de penalti surgió en 1879, pero no sería hasta 1891 cuando se adoptó finalmente gracias al irlandés William McCrum. Anteriormente al penalti, se daba el tanto a favor cuando se hacía falta al adversario en una ocasión inmejorable de gol, lo que generaba numerosas protestas, ya que era difícil delimitar qué se entendía por ocasión manifiesta de gol. Para lanzar el penalti, que se conocería como *el disparo de la muerte*, se creó el fatídico punto situado a once metros de la portería (doce yardas) y el portero se podía poner a la mitad de la distancia entre el punto de penalti y la portería, algo que duró hasta 1924, cuando el portero debió de ponerse sobre la línea de gol. La introducción del penalti trajo consigo un cambio importante y es que el árbitro pasó a pitar dentro del campo de fútbol, ya que, desde fuera, era casi imposible que dilucidase qué era o no era penalti, y los capitanes de ambos equipos tampoco se ponían de acuerdo en demasiadas ocasiones. Con respecto a los saques de banda, si bien estos ya existían, a partir de 1882 se harían con las dos manos. Ya existían también por entonces las áreas, pero habría que esperar hasta el año 1902 para que tuvieran el tamaño actual, es decir, 40,32 metros de largo por 16,5 metros de ancho. Otra innovación, también en 1891, fue la aparición de los jueces o asistentes de línea, a la que siguió poco después, ese mismo año, la colocación de la red en las porterías, lo que les daba un aspecto muy semejante al actual. Tampoco hay que olvidar otras innovaciones curiosas, como la del primer partido con iluminación artificial celebrado el 15 de octubre de 1878 en Brammal Lane, Sheffield, con dos equipos capitaneados por los hermanos William y Charles Clegg. El segundo ya había participado con Inglaterra en el primer partido internacional oficial de la historia frente a Escocia, que terminó, como ya sabéis, con empate a cero. Un mes después, en The Oval, se repitió el experimento de la luz artificial, que no se implantaría hasta algunas décadas más tarde.

Como las asociaciones de fútbol iban apareciendo en Escocia, Gales e Irlanda, es lógico que en estos países se empezaran a disputar los primeros campeonatos nacionales. En 1874, se celebró la primera Copa de Escocia, con dieciséis equipos, y tuvo como ganador al Queen´s Park, que se alzaría con el título de nuevo las dos temporadas siguientes y que sería el primer gran dominador del torneo durante una década. No sería hasta 1890 cuando se introdujo la liga escocesa, poco después de la inglesa, que fue la pionera en 1888. En Gales, la Copa, la Welsh Cup, empezó en 1877 y tuvo como primer ganador al Wrexham. En cuanto a la liga galesa, habría que esperar casi hasta nuestros días, pues se creó en 1992, ya que muchos equipos galeses disputaban la liga inglesa hasta entonces y Gales era el único país del mundo que seguá liga propia. Por último, en Irlanda, la Copa se creó en 1881 y tuvo como ganador al Moyola Park, que venció en la final al Cliftonville.

La creación de esta serie de torneos descritos anteriormente tuvo, en un principio, algunos problemas en cuanto a la aplicación de las reglas de juego, las cuales se interpretaban muchas veces según el libre albedrío dependiendo de en qué país se jugasen. Mayor controversia suscitaba el que se jugasen partidos internacionales entre las cuatro selecciones, pues primaban las reglas de la anfitriona, pero no era, ni de lejos, la solución más viable. Era por ello necesario establecer unas normas en común, así como crear un organismo que las regulara. Así pues, el 2 de junio de 1886 se creó en Londres la International Football Association Board, la llamada IFAB, compuesta, como imaginaréis, por Inglaterra,

Escocia, Gales e Irlanda, que se convertirá en el único organismo en el mundo capacitado para modificar las reglas de juego, no solo para Gran Bretaña e Irlanda, sino, como más adelante os contaré, para el resto del planeta según el fútbol fue expandiéndose. En 1913, la FIFA se uniría a los cuatro representantes, conformándose hasta la actualidad.

La profesionalización del fútbol y el nacimiento de la Football League

He aquí una de las cuestiones más interesantes y controvertidas de este deporte: su profesionalización. El fútbol había nacido para ser jugado de manera *amateur*, es decir, como diversión y entretenimiento en una época que, a pesar de sus avances industriales, científicos y tecnológicos, era complicada de vivir. Pero claro, cada vez empezaron a surgir más competiciones y más equipos. Además, más gente lo practicaba, muchos empezaban a acudir a ver los partidos de fútbol, los medios de comunicación de la época lo propagaban y la propia práctica y entrenamiento propició el desarrollo de habilidades técnicas y destrezas no solo con el balón, sino en el planteamiento táctico y estratégico dentro del terreno de juego. Y como no todo el mundo servía para jugar, había algunos privilegiados que parecían que estaban predestinados a introducirse en un terreno de juego y empezaron a aparecer las ofertas económicas para jugar y los *fichajes*, algo que la FA no quiso permitir. Pero esto era imposible de parar, ya que, desde un primer momento, había disputas entre los equipos locales para llevarse a los mejores jugadores, primeramente con ofertas de trabajo y después con dinero. Y la primera vez que se constata lo que hoy día llamaríamos un fichaje se produjo en 1878 cuando el Darwen FC contrató a dos jugadores escoceses: James Love y Fergus

Suter. Esto se propagó como la pólvora, ya que empezó a moverse un mercado de fichajes y traspasos que hizo que, en la década de 1880, el profesionalismo se asentase, especialmente en lo que se refiere a los jugadores escoceses, ya que el jugar en Inglaterra era un forma de ganarse la vida no solo como jugador, sino como posibilidad de encontrar un mejor empleo, con un salario relativamente alto y con los sábados por la tarde y los domingos de días libres.

Esto hizo que, entre los años 1884 y 1885, al disputarse la FA Cup, se mezclaran equipos con jugadores profesionales y equipos amateurs. De hecho, en la cuarta ronda de 1884, cada vez se inscribían y jugaban más equipos. En el Preston North End, el equipo vio nacer más de cien años después a David Beckham, y, en el Upton Park, acusaron, aunque sin pruebas, a los del Preston por tener profesionales entre sus filas. La FA tomó en consideración este hecho y finalmente descalificó al equipo del Preston. Esta acción tuvo sus consecuencias, ya que ciertos clubes, especialmente los del condado de Lancashire, formaron una asociación escindida de la FA que se llamó British Football Association y que defendía el profesionalismo y, de paso, creaba rivalidad con la FA. Esta, viendo que el control se le podría escapar, puesto que cada vez el fútbol era más exigente y se demandaban profesionales, llegó a un acuerdo con la recién creada asociación, y el 20 de julio de 1885 permitió, con la condición de su control y supervisión, la profesionalización del fútbol. El hecho derivaría en que tres años más tarde, y a propuesta de William McGregor, dirigente del Aston Villa y acérrimo defensor del profesionalismo, se crease una liga de fútbol profesional, pues los clubes pasaban por ciertas penurias económicas a la hora de pagar los salarios de los jugadores, y es que, a pesar del creciente entusiasmo, era complicado concertar partidos amistosos entre los clubes para así sacar dinero de las entradas y ventas de sus propios

Retrato de William
McGregor, el pionero
de la Football League
inglesa

productos; el *merchandising* ya estaba naciendo, con lo que había que buscar otras fórmulas.

McGregor, reuniéndose con directivos de clubes como el Blackburn Rovers, el Bolton Wanderers, el Preston North End o el West Bromwich Albion, finalmente, tras varias reuniones, llegó a un acuerdo con ellos: no podría haber representado más de un equipo por ciudad y la liga, que se llamaría Football League, comenzaría el 8 de septiembre de 1888. El primer líder de la historia fue el West Bromwich Albion, y la liga la ganaría el Preston North End sin perder un solo partido de un total de veintidós jugados, once como local y once como visitante, con lo que se proclamó campeón de liga en la víspera de Reyes de 1889, en la que sacó once puntos de ventaja (cada victoria valía dos puntos) respecto al segundo clasificado que fue el Aston Villa. El primer máximo goleador de la historia fue John Goodall, que pertenecía al club vencedor de esta primera edición.

Ya iniciada la década de 1890, el fútbol en Gran Bretaña, como habéis podido observar, estaba asentado totalmente, pero, claro, al ser un deporte que iba adquiriendo cada vez más adeptos y que empezaba a levantar las primeras pasiones, enseguida dio el salto geográfico hacia el resto de Europa y también a América del Sur, donde la expansión a partir de entonces sería imparable y empezó a constituirse como fenómeno de masas prácticamente en todo el planeta. En el siguiente capítulo, descubrimos cómo se hizo.

3

El balón rueda por los cinco continentes

Un paseo por Europa

Determinar exactamente cuándo y dónde el fútbol pegó el salto desde las islas británicas al resto del continente europeo es como intentar averiguar dónde está la Atlántida. Hay muchos candidatos, pero ninguno demostrable al cien por cien. Además, al igual que en el tema de las pirámides en la Antigüedad, cuya existencia se constata en varios lugares del planeta al mismo tiempo, esto del fútbol es lo mismo y, si os acordáis, en el primer capítulo ya había sitios en los que se le daba patadas a un esférico casi al mismo tiempo que en Inglaterra nacía el fútbol moderno.

Pero claro, la diferencia está en que aquí se habla de la difusión del fútbol con las reglas estandarizadas del IFAB, sin embargo, cuando se crea en 1886, ya se sabe que el fútbol había pegado el salto al resto de Europa.

Lo que sí está claro es que fueron los propios británicos quienes se encargaron de que esto de la pelotita llegase a todos los rincones del mundo. Como en aquel tiempo Gran Bretaña era la primera potencia mundial y se encargaba de colonizar todo territorio que saliera a su paso, era normal que en cualquier lugar del planeta te encontraras a un inglés o, en menor medida, a un escocés o irlandés. El primer testimonio que probablemente pueda ser verídico en cuanto al testimonio del juego del fútbol en su vertiente moderna se encuentra en los colegios británicos de Bélgica, concretamente en Brujas, Bruselas y Amberes hacia mediados de la década de 1860. Esta costumbre de jugar en el cole, en el patio de toda la vida, había sido, sin duda, transmitida desde las islas, en donde las escuelas primarias se habían empezado a llenar de angelitos imberbes detrás de la pelota hasta tal punto que, poco tiempo después, a los maestros también les entró el gusanillo y, envidiosos de ver a los chavalines pasándoselo en grande, decidieron crear el famoso torneo de maestros y alumnos, todo un clásico donde los haya. Pero no sería hasta 1880 cuando se crease el primer club profesional en Amberes, compuesto de alumnos británicos y que, en 1895, se fundara la Union Royale Belge des Sociétés de Football Association, la URBSFA.

En Francia, habría que esperar hasta 1871, casualmente tras la derrota francesa en la guerra Franco-Prusiana, con el fin de la monarquía por la caída de Napoleón III y del segundo Imperio francés, y con la instauración de la Tercera República, para saber que en el país de los *croissants* ya se empezó a practicar el deporte rey. Pero no les debió de gustar a los franceses que el juego fuera exportado por los ingleses, que empezaban a convertirse en sus máximos enemigos en la carrera colonial, y se quería ver qué país era el más avanzado del mundo. Además, los británicos, haciendo gala de su carácter introvertido, prohibieron a los franceses el poder practicar el deporte

Plantilla del año 1901 correspondiente al Le Havre Athletic
Club francés, el equipo más antiguo del país galo

e, incluso, la fundación del primer equipo francés, el Le
Havre Athletic Club, en 1872, fue llevada a cabo por
ingleses que trabajaban en la South Western Railway.
Hasta 1880, el fútbol no se extendió por el resto del país
galo, ya que solo se practicaba en la Francia atlántica,
y finalmente se asentará en París, ciudad que en 1894
organizaría el primer campeonato regional, la llamada
Union des Sociètes Françaises de Sports Athlétiques es
decir, la USFSA, que no solo englobaba al fútbol, sino a
varios deportes más. En ella, participaron cinco equipos
de la capital: Standard AC, White-Rovers, Club Français,
Neuilly y Asnières. Los primeros, como podéis observar
por el nombre, fueron de fundación exclusivamente
británica. En 1919, se crearía la Fédération Française de
Football, la FFF.

A finales de la década de 1880, el fútbol se asentó en
Dinamarca y en Holanda, lo que dio origen a sus respec-
tivas asociaciones en 1889. Los daneses crearon la Unión
Danesa de Fútbol, la DBU, con sede en Brondby, el 18

de mayo, y esta se convirtió en la primera asociación fuera de las islas británicas tras la de los ingleses, los escoceses, los galeses e los irlandeses, si bien hasta 1913 no se constata el primer torneo danés, el casi impronunciable *Provinsmesterskabsturneringen*: un campeonato provincial que se celebró hasta 1931 y en el que participaban cinco equipos, correspondientes a cinco regiones danesas a excepción de la región que rodeada la capital. Además, hubo otro campeonato que recibió el exótico nombre de *Landsfodboldturneringen,* igualmente creado en 1913, en el que sí participaban, esta vez, los equipos existentes en la capital. Por su parte, en el país de los tulipanes, los holandeses crearon el 8 de diciembre la Asociación de Fútbol de los Países Bajos, la NVB, cuya sede está en la ciudad de Zeist, y en la que, en un principio, se incluyó el atletismo hasta 1895, momento en el que se desligaría definitivamente. El fútbol holandés destacó por ser amateur hasta la década de 1920, y ya en 1888 se había creado una especie de campeonato nacional, el segundo más antiguo del mundo después del de Inglaterra, que contó con siete equipos, y en el que resultó vencedor el Concordia. Diez años más tarde, dio comienzo la KNVB Beker o, lo que es lo mismo, la Copa Holandesa, teniendo como primer ganador al RAP Ámsterdam, que venció al HVV Den Haag.

Suiza fue también uno de los pioneros. Ya en 1855, se cree que en los colegios británicos situados cerca de Ginebra, como el Instituto del Château de Lancy, se jugaba a algo parecido al fútbol. Cómo no, los ingleses crearon los primeros equipos de fútbol, como el FC Saint-Gall en 1879 o el Lausanne Football and Cricket Club en 1880. En 1895, se constituyó la Asociación de Fútbol de Suiza, ASF en italiano y francés y SFV en alemán, y en 1898 se inauguró la Swiss Serie A, cuyo primer campeón fue el FC Grasshoppers. Pero uno de los focos en los cuales, gracias a él, el fútbol se desarrolló en Europa central

Miembros del First Vienna FC, campeón de la Challenge
Cup de 1899

fue el Imperio austrohúngaro, que había sido creado
en 1867 y que llegó a abarcar trece países europeos de
la actualidad, entre ellos Austria, Hungría, República
Checa, Eslovaquia o Croacia. Las capitales eran Viena y
Budapest y, sobre todo en la primera, empezó a gravitar
la práctica del fútbol debido a la gran colonia británica
que vivía allí; tanto es así que, poco después de 1890, se
crearon dos clubes: el First Vienna y el Vienna Cricket
and Football Club. Éste último fue el primer ganador
de un torneo, conocido como la Challenge Cup,
que se inventó en 1897 por John Gramlick y que fue
disputado por clubes pertenecientes a las tres ciudades
más importantes del Imperio, Viena, Praga y Budapest,
y que duró hasta 1911. A pesar de este torneo, tanto en
Austria y en Hungría aparecieron varios campeonatos.
En Viena, en 1900 se inauguró una especie de competición
de copa llamada *Neues Wiener Tagblatt Pokal*, una
pequeña liga reservada solo a los clubes pertenecientes
a la ciudad de Viena que solo perduró hasta 1904. Por

63

su parte, en Hungría, se crea en 1901 la Federación Húngara de Fútbol, la MLSZ, y en ese mismo año surge la liga húngara, conocida como la *Nemzeti Bajnokság I,* cuyo primer ganador fue el Budapesti TC, aunque, poco después, el Ferencváros sería el gran dominador en los primeros años, y tenía en sus filas a uno de los grandes del fútbol magiar, Imre Schlosser, el máximo goleador en la historia de esta liga, con cuatrocientos diecisiete goles entre 1905 y 1922.

En Alemania, unificada en 1871 y en la que se estableció el Imperio alemán o II Reich bajo la batuta de Guillermo I como emperador y Otto von Bismarck en calidad de canciller, tampoco podrían faltar británicos pululando por las principales ciudades, en especial Hamburgo, Bremen, Frankfurt o Hannover. En la última década del siglo XIX, se crearon algunos de los clubes más importantes del país, como por ejemplo el Hertha Berlín el 25 de julio de 1892, el club más antiguo de Alemania, cuyo nombre, como curiosidad, se debe a un barco de vapor de color mayormente blanco y azul. Sin embargo, algunos consideran que no es el Hertha Berlín el más antiguo, sino el Dresden English FC, cuya fundación se remonta a 1874 o incluso al TSV 1860 München del 17 de mayo de 1860. El año 1900 es prolífico en acontecimientos. Se crea uno de los grandes equipos del fútbol alemán, el Bayern München. Además ese mismo año también sale a la palestra la Federación Alemana de Fútbol, la DFB, y será también, por si fuera poco, cuando los alemanes empezaron a usar las camisetas para distinguir a los diferentes equipos. En 1903 se celebra el primer campeonato, el denominado *Viktoria Meisterschaftstrophaee* o Torneo Victoria, en honor a Victoria, la diosa romana del triunfo, que perduraría hasta 1944 y cuyo primer ganador fue el VfB Leipzig, que venció 7-2 al DFC Prag, equipo polaco pero *étnicamente* alemán.

En los países de la ribera mediterránea, el fútbol también se abrió paso. En Italia, en uno de los lugares donde más pasionalmente se vive, el club italiano más antiguo es el Genoa Cricket and Football Club, fundado, cómo no, por ingleses el 7 de septiembre de 1893, si bien el doctor James Richardson Spensley, médico y futbolista, es considerado el impulsor del equipo tan solo tres años después de su fundación. Sin embargo, algunos consideran que el Internazionale Torino ya estaba constituido en 1891. Sea como fuere, durante la última década del siglo XIX, fueron apareciendo nuevos equipos, la mayoría en Turín, como el FC Torinese en 1894 o el Sport Club Juventus en 1897, que en 1900 cambiaría su nombre por el de Juventus FC; la Juve de toda la vida. El 15 de marzo de 1898, se crea la Federación Italiana de Fútbol, la FIGC, y en ese mismo año comienza el primer campeonato de fútbol italiano, denominado Campeonato Nazionale di Football, que se compone de solo cuatro equipos con un sistema de eliminación directa y que fue ganado por el Genoa, equipo que dominaría desde 1898 hasta 1904, salvo en 1901, año en que se lo llevó el recién fundado Milan Football and Cricket Club, que, en aquel momento, aún no llevaba el acento en la letra *a*, debido a su nombre *inglés*. A partir de 1908, el dueño del campeonato sería el FC Pro Vercelli, que venció todos los años desde 1908 a 1913, salvo en 1910, y que volvió a ganar tras el parón de la Primera Guerra Mundial en 1921 y 1922. En 1922, la liga italiana pasaría a llamarse Prima Divisione; en 1926, cambiaría a Divisione Nazionale, y adoptaría su nombre actual, que es la Serie A, en 1929.

En España, tras un periodo históricamente álgido con la instauración de la Primera República y la llamada Restauración, el primer equipo del que se tiene constancia es el Recreativo de Huelva, el llamado *Decano* del fútbol español, fundado en 1889. Anteriormente, ya en 1878, existía un club inglés llamado Río Tinto FC, compuesto de mineros ingleses que trabajaban en las minas de la zona, quienes, de vez en cuando, se echaban en sus ratos libres unos partidillos con otro equipo llamado Huelva Recreation Club, de donde derivó el Recreativo de Huelva actual, que sería fundado por Charles Adams y el doctor Alexander Mackay en vísperas de la Nochebuena de 1889 y que es considerado el primer equipo español reconocido con su acta fundacional. El primer partido del Decano, que fue validado posteriormente por la Real Federación Española de Fútbol (la RFEF), fundada en 1913, fue contra un equipo compuesto de jugadores ingleses afincados en Sevilla, que probablemente, pues por desgracia no está demostrado, habían fundado en 1890: el Sevilla Fútbol Club. El partido se disputó el 8 de marzo de ese mismo año y acabó con la victoria de los británicos sevillanos, siendo Ritson el autor del primer gol oficial del que se tiene constancia en España. Tras una década en la cual el fútbol en España parece que no terminaba de asentarse, aunque poco a poco va extendiéndose por todo el territorio nacional, van a ir surgiendo nuevos equipos como el Athletic Club de Bilbao y el Palamós Fútbol Club, fundados en 1898; el FC Barcelona, en 1899; la Sociedad Española de Fútbol, conocido después como Club Español de Fútbol y, posteriormente, como Real Club Deportivo Español de Barcelona, en 1900; el Español Fútbol Club de Madrid, en 1901; el Madrid Fútbol Club, en 1902, que adquiriría el título de Real en 1920, y el Athletic Club de Madrid, en 1903, posteriormente denominado Club Atlético de Madrid. En 1902, se va a celebrar el primer campeonato oficial en España denominado Copa de la Coronación, en honor a la mayoría de edad alcanzada por el monarca Alfonso XIII, aunque, paradójicamente, el Bizcaya fue el primer campeón, en una fusión entre el Athletic Club de Bilbao y el Bilbao Fútbol Club. A partir

> ## Football
>
> Como anunciamos en nuestro último número, ayer á las cuatro y media tuvo lugar la gran partida de «Football» por los Clubs de Sevilla y Huelva.
>
> La pelea resultó brillantísima, trabajando ambos Clubs con verdadero interés, y pudiendo los de Huelva hacer dos «goals» por uno que hicieron los de Sevilla; resultando por esto victorioso el Club Recreativo.
>
> A las ocho próximamente empezó el banquete en el gran salon del Hotel Colon. El Sr. Adam ocupaba la presidencia y terminada la comida brindó dicho señor por las familias reales de España é Inglaterra.
>
> Como de costumbre, varios señores ejecutaron difíciles piezas en el piano y otros cantaron, con el objeto de entretener á sus amigos del Club Savillano, en honor del cual era dado el banquete.

Extracto del diario La Provincia, en el que se recoge el encuentro disputado entre el Recreativo de Huelva y el Sevilla Fútbol Club el 8 de marzo de 1890

de 1903, pasó a llamarse Copa de Su Majestad el Rey o, simplemente, Copa del Rey. En la primera edición, solamente participaron tres equipos (el Madrid Fútbol Club, el Club Español de Fútbol y el Athletic de Bilbao) y dio como resultado que este último fuera el vencedor en un sistema de liguilla de todos contra todos.

En cuanto a Portugal, el fútbol se desarrolló a finales del siglo XIX a través de estudiantes portugueses que estuvieron en tierras inglesas y que, de regreso, lo trajeron a ciudades como Funchal, Oporto, Lisboa y Coímbra. El primer partido del que se tiene constancia se celebró en Camacha, situada en el archipiélago de Madeira, organizado por un tal Harry Hinton en 1875, aunque el responsable del desarrollo del deporte en el país luso sería Guilherme Pinto Basto, quien organizó un partido entre jugadores amateurs portugueses e ingleses en enero de

1889 que acabó con victoria para los primeros. A partir de entonces, empezaron a crearse diferentes clubes a lo largo y a lo ancho del país. El primero fue el llamado Académica de Coímbra, fundado el 3 de noviembre de 1887, y durante la última década del siglo xix se fundaron otros clubes como, por ejemplo, el Clube Lisbonense, patrocinado por Eduardo y Federico Pinto (hermanos de Guilherme), el FC Esperança, el Futebol Académico, el FC Alcantarense, el Porto Cricket Club o el Ginásio Clube Português. El primer partido entre el Clube Lisbonense y el Porto Cricket Club fue en 1894 con la asistencia del rey portugués Carlos I. En 1902, a partir del Clube Lisbonense, se crea el Clube Internacional de Futebol, que jugaría su primer partido internacional en 1907 contra el Madrid Fútbol Club con victoria de los portugueses. Hasta 1914, no se crearía la Federación Portuguesa de Fútbol (FPF), mientras que dos años antes se empezó a disputar la llamada Taça do Imperio, una especie de competición de copa que la Federación Portuguesa no reconoce como oficial, hasta que en 1921 se sustituyó por la de Campeonato de Portugal.

Por último, dentro de Europa, Suecia y Rusia también alcanzaron un desarrollo notable. Los suecos empezaron a practicarlo hacia 1875 y nació en las principales academias de gimnasia, que también practicaban otros deportes. En 1882 se tiene constancia de la fundación del club más antiguo del país, el Gefle IF, el 5 de diciembre, y en 1885 de la unificación de reglas por clubes afincados en Göteborg, Estocolmo y Visby. Habría que esperar hasta 1892 para que los suecos disputasen su primer partido con las reglas existentes para la época y, en 1895, se crea, menudo nombrecito, la *Svenska Idrottsförbundet*, que debió ser tan difícil de pronunciar por los propios suecos que al año siguiente cambiaron su título por el menos complicado *Svenska Mästerskapet* —vigente hasta 1924, y cuyo primer

Filip Johansson, el primer máximo goleador de la primera edición de la liga sueca *Allsvenskan*

ganador fue el Örgryte IS—, que decidía al campeón de Suecia hasta que se crea la liga de fútbol, con el nombre de *Allsvenskan*. Hay que decir, y hago un inciso, que paralelamente a la *Svenska Mästerkapet* existía una liga, conocida como *Svenska Serien*, que se jugó entre 1910 y 1924 con algunas interrupciones, en la que había un ganador, pero no era considerado el campeón sueco, sino el vencedor de la citada *Svenska Mästerkapet*; de ahí la necesidad de unificar un título en una sola competición. La primera edición de la *Allsvenskan* tuvo como primer clasificado al GAIS mientras que Filip Johansson, del IFK Göteborg, fue el máximo goleador tras una increíble cifra de treinta y nueve goles en tan solo veintiún partidos. Mientras tanto la Asociación Sueca de Fútbol, la SvFF, había sido creada el 18 de diciembre de 1904. Con respecto a los rusos, todavía históricamente imbuidos en la época de los zares, el frío y la nieve no impidieron el juego de este deporte, especialmente en la zona de San Petersburgo, que es el lugar donde comenzó hacia 1890. Allí, once años más tarde, se crea la primer liga en la que solo jugaban clubes de la ciudad, lo mismo que ocurriría en Moscú en 1910, hasta que dos años más tarde se crea la Unión del Fútbol en Rusia, la FUR, y se disputa un torneo a nivel nacional, aunque San Petersburgo y Moscú continuaron con sus propias ligas hasta 1920. Con la Revolución rusa, la caída del zarismo y la creación de la Unión Soviética, se considera al Spartak de Moscú el club más antiguo del país, creado en 1922 y que tomó el nombre de Spartak en honor a Espartaco, el esclavo tracio que se rebeló contra Roma. La FUR se denominará Federación de Fútbol de la Unión Soviética, la FFSSSSR, a partir de 1934.

Todo es posible en América

Durante el primer cuarto del siglo XIX, en América Latina, que comprende América Central y del Sur, se produjo la independencia de las colonias españolas y portuguesas, constituyéndose en lo que hoy en la actualidad se conoce como el grueso de los grandes países latinoamericanos. Después de esa independencia, durante el resto del siglo XIX, se vivió una situación variable en este lado del planeta, pues se establecieron regímenes políticos oligárquicos y caudillistas, aunque sin olvidar algunas reformas electoralistas, como la expansión del sufragio o la formación de sistemas de partidos. Pero lo más importante de este periodo, sin duda, fue la *dependencia*, sobre todo económica, que estos países tuvieron de los británicos. En efecto, Gran Bretaña, con el comercio, el sector financiero y las exportaciones, controlaba casi todo el comercio latinoamericano. Esto hizo que muchos británicos, en sucesivos movimientos migratorios, se trasladasen a estos países, especialmente a la fachada atlántica, en las recién creadas Argentina, Uruguay y, en menor medida, Brasil. Con ellos, trajeron el fútbol, que se iba a desarrollar de manera muy especial y arraigada y que se convertiría, posteriormente, en algo pasional.

Como siempre, y al igual que lo demostraron en Europa, los británicos eran muy suyos en esto del fútbol. Primeramente, en la Argentina del mayo de 1867, los hermanos Thomas y James Hogg, a través del periódico *The Standard*, emitieron un comunicado con el propósito de popularizar este deporte, fundando a la vez el Buenos Aires Fútbol Club, que desafió al Buenos Aires Cricket Club a un partido en los bosques de Palermo, también conocido como Parque 3 de Febrero, con dos equipos de tan sólo ocho jugadores: el blanco representaba al equipo creado por los hermanos Hogg y el colorado a los del Cricket, compuesto ambos, cómo no, por ingleses. Se conservan las alineaciones de ambos equipos de aquel partido que se disputó el 20 de junio.

Pero no sería hasta la década de 1880 cuando de verdad el fútbol en Argentina empezó a alcanzar grandes cotas, y todo esto debido a la labor de Alexander Hutton Watson, un escocés que se nacionalizó argentino y que, al llegar al país del tango en 1882, primeramente se hizo cargo del colegio Saint Andrews Scots, situado en Olivos, al norte de Buenos Aires y posteriormente, en 1884, fundó el Buenos Aires English High School, donde nueve años más tarde crearía el Alumni Atlhetic Club, aunque fue fundado formalmente en 1898.

La fundación de clubes en Argentina ya había comenzado antes de la llegada de Hutton Watson. De hecho, el club más antiguo que permanece hoy en día es el Club Mercedes, cuya fecha fundacional es el 12 de mayo de 1875, seguido por el Club de Gimnasia y Esgrima La Plata, fundado en junio de 1887. En ese mismo año, se crea el Quilmes Rovers AC, que posteriormente se denominaría, aunque no hay veracidad al cien por cien, Quilmes Atlético Club, y en 1889 uno de los grandes, el

Alexander
Hutton Watson,
considerado el
padre del fútbol
argentino

Club Atlético Rosario Central, que en aquellos tiempos se llamaría Rosario Athletic, fue creado por un grupo de trabajadores del Ferrocarril Central Argentino, ya que el ferrocarril era el medio de transporte que más se estaba desarrollando en aquellos tiempos. Ya en 1891, se crearía el Lomas Athletic Club; al año siguiente, el Lobos Athletic Club, fundado por irlandeses, y el Club Atlético Buenos Aires al Pacífico, que estaba vinculado también al ferrocarril. Ya a finales de siglo, aparecerían clubes como el Club Atlético Banfield y el Club Atlético Pacífico (ambos en 1896) el Club Atlético Estudiantes (1897) y el Club Atlético Argentino de Quilmes en diciembre de 1899.

En 1891, se creó la primera asociación de fútbol en Argentina, y eran tan británicos que le pusieron un nombre inglés, la llamada Argentine Association Football

League que organizó un torneo entre cinco equipos, del que resultó campeón el Saint Andrews Scots, compartido con el Old Caledonians Football Club, aunque hubo un partido de desempate que acabó 3-1 para los de Saint Andrews con un hat-trick (se da cuando un jugador mete tres goles en un mismo partido) de Charles Douglas Moffatt. Sin embargo, esta primitiva asociación se disolvió en 1892 y se creó una nueva al año siguiente, que llevaría el mismo nombre y cuyo primer presidente sería aquel que popularizó el fútbol en Argentina, el citado Alexander Hutton Watson. Ese mismo año, se reanuda el torneo iniciado en 1891 y el campeón fue el Lomas Athletic Club, que sería el primer dominador de la competición para luego sustituirle el Alumni Athletic Club, que estableció su tiranía futbolística hasta poco antes de la Primera Guerra Mundial.

Con el cambio de siglo, aparecieron otros torneos que ulteriormente fueron reconocidos como oficiales por la AFA, que es en la actualidad la Asociación Argentina de Fútbol desde 1946 y que deriva de la primitiva asociación creada en 1891. El primero de ellos fue la Copa de Competencia Chevalier Boutell, en honor al entonces presidente de la Argentina Association Football League, el inglés Francis Hepbrun Chevalier Boutell. El torneo se disputó desde 1900 hasta 1906 y en él solo jugaban equipos argentinos; Alumni AC y Rosario Athletic fueron los dominadores, y luego, a partir de 1907 y hasta 1919, la disputaban el ganador argentino de la creada Copa de Competencia Jockey Club, instaurada en 1907 y que perduró hasta 1933, y el ganador uruguayo de la Copa Competencia que, en el caso del país charrúa, había comenzado a celebrarse en 1904 y que celebraría su última edición en 1925. En este caso, los dominadores serían de nuevo el Alumni AC y el Montevideo Wanderers con tres títulos cada uno. Paralelamente a la creación de estas competiciones, no dejaron de crearse nuevos equipos argentinos, entre los que destacan, sobre todo, el Club Atlético River Plate el 25 de mayo de 1901, el Racing Club de Avellaneda el 25 de marzo de 1903, el Club Atlético Belgrano el 19 de marzo de 1905 o el Club Atlético Boca Juniors el 3 de abril de ese mismo año.

En Uruguay, también los británicos, con la construcción de ferrocarriles, introdujeron el fútbol en el pequeño país, y el primer partido que se recuerda se disputó en 1881 entre el Montevideo Rowing Club y el Montevideo Cricket; aunque no son los dos clubes más antiguos de Uruguay, ya que englobaban otros deportes. Habría que esperar a 1891, cuando se funda el Albion Football Club en Montevideo, para encontrar un club dedicado exclusivamente a la práctica del deporte rey. Una de sus primeras medidas fue la de no prohibir jugadores extranjeros, esto es, nacidos fuera de Uruguay, aunque poco después la norma cambió, permitiendo su entrada. Su primer partido fue contra el Montevideo Cricket Club, en el que perdió 3-1. Ya anteriormente, en 1889, se constata el primer partido internacional de la historia de América Latina entre uruguayos y argentinos, siendo Henry Stanley Bowles, jugador del Montevideo Cricket Club, el que tuvo el honor de marcar el primer gol.

Sin duda, William Leslie Poole es el causante de la expansión futbolera en el país charrúa en un momento en en que, ya en los últimos años del siglo XIX, si bien no había torneos oficiales, sí se enfrentaban los equipos existentes en Montevideo. A los tres citados anteriormente se le añadió el Central Uruguay Railway Cricket Club, conocido como CURCC. El dominador fue el Montevideo Cricket Club, caracterizado por un juego preciosista que usaba el *dribbling* como su principal arma y que consiguió algunas goleadas de renombre.

Con el cambio de siglo, se va a crear la Uruguay Association Football League el 30 de marzo de 1900, cuyo presidente fue Pedro Charter. Lo curioso es que el

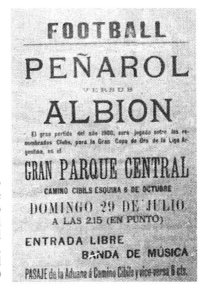

Póster anunciando un partido entre el Club Atlético Peñarol y el Albion Football Club uruguayos, correspondiente al año 1900

reglamento establecido es el mismo que del de la Football Association, sin cambiar ni un punto ni una coma, y en inglés. En ese mismo año, se organiza el primer campeonato uruguayo o la llamada Liga Uruguaya de Fútbol, en la que solo se enfrentaron cuatro equipos: el CURCC, el Albion Football Club, el Uruguay Athletic Club y el Deutscher Fussball Club. Resultó campeón el primero, que repetiría el honor cinco veces, la última en 1911. En 1913, desaparece y se refunda como Club Atlético Peñarol, aunque hay mucha controversia al respecto: algunos creen que es fruto de una refundación, otros que es una fundación nueva, con estatutos diferentes. Aun así, el Club Atlético Peñarol y el Club Nacional de Fútbol, el conocido Nacional de Montevideo (creado en 1899), serían los reyes del fútbol uruguayo hasta épocas muy recientes, con lo que se ha creado una rivalidad histórica que ha perdurado hasta nuestros días.

Ya visteis, cuando hablé de Argentina, que en el país se crearon algunos campeonatos que involucraban a equipos tanto argentinos como uruguayos, llamados campeonatos rioplatenses. No fueron los únicos, ya que se documentan en esta época la aparición de otros torneos. A la Copa Competencia uruguaya hubo que sumarle la Copa del Honor, cuyo ganador jugaba la Copa de Honor Cuseiner, creada en 1905, hasta su desaparición en 1922. Esta copa se la disputaba el campeón uruguayo con el campeón argentino salido de otro torneo, la llamada Copa de Honor Municipalidad de la Ciudad de Buenos Aires, que estuvo vigente entre 1905 y 1920 con una postrera edición en 1936. En la Copa Competencia tanto Nacional como Peñarol (o CURCC) fueron los dominadores; el primero con siete títulos, y el segundo con seis, mientras que en la Copa del Honor el equipo imperante fue el Nacional. En cuanto a la Copa del Honor Cuseiner, la cosa entre uruguayos y argentinos estuvo más igualada, si bien el fútbol uruguayo, con sus dos grandes equipos, consiguió torcer la balanza a su favor. También cabe citar la llamada Copa Aldao, que enfrentaba al campeón de liga argentino contra el campeón uruguayo. Fundada en 1913, tuvo su primera edición en 1916 y estuvo presente hasta 1957, si bien no se disputó todos los años. El primer campeón fue el Nacional de Montevideo, que se impuso 2-1 al Racing Club de Avellaneda. El River Plate fue el dominador del torneo, pues lo ganó en cinco ocasiones. A partir de 1941 y hasta 1946, se jugó la Copa Confraternidad Escobar-Gerona entre los subcampeones de las ligas argentina y uruguaya.

En Brasil, las cosas con respecto al fútbol no empezaron de manera tan fulgurante como en Argentina o Uruguay. De hecho, en el país de la samba es complicado dilucidar exactamente cuándo apareció el fútbol y qué primer partido se jugó, ya que también es una época conflictiva en donde Brasil deja de ser un imperio para convertirse en república. Incluso existe la controversia de la disputa por ser el club más antiguo del país, puesto que, si bien parece ser que fue el Sport Club de Río Grande, fundado en 1900, el honor parece recaer en el Fluminense Football Club, fundado por Óscar Cox, brasileño de origen británico, el 21 de julio de 1902. Nueve años más tarde, una disputa entre los jugadores del Fluminense, descontentos por el manejo institucional del club, dio como resultado el abandono del equipo por parte de algunos de ellos; estos llegaron al Clube de Regatas do Flamengo para crear su propio equipo de fútbol, conocido mundialmente como Flamengo. Con ello, aparecería una rivalidad histórica conocida como Fla-Flu, cuyo primer partido se celebraría el 7 de julio de 1912, con victoria del Fluminense. Aun así, también se podría considerar que el Club Athletico Paulistano es el primer club de Brasil, pues fue fundado el 29 de diciembre de 1900, lo que pasa que desapareció a finales de 1929 y dio lugar después, ya en 1930, al Sao Páulo Futebol Clube, por lo que se toma al Fluminense como el club más antiguo, puesto que ha sobrevivido hasta nuestros días.

Se debe a Charles Miller, brasileño de ascendencia escocesa que impulsó el fútbol en Brasil y que fue uno de los creadores en 1902 del llamado Campeonato Paulista (organizado por la liga paulista de fútbol), la LPF, en la que compiten cinco equipos: São Paulo Athletic Club, SC Internacional, Mackenzie College, Germânia y Club Athletico Paulistano, que entre abril y octubre de 1902 jugaron el torneo, del que resultó ganador el São Paulo y cuyo máximo anotador fue el propio Charles Miller, integrante del equipo vencedor, con diez tantos. Durante los dos años siguientes, tanto Miller como su equipo repitieron título, pero el primer gran dominador fue el Club Athletico Paulistano, que hasta 1929 consiguió once títulos. A partir de 1913, apareció la APEA o Associação Paulista de Esportes Atléticos, que quería que el fútbol, hasta entonces elitista, llegase a todas las capas sociales, lo que contó con la respuesta negativa de la liga paulista de fútbol. Finalmente, la primera opción se impuso y la LPF dejó de funcionar en 1917. Sin embargo, la APEA tuvo que encontrarse en 1925 con un problema: la profesionalización o no del fútbol. El Club Athletico Paulistano se opuso a ello y creó paralelamente la Liga de Amadores de Futebol, la LAF. Esta, con exclusivo carácter amateur para la desaparición del Paulistano, hizo que la LAF se retirase y, a partir de 1933, el fútbol brasileño se hizo profesional creándose la Bandeirante Football League, la LBF, que llevó las riendas del Campeonato Paulista entre 1935 y 1940 y que es la predecesora de la Federação Paulista de Futebol (FPF), presente hasta nuestros días. Entre finales de los años veinte y toda la década de los años treinta, el Campeonato Paulista tuvo dos equipos preponderantes: el Sporting Club Corinthians Paulista y el Palestra Itália, conocido a partir de la Segunda Guerra Mundial, en 1942, como Sociedad Esportiva Palmeiras, o simplemente Palmeiras, ya que el gobierno prohibió el uso de nombres relacionados con los países del Eje (Alemania, Italia y Japón), debido a su apoyo a los aliados. Mientras, a nivel nacional, se había creado la Confederação Brasileira de Futebol, la CBF, en 1914.

En el resto de América del Sur, la implantación del fútbol fue desigual en el tiempo y en el espacio, aunque hubo países que arrancaron casi al mismo tiempo que Argentina, Uruguay y Brasil, como es el caso de Chile y Perú. Del primero, el equipo más antiguo que se conoce es el Club de Deportes Santiago Wanderers, creado el 15 de agosto de 1892, de la ciudad de Valparaiso, lugar donde llegaban muchos barcos británicos. Tres años después, se creó la Football Association of Chile, la FAC, y se tiene constancia de la disputa del primer

El brasileño Arthur
Friedenreich, para algunos
el máximo goleador de
todos los tiempos

torneo en 1896, conocido como Challenge Cup cuyo
primer ganador fue el Victoria Rangers. Poco después,
se crearían la Copa Mac Clelland, disputada entre 1898
y 1910, la llamada League, de la que se tiene constancia
que su primer campeonato fue en 1898 y que perduró
hasta 1935 (y cuyo gran dominador, al conseguir diez
títulos, fue Santiago Wanderers), y la Copa Sporting,
jugada entre 1906 y 1927 de manera interrumpida.

En cuanto a Perú, el primer partido del que se
tiene constancia data del 7 de agosto de 1892 y fue
entre ingleses y peruanos, quienes representaban a las
ciudades de Callao y Lima. Según los registros históricos, Perú cuenta con el equipo más antiguo de América,
el Lima Cricket and Football Club, cuya fundación
se remonta nada menos que a 1859, solo dos años
después de la creación del Sheffield FC en Inglaterra. Sin
embargo, la Liga peruana de fútbol no comenzaría hasta
1912, aunque solamente contó con equipos de la provincia de Lima, y precisamente el Lima Cricket and Football
Club fue el primer ganador de la misma. La Federación
Peruana de Fútbol, la FPF, no se fundaría hasta 1922.

Con respecto a Paraguay, parece ser que los holandeses, y no los ingleses, introdujeron el fútbol en el país y, el 25 de julio de 1902, se crea el Club Olimpia en la ciudad de Asunción. Y, además, el primer campeonato oficial data de 1906. La liga paraguaya de fútbol alcanzó en la edición de 1914 un inusitado interés por ser el inicio de la rivalidad entre dos de los equipos más potentes del país, el propio Club Olimpia y el Cerro Porteño, lo que se ha denominado con el paso de los años el *superclásico* del fútbol paraguayo. Por su parte, la Asociación Paraguaya de Fútbol, la APF, fue creada en 1906.

No quiero olvidarme de Bolivia, Ecuador, Colombia o Venezuela. Los bolivianos vieron cómo el fútbol era introducido por los ingleses que estaban construyendo el ferrocarril que unía Chile con Bolivia, y el primer club del país fue el Oruro Royal Football Club, junto con el Club Stomers San Lorenzo, creados en 1896 y 1897 respectivamente. En 1914, el fútbol amateur se dividió en asociaciones departamentales que empezaron a celebrar sus propios torneos, ya que el profesionalismo no llegaría hasta 1950 con la creación del torneo profesional AFLP, una especie de precedente de liga que no se oficializaría hasta 1977. La Federación Boliviana de Fútbol, la FBF, se creó en 1925. En Ecuador, Juan Alfredo Wright es considerado el padre del fútbol ecuatoriano y, junto con su hermano Roberto, fundaron el Guayaquil Sport Club, considerado el equipo más antiguo del país, en 1899. A principios del siglo XX, se disputaron varios campeonatos amateurs, entre los que destacan la Copa Chile y la Copa Municipal, si bien hasta 1922 no se populariza la disputa de torneos regionales por todo el país. En 1925 se crea la Federación Ecuatoriana de Fútbol, popularmente conocida como Ecuafútbol. En cuanto a Colombia, el país cafetero, los ingleses trajeron el fútbol a Barranquilla, con lo que fue el primer lugar en donde echó a rodar la pelota entre los colonos ingleses y alemanes y donde aparecieron algunos equipos amateurs como el Barranquilla FC, Polo Club, Escuela Militar o Bartolinos, si bien los clubes más antiguos son el Cali Football Club, conocido como Deportivo de Cali (creado en 1912) y el Independiente de Medellín, de 1913. En 1918 se disputa el llamado Campeonato Nacional, que solo tuvo una primera edición, ganada por el Bartolinos, seguida al año siguiente por la Copa Centenario Batalla de Boyacá, desgajado en dos campeonatos: el Campeonato Menores, ganado por el América FBC, llamado posteriormente América de Cali, y el Campeonato Centenario, cuyo vencedor fue el Valle FC. La liga no comenzaría hasta 1948. Por su parte, la Federación Colombiana de Fútbol es de 1924, y se le conoce como Colfútbol. Por último, en Venezuela, la llegada del fútbol es algo más curiosa. La tradición oral considera que, en las explotaciones mineras y de caucho en las cercanías del río Orinoco, los ingleses, franceses, alemanes, italianos y algunos autóctonos jugaban a «un sport llamado *football*». Esto fue recogido en el periódico *Correo de Yuruari*, en 1876, concretamente el 16 de julio, que coincide con la celebración del día de la Virgen del Carmen; pero el problema es que está registrado que hasta 1877 no salió el primer número de dicho periódico. Sea como fuere, no sería hasta ya entrado el siglo XX cuando el fútbol se desarrolla en la capital, Caracas, gracias a la intervención de españoles, portugueses e italianos, con lo que se construyó el primer equipo de la capital en 1902, el San Bernardino Sport Club. Con el paso de los años, fueron creándose los primeros torneos con equipos de duración efímera, tanto por los torneos como por los propios equipos, hasta que en 1921 comienza la llamada Primera División de Venezuela de forma amateur hasta 1957, que es la liga del país y cuyo primer campeón fue Las Américas Fútbol Club. A principios de 1926, se fundaría la Asociación Nacional de Fútbol, el antecedente de la Federación Venezolana de Fútbol, la FVF.

Por último, dentro del fútbol en América del Sur, hay que destacar las giras que equipos británicos hicieron en el subcontinente entre 1904 y 1929. El primero en inaugurar este tipo de *tours* fue el Southampton FC, el 26 de junio de 1904, contra el Alumni AC, en el que venció el primero. Esto se debió a que los equipos británicos eran por entonces los mejores del mundo y sirvió para demostrar no solo su calidad fuera de las islas británicas, sino también para impulsar el fútbol sudamericano que tenía bastante potencial, amén de que la gran mayoría de los clubes habían sido fundados por los propios británicos. De hecho, con el paso de los años, los resultados a favor de los europeos cada vez fueron menores y, poco a poco, argentinos, uruguayos y brasileños —puesto que estas giras se concentraron en estos tres países— mejoraban en sus prestaciones futbolísticas. De hecho, la primera derrota de un equipo británico, la *selección* de South Africa (Sudáfrica), formada por jugadores ingleses, fue precisamente contra el Alumni FC el 24 de junio de 1906, que sirvió para impulsar el fútbol en todo el país.

En 1910 el Corinthian FC de Londres fue el primer equipo británico en ir a Brasil; disputó seis partidos y venció en otros tantos. Tras el parón de la Primera Guerra Mundial, las giras continuaron a lo largo de la década de los años veinte, y destaca la gira del Plymouth Argyle FC en 1924, en la que vence a la selección de Uruguay en Montevideo, el 4 de julio, y posteriormente, en un partido rudo y áspero, empatando frente al Boca Juniors, el 9 de julio. En 1928 el Motherwell FC fue el único equipo escocés que realizó la gira después de haber estado en España el año anterior y, en 1929, el Chelsea FC fue el último equipo británico en recorrer Sudamérica, donde se encontró con que los equipos del subcontinente ya habían evolucionado en el fútbol de tal manera que incluso superaban en cuestiones tácticas al inglés. Por ello, de dieciséis partidos que jugó solo ganó cinco y perdió ocho.

En América Central, la implantación del fútbol se circunscribió principalmente en México, en donde, cómo no, los británicos, lo introdujeron. Sería durante el Gobierno de Porfirio Díaz, con el que se produjo un gran avance industrial, cuando se tiene la certeza de la disputa de partidos de fútbol, principalmente entre técnicos y trabajadores de diversas áreas productivas. Así pues, el 1 de noviembre de 1891, el llamado Pearson´s Wanderers y el San Cristóbal Swifts disputaron un partido en el que resultó vencedor el primero. Al año siguiente, se crearía el primer equipo mexicano, fundado por mineros ingleses, que se denominó Pachuca Fútbol Club y que, en 1895, pasó a ser el Pachuca Athletic Club tras la fusión de algunos equipos de la zona. Ya a principios del siglo xx se habían fundado el Orizaba Athletic Club, el México Cricket Club, el Reforma Athletic Club y el British Club, con lo que en 1902, el 19 de julio, se constituiría la Liga Mexicana de Football Amateur Association, compuesta de los cuatro equipos antes mencionados más el Pachuca Athletic Club. Como curiosidad, los partidos duraban treinta y cinco minutos, debido a la altitud de México Distrito Federal, y se sabe que se utilizaba un sistema de dos defensas, tres centrocampistas y cinco delanteros, un 2-3-5, que sería la formación táctica imperante en el fútbol mundial hasta la década de los años treinta. El primer campeón fue el Orizaba AC. En 1910 se fundaría el Club de Fútbol México, compuesto principalmente por jugadores mexicanos, pero que desapareció en 1937. En 1919, se produjo una escisión de la liga cuando algunos clubes decidieron crear una liga paralela, la Liga Nacional, compuesta por los llamados equipos *españolistas*, pero ambas lograron fusionarse en 1922 con el nombre de Campeonato de Primera Fuerza de la FMF, cuyas siglas corresponden a la recién creada Federación

Mexicana de Fútbol, que inició su andadura en agosto de 1922. En 1931, cambiaría de nuevo el nombre pasándose a denominarse Liga Mayor.

En el resto, que comprende Belice, Guatemala, Honduras, El Salvador, Nicaragua, Costa Rica y Panamá, principalmente, el fútbol se asentó de manera diferente, en especial en el ámbito temporal. Veamos algunos ejemplos. En Honduras ya hay registros de su práctica en 1896, pero la evolución fue gradual y, hasta 1912, no contaría con el primer equipo, el Club Deportivo Olimpia; pero habría que esperar hasta los años veinte para que empezaran a fundarse nuevos clubes, entre ellos el Club Deportivo Marathón en 1925, el Fútbol Club Motagua en 1928 y el Real Club Deportivo España al año siguiente. La primera liga de fútbol profesional tardaría en llegar hasta 1964. En Costa Rica, parece que el primer club fue el Club Sport Cartaginés, fundado por el canadiense William Henry Pirie Wiley en 1906, aunque se cree ya que en 1905 el Club Sport la Libertad inició su andadura en el mes de noviembre. En 1907, se organizó el primer campeonato amateur, que ganó el propio Club Sport la Libertad. En 1921 se crea la primera división, cuyo primer campeón fue el Club Sport Herediano. También ese mismo año se crea la Federación Costarricense de Fútbol, conocida como la FEDEFUTBOL. Panamá, sin duda, fue uno de los países más tardíos, ya que el club más antiguo es de 1955, el Club Deportivo Plaza Amador, fundado por León «Cocoliso» Tejada, uno de los deportistas panameños más influentes de su país, y hasta 1938 no tendría su propia liga, que se llamó Liga Distritorial de Fútbol en Panamá y que, hoy en día, corresponde a la cuarta división, ya que la primera división fue creada recientemente (en 1988), y recibe el nombre de Liga Panameña de Fútbol. Por su parte, La Federación Panameña de Fútbol data de 1937. Por último, cabe destacar que en Nicaragua el club más antiguo es el Diriagén Fútbol Club de 1917, apodado los Caciques y 27 veces campeón de liga, aunque el primer partido jugado en el país data de 1910 y tuvo lugar en el campo los Cocos de la ciudad de Diriamba.

En América del Norte, a finales del siglo XIX, había concluido la conocida *Conquista del Oeste*, y los Estados Unidos estaban a punto de tomar el relevo de Gran Bretaña como primera potencia industrial del mundo. Cuando Billy el Niño todavía no había acabado de dejar el biberón, los americanos ya habían fundado su primer club en 1862, el Oneida Football Club, en Boston, muy tempranamente y en plena guerra de Secesión, posiblemente influenciados por, si recordáis el primer capítulo, el *pasuckuakohowog*, si bien se jugaba de manera caótica y violenta. Hubo que esperar hasta la creación de la American Football Association (AFA), en 1884 para que se jugara al fútbol conforme a las reglas del momento. En 1885, se empezó a jugar un torneo llamado la American Cup, que perduraría hasta 1924, cuyo ganador fue el Clark ONT, que volvió a repetir triunfo los dos años siguientes. Paralelamente, en 1914, comenzaría la National Challenge Cup, y el primer vencedor fue el Brooklyn Field Club, con lo que se susti- tuyó a un torneo que empezó a rodar en 1912 creado por la American Amateur Football Association (AAFA), la American Amateur Football Association Cup, que solo tuvo dos ediciones. Finalmente, la AAFA derivaría en 1913 en la United States Football Association, si bien en 1945 se denominaría definitivamente United States Soccer Federation, la USSF, ya que el término *soccer* es el empleado allí.

En Canadá, existe el llamado fútbol canadiense, una variante del fútbol americano que, a su vez, procede del rugby inglés. Evidentemente, el fútbol canadiense es *primo* del fútbol propiamente dicho, pero, como es lógico, desarrollaron caminos diferentes. También se ve

Encuentro de fútbol entre jugadores del Oneida Football Club
en su primer año de existencia

que, en Canadá, esto de darle a la pelotita les gustaba, al
igual que en los Estados Unidos, ya que en 1859 se jugó
a una especie de partido de fútbol entre el St. George´s
Society y un equipo compuesto de irlandeses, pero habría
que esperar a 1876 para presenciar un partido conforme
a las reglas futbolísticas del momento. Canadá tiene el
honor de ser el país en donde se creó la primera asociación de fútbol fuera de las islas británicas, la Dominion
Football Association, fundada en 1877. En 1880, se
creará la Western Football Association en Berlín, Ontario,
y aunará durante las dos décadas siguientes a numerosos
equipos de la zona. Ya en 1901, debido a la proliferación
del deporte en el país, se va a crear la Ontario Cup a
raíz de la formación de la Ontario Football Association,
que tuvo al Galt Football Club como ganador. Otras
asociaciones se fueron formando a lo largo de los
siguientes años, lo que derivó en que, en 1912, se crease

la Canadian Soccer Association. En 1926, comenzaría la National Soccer League, que durante el paso de los años adquiriría nuevos nombres y formatos a la vez que el fútbol se iba extendiendo a lo largo y ancho del inmenso país, principalmente en la década de 1960.

ASIA Y OCEANÍA

El nacimiento y desarrollo del fútbol en el continente asiático, debido a la multitud de países existentes, tiene un proceso de formación muy largo e intenso a través de los años. El primer país del que se tiene constancia de que el fútbol se practicase de forma regular es Singapur, que ya en 1892 creó la Singapore Amateur Football Association, si bien, para saber cuál fue el primer campeonato que se jugó, hay que trasladarse a 1921, año de la inauguración de la Malasya Cup en honor al acorazado británico HMS Malaya que había combatido en la batalla de Jutlandia en el desarrollo de la Primera Guerra Mundial en 1916. El primer ganador fue el Singapure Football Association, que no era una selección nacional al uso, sino la representación de futbolistas pertenecientes a la asociación creada en 1892, que vencieron al Selangor FA. Tanto el Singapore FA (hasta que desapareció en 1994), como el Selangor FA, han sido los dominadores del torneo que aún hoy en día se sigue celebrando. Filipinas, por su parte, y tras la independencia de España en 1898, creó la Philippine Football Federation, la PFF, y los primeros años fueron exitosos, puesto que su selección estuvo capitaneada por Paulino Alcántara, un español de origen filipino que jugó en el FC Barcelona y que fue el máximo goleador (con 369 goles) de la historia del club catalán hasta el 2014, cuando fue superado por Leo Messi. Alcántara contribuyó a la máxima victoria de su selección en la historia del país tras vencer a Japón el 10 de mayo de 1917. En cuanto a clubes, destacan, entre los más antiguos, el Sandow Athletic Club, fundado en 1906, y el Bohemian Sporting Club, fundado en 1910. En 1911, se empezó a celebrar el Philippines Championship, cuyo primer ganador fue el All Manila, si bien el Bohemian Sporting Club venció en nueve ediciones desde 1912 a 1922.

Hong Kong también tiene una larga historia. Oficialmente colonia británica hasta 1997, en 1914 establece su federación, la Hong Kong Football Association, conocida como HKFA. Hong Kong tiene la liga más antigua de Asia, la First Division League, cuya primera edición data de 1908, en la que el primer campeón fue el Buffs, formado por jugadores que pertenecían al tercer regimiento de infantería de a pie del ejército británico. Uno de los clubes más antiguos, el South China Football Association, cuyos orígenes se remontan a 1904, es el equipo que más veces ha ganado: lo ha hecho en cuarenta y una ocasiones. En Japón, después de hartarse con el *kemari*, decidieron crear en 1921 su propia federación, la Nippon Sakkā Kyōkai o la Japan Football Association (JFA), pero habría de esperar hasta 1965 hasta que comenzara su propia liga, la Japan Soccer League, cuyo primer campeón fue el Toyo Kogyo Syukyu Club de Hiroshima. Sin embargo, desde 1921 se celebra la *Tennōhai Zen Nippon Senshuken Taikai* o Torneo Nacional de Fútbol Copa del Emperador, y el primer equipo que se alzó con el trofeo fue el Tokyo Shukyu-dan, que venció al Mikage Shukyu-dan. Con respecto a Tailandia, la Asociación de Fútbol de Tailandia (FAT) fue fundada en 1916, el mismo año en que empezó la Yai Cup, que cambió de nombre en 1963 y pasó a denorminarse la Kor Royal Cup. Sin embargo, el torneo no empezó hasta 1917 y tuvo como ganador al Vajiravudh College, lo que se repitió en 1918 y 1919. Por último, China comenzó su andadura en esto del fútbol en un momento complicado en la historia

Representación actual de la práctica del *Kemari*

política del país, alternando República e Imperio y las
disputas entre el llamado Partido Nacionalista Chino
(Kuomintang) y el Gobierno de Beiyang, que después
desembocó en una guerra civil a partir de 1927 entre
el propio Kuomintang y el Partido Comunista Chino.
Tres años antes, se había formado la Chinese Football
Association, la CFA, y en 1956 se empezó a disputar la
Chinese National Football Championship, cuyo primer
ganador fue el Shangai Greenland Shenhua Football Club,
pese a que, hasta 1960, no se volvió a disputar y siguió
denominándose posteriormente, hasta 1984, Chinese
FA Cup. Anteriormente, en 1951, había empezado una
liga amateur cuyo vencedor fue el Bayi Football Team,
fundado en 1927 por el Ejército Popular de Liberación
y que hasta 1987, tras pasar por varios nombres, no se
semi-profesionalizó y se denominó Jia-A League.

En Oceanía el fútbol también está presente, puesto
que es uno de los lugares en dónde su expansión fue

temprana, concretamente en Australia y Nueva Zelanda. Los británicos llevaron a los australianos el fútbol en 1880 y, el 14 de agosto de ese mismo año, se registra el primer partido entre el Wanderers Football Club de Sídney, fundado once días antes, contra el equipo de rugby del King's School, según las reglas del fútbol moderno. Dos años después, se crearía la primera federación del país, la New South Wales Association y, en 1883, el equipo más longevo del país en cuanto a duración (aún perdura hasta hoy), el Balgownie Rangers Football Club, inició su andadura. Al año siguiente, se crea la Anglo-Australian Football Association del estado de Victoria, que organiza un partido contra el Balgowie en el East Melbourne Cricket Ground, hecho que hace que en los años siguientes aparezcan nuevas asociaciones en el país, entre las que destaca la Western Australian Soccer Football Association, de 1896, y la South Australian British Football Association ya en 1902. En 1911, se crea la Commonwealth Football Association, antesala de la Australian Soccer Association de 1921, aunque actualmente su nombre es Football Federation Australia (FFA). Hasta los años sesenta solo hubo torneos de carácter estatal y, en 1962, se crea la Australian Cup, cuyo ganador inaugural fue el Sydney Soccer Club Yugal, que venció al St. George Budapest FC. En 1977, comenzó la National Soccer League y la primera temporada se jugó en formato de eliminatoria directa cuyo vencedor fue el Brisbane FC. A partir de entonces, se adquiriría el sistema de competición liguera de todos contra todos, ida y vuelta, jugando en casa y a domicilio.

Nueva Zelanda practicaba el fútbol a finales del siglo XIX, y en 1891 se creó la New Zealand Football, pero hasta 1923 no empieza a jugarse el primer torneo, la Copa Chatham, en honor al HMS Chatham, un crucero ligero que participó en la batalla de Galipoli en la Primera Guerra Mundial. El primer vencedor fue el Seacliff AFC.

El HMS Chatham, crucero ligero en el que se basó la creación
de la Copa Chatham de Nueva Zelanda

Hasta 1970 no se crea la liga. Por entonces, había tres
competiciones regionales en función de la geografía
del país: norte, centro y sur, que se fusionaron para dar
lugar a la National Soccer League. El Blockhouse Bay,
también conocido como el Bay Olimpic, resultó ser
el primer ganador. En cuanto a los demás países que
conforman el continente oceánico, destacan Vanuatu,
cuya federación, la Vanuatu Football Federation (VFF)
data de 1934, Nueva Caledonia, en la que su Super
Ligue comenzó en 1962, y las islas Fiyi, cuya historia
es curiosa, ya que el fútbol fue introducido por los
misioneros y se sabe que, desde 1889, se jugaba en las
escuelas. En 1905, se funda el Suva Soccer Football
Club, que en 1910 jugaría un partido contra el equipo
formado por el HMS Powerful, que venció, y otro
en 1914, en el que el HMS Torch terminó ganando. En
1924, se juega el primer torneo regional en donde los
jugadores aún competían descalzos y confiaban en su
velocidad y resistencia, mientras que, a partir de 1938,
se viene realizando la Inter-District Championship. El
primer vencedor fue el Rewa Football Club, que había
sido fundado en 1928. La Fiyi Football Association fue
creada en octubre de 1938.

Y, POR SUPUESTO, ÁFRICA

En este apartado, lo primero que tenéis que saber es que el África del siglo XXI no tiene nada que ver con la existente a finales del siglo XIX, cuando las grandes potencias europeas, en su afán colonizador, se repartieron, en el llamado Congreso de Berlín de 1884 y 1885, toda África; en especial Gran Bretaña y Francia y, en menor medida, Alemania, Italia, Portugal, Bélgica, Países Bajos y España. Al término de la Segunda Guerra Mundial, se inició el llamado proceso descolonizador, que tiene su punto más álgido en los años cincuenta y sesenta, fecha que coincide con la aparición de la mayoría de las asociaciones de fútbol tras conseguir su independencia. Las primeras noticias de la existencia del fútbol en África se remiten a 1862, época en la que los europeos empezaban ya a ocupar territorios a través del ferrocarril, de las misiones evangélicas y de los ejércitos militares. Sudáfrica, Egipto y la Argelia francesa fueron los primeros lugares en practicarse. Sudáfrica, que políticamente estaba sumida a finales del siglo XIX en la llamada guerra de los Bóeres entre colonos neerlandeses y el Imperio británico, vio nacer, entre tanto, a algunos equipos amateurs antes de 1900, en especial el Savages Football Club. En Egipto, donde franceses y británicos se daban de tortas para ver quién se quedaba con la antigua tierra de los Faraones, el Gezira Football Club, como se conoce actualmente, fue fundado en 1882 con el nombre de Khedivial Sporting Club, aunque fue exclusivamente destinado a miembros del ejército británico. El siguiente club egipcio fue el Alexandria Sporting Club, creado en 1890. La Argelia francesa tuvo al CAL Orán como primer equipo en 1897.

Sin duda, en Egipto fue donde más arraigó la práctica de la pelotita, pero no fue el país en donde se creó la primera federación, honor que tuvo en 1919 la hoy llamada República Democrática del Congo, que por entonces era denominada Congo Belga, bajo el nombre de Fédération Congolaise de Football-Association, la FECOFA, y en 1958 se crearía la Linafoot, el campeonato de liga, ganado en su primera edición por el FC Sant Éloi Lupopo. Egipto sería el siguiente país en crear su propia federación, concretamente en 1921, la Egyptian Football Association, con la salvedad de que a lo largo de su historia nunca ha permitido a deportistas cristianos (que son casi un 20 % de la población, la mayoría de la rama ortodoxa copta) jugar en la selección nacional y en las competiciones del país. Las principales son la FA Cup, que, entre 1921, año de su creación, y 1942, se denominó Prince Farouk Cup, y la Egyptian Premier League, que comenzó en 1948 y tuvo al Al-Ahly como primer campeón. De hecho, este ha ganado la liga en cuarenta ocasiones mientras que se ha alzado con la FA Cup en treinta y seis oportunidades, además de ser el equipo con más títulos internacionales de la historia del fútbol mundial, con un total de 117. En 1924 en Uganda, bajo protectorado británico, se estableció la Kampala Football Association; aunque el deporte rey había sido introducido por misioneros británicos como el reverendo archidiocesano Robert Henry Walker en 1897, al igual que por el oficial británico capitán William Pulteney. La King's School Budo, por aquellos tiempos, estuvo a la vanguardia del fútbol ugandés gracias a la iniciativa de otro misionero, Alexander Gordon Fraser, que, con su desarrollo, llegó a crear el equipo de Budo Old Boys, que en 1927 pasó a ser el United Old Budonians Club. En 1925 se estableció la Kabaka Cup, que estuvo en liza hasta 1970, pero, por desgracia, no se disponen de los ganadores de muchas ediciones, pues su registro se ha perdido irremediablemente y también dejó de disputarse algunos años por problemas políticos, especialmente a partir de 1957, cuando la Buganda Football Association, perteneciente a una de las regiones del país, se negó a ser el organismo que dirigiera la competición. En 1971, se reanudó esta vez con el nombre de Uganda Cup. En 1968, comenzaría la Uganda National First Division League, cuyo campeón fue el Maroons Football Club, también denominado Prisons Football Club Kampala, que repetiría título al año siguiente.

Zambia, que en aquel momento no se llamaba como tal, sino Rodesia del Norte y era, a la sazón, colonia británica, creó su federación en 1929, que hoy en día es la Football Association of Zambia (FAZ). No sería hasta 1962 cuando crease su liga, la Zambia Premier League, en donde el Road United Football Club, anteriormente denominado Road Mine African Football Club, se alzó con el título. Al año siguiente, después de que Zambia fundase su federación, Tanzania le siguió los pasos con la Tanzania Football Federation, la TFF. Su liga, la *Ligi Kuu Tanzania Bara*, comenzó en 1965 y su indiscutible vencedor era el Simba Sports Club, victoria que ha logrado en dieciocho ediciones, mientras que la Tanzania FA Cup o Nyerere Cup, data de 1974 y, en ella, el JKU Sports Club se alzó con la victoria. Por último, el fútbol sudanés tiene establecida la Sudan Football Association desde 1936 y su liga, la Sudan Premier League, que sustituyó a la regional Khartoum League (aunque ésta permanecería hasta 1997) comienza en 1962 con el Al-Hilal Club como equipo que se llevó el gato al agua, lo que repitió hasta en treinta y una ocasiones.

4

Qué es eso de la FIFA

UN ORGANISMO MUNDIAL

En el capítulo anterior, se dio una vuelta al mundo al más estilo Phileas Fogg recorriendo la expansión del fútbol en el planeta azul. Aunque en algunos países, como visteis, se tardó más de la cuenta en la implantación del fútbol, ya a principios del siglo XX se había expandido de tal manera que, en un momento determinado, fue necesario un organismo a nivel mundial que supervisara la evolución futbolística en todos los rincones del mundo. La cosa no era tan sencilla como parece ya que, aparte de las dificultades logísticas del momento, habría que crear una sede fija en donde se controlase todo lo relacionado con este deporte. Como era lógico y natural, se pensó en un primer momento en los ingleses, mediante su Football Association, que llevaba funcionando desde 1863, y también en la International Football Association Board que, si os acordáis, estaba compuesto por Inglaterra, Escocia, Gales e Irlanda, no solo porque el fútbol naciera en las islas británicas, sino porque llevaban más tiempo practicándolo y habían acondicionando las reglas de juego que hasta entonces existían para un mejor desarrollo del deporte rey.

Por ello, ya en 1904, el por entonces secretario de la asociación de fútbol de los Países Bajos (la NVB), Carl Anton Wilhelm Hirschman, se dirigió a la FA con la propuesta y, aunque su secretario la aceptó, los ingleses (cómo no, muy suyos en estas cosas), junto con la complicidad de la IFBA y de las propias asociaciones escocesa, galesa e irlandesa, decidieron no contestar y mucho menos confirmar la aceptación, dejando que, con el tiempo, la propuesta se disolviera como un azucarillo en una taza de té. Por ello, el propio Hirschman se dirigió a Robert Guérin, periodista y secretario de la Union des Sociétés Françaises de Sports Athlétiques y le instó a que, por carta, se dirigiera a las asociaciones y federaciones europeas existentes para crear el organismo. El momento no pudo ser mejor, ya que en aquel preciso instante se iba a celebrar el 1 de mayo el primer partido oficial internacional de las selecciones belga y francesa. Por si fuera poco, el propio Guérin era el seleccionador francés y pensó que este partido podría ser el mejor escenario para llevar a cabo su propósito. Celebrado en Bruselas, en un torneo denominado Trophée Évence Coppée, acabó con empate a tres, con goles de Quéritet, por partida doble, y Destrebecq, por parte belga, y de Mesnier, Royet y Cyprés a cargo de los galos, lo que dejó un gran sabor de boca debido a que fue un partido muy disputado.

Esto propició que los secretarios de los países que habían disputado el partido, Louis Muhlinghaus, por parte belga, y el citado Guérin, por parte francesa, debatiesen la celebración de una reunión con las asociaciones y federaciones invitadas en París el 21 de mayo. Por

Robert Guérin, primer
presidente de la FIFA

cortesía, también invitaron al presidente de la FA, lord
Arthur Kinnaird, pero este rechazó el ofrecimiento. Así
pues, en un día primaveral de la maravillosa ciudad de
la luz, aparte de belgas y franceses, vinieron representantes de Dinamarca, Países Bajos, Suecia, Suiza y España,
que, aunque no tenía federación (recordad que no se crea
hasta 1913), fue delegada por el Madrid Fútbol Club.
Los alemanes, aunque no estuvieron presentes, manifes-
taron su deseo de adherirse al organismo, si se creaba, a
través de un telegrama. Tras una serie de dimes y diretes,
se decidió al día siguiente la creación oficial de la FIFA,
denominada Fédération Internationale de Football
Association, para la que el presidente elegido fue Robert
Guérin, que contaría con el apoyo de dos vicepresidentes, Victor E. Schneider de Suiza y el citado Hirschman
de los Países Bajos. El belga Muhlinghaus sería el secretario y tesorero, con la ayuda del danés Ludwig Sylow.
Se postularon los primeros estatutos, que entrarían en
vigor el 1 de septiembre, de los que destaca que solo las
asociaciones nacionales serían reconocidas, que clubes y

jugadores solo pudieran jugar para una sola asociación, que, si un jugador era expulsado de una asociación, todas las demás reconocerían el hecho como tal, la organización de partidos de fútbol en base a las reglas establecidas por la FA, el pago anual de una cuota de cincuenta francos suizos por parte de cada asociación y que solo la FIFA podría organizar partidos y competiciones internacionales.

Pero el primer escollo al que tuvo que enfrentarse la FIFA fue la ausencia de los ingleses, que aún estaban un poco reacios a entrar en el nuevo organigrama. Pero ambos se necesitaban y la mejora de relaciones se fraguó al año siguiente, cuando el 14 de abril la FA reconoció a las asociaciones afiliadas y decidió formar parte del organismo. Sin duda, esto fue propiciado gracias a la labor del belga Barón Edouard de Laveleye, el primer presidente de la Union Royale Belge des Sociétés de Football Association, quien, gracias a sus negociaciones, fue reconocido posteriormente como miembro honorario de la FIFA y también elegido como presidente del Comité Olímpico Belga, tras lo que se encargó de que Bélgica celebrara, en 1920 y en Amberes, los Juegos Olímpicos. Por otra parte, otra de las cuestiones acordadas en la reunión de París fue la de organizar anualmente un congreso para resolver cuestiones relacionadas con el fútbol. En efecto, y de nuevo en París, se celebró un segundo encuentro entre los días 10 y 12 de junio de 1905 con la satisfacción de contar con nuevas asociaciones además de la inglesa: Alemania, ya reconocida formalmente, Austria, Italia, Hungría, Gales e Irlanda, si bien estas dos última no completarían su adhesión hasta unos pocos años más tarde. Aquí, se empieza a barruntar la posibilidad de hacer efectiva una competición internacional, con sede en Suiza, pero, por desgracia, no llegaría a ejecutarse. La FIFA aún no había madurado lo suficiente como para encargarse de tan alta organización y, además, a algunas de las asociaciones todavía les costaba reunir a una selección nacional, con lo que fue cancelada la propuesta; algo que afectó mucho al presidente Guérin, que lo deseaba con todas sus fuerzas. Tanto es así que, al año siguiente, dejó la presidencia el 4 de junio, tras lo que fue sustituido por el inglés Daniel Burley Woolfall, elegido presidente en el siguiente congreso celebrado en Berna. Esto conllevó a que cada vez más ingleses y el resto de asociaciones estuvieran más unidas.

Y menos mal que fue así, ya que un extravagante y fugaz club inglés, llamado English Ramblers, quiso jugar partidos en Europa por su cuenta sin la autorización de la FA y la FIFA apoyó la decisión inglesa instando a sus miembros a que ninguno de sus equipos se prestara a jugar contra ellos. Sin embargo, tomó una decisión que no gustó demasiado y la hizo efectiva en este momento: permitir que la Federación de Bohemia, una región geográfica que en aquel momento pertenecía tanto a Austria como a Hungría, fuera aceptada, cuando una de sus máximas era la de no permitir más de un federación por país. Dos años después, en el congreso de Viena y a instancias de Hungría, sería expulsada de la FIFA.

DANDO PUNTAPIÉS AL BALÓN EN LOS JUEGOS OLÍMPICOS

El año 1908 fue un momento crucial, ya que los Juegos Olímpicos que se celebraron en Londres, tras Atenas en 1896, París en 1900, y San Luis cuatro años más tarde, permitieron por primera vez la práctica como deporte olímpico del fútbol, si bien en los Juegos Olímpicos de 1904 se presentó como exhibición. Wollfall consiguió que el COI (Comité Olímpico Internacional), lo aceptara como tal y ocho participantes disputaron la primera edición: Reino Unido (ya que también integró a Irlanda), Países Bajos, Hungría, Bohemia, Dinamarca, Suecia y Francia (con dos selecciones, la Francia A y la Francia B). Bohemia se retiró antes de participar por su expulsión y el torneo se caracterizó por la presencia de algunos resultados muy abultados que reflejaban la distinta calidad futbolística de algunas de las selecciones.

Por fortuna, este primer escenario internacional fue un éxito ya que, a partir de entonces, la FIFA contempló la posibilidad de que no solo se asociaran países europeos. De hecho, ya el fútbol, que cada vez estaba más extendido, demandaba una globalización. La primera en cumplir dichos requisitos fue Sudáfrica (conocida como Unión Sudafricana), que en 1910 se adhirió a la organización, al igual que Escocia y Gales, a las que siguieron Irlanda en 1911, Argentina en 1912, Chile, Canadá, España en 1913 (que, aunque era miembro fundador, no tenía su propia federación y, por entonces, estaba representada por el Madrid Fútbol Club) y Estados Unidos en 1914. Entre medias, la FIFA seguía celebrando sus congresos anuales y se había decidido que el francés fuese el idioma oficial para las conferencias, los boletines y los congresos, que la aplicación de las reglas de la FA fuese obligatoria en todos los países y se prohibía la celebración de torneos y partidos de fútbol hechos por terceros con fines lucrativos.

En los Juegos Olímpicos de 1912 celebrados en Estocolmo, participaron once selecciones, todas europeas. Reino Unido y Dinamarca, al igual que cuatro años antes, practicaron el juego más vistoso alternándolo con grandes goleadas, si bien la mayor goleada del torneo la propiciaron los Países Bajos, que, en el partido por la medalla de bronce, ganaron a Finlandia en un partido en el que Jan Vos anotó un «repóker», es decir, cinco goles en un partido. La final fue la misma que en Londres, y Reino Unido volvió a repetir triunfo con

La selección alemana en los Juegos Olímpicos de 1912, que le
endosó un 16 a 0 a Rusia

doblete de Hoaren, Walden y Berry, mientras que por
parte de los daneses el goleador por partida doble fue
Alton Olsen. Como curiosidad, los equipos eliminados,
salvo los de semifinales y la final, jugaron una especie
de torneo de consolación, de los que destaca la histórica
goleada de Alemania a Rusia, que acabó con un 16-0
a favor de los germanos, la mayor goleada de toda su
existencia, en la que Gootfried Fuchs marcó diez goles,
aunque la final de consolación la disputaron la Hungría
de Imre Schlosser (vencedora) y Austria.

Pero llegó 1914 y estalló la Primera Guerra
Mundial, y la FIFA, a causa del conflicto, tendría
un notable retroceso. La beligerancia entre muchos
de los países que ya formaban parte del organismo,
especialmente los europeos, hizo que las relaciones,
no solo internacionales sino futbolísticas, se deteriora-
sen. Es más, las selecciones del Reino Unido, es decir,
Inglaterra, Escocia, Gales e Irlanda, no querían jugar
partidos con selecciones cuyos países participaran en la

Gran Guerra. Sin embargo, la FIFA, consciente de la
crítica situación, intentó por todos los medios mantener un mínimo de coherencia, dado que si la guerra se
perpetuaba durante mucho tiempo, todo lo conseguido
hasta ahora se vendría abajo. Por ello, aunque fuera en
territorio neutral, intentó mantener la vidilla del fútbol
disputando partidos internacionales de carácter amistoso, e incluso en algunos países como en Inglaterra se
siguió disputando la Football League, en la que ganó el
Everton FC el campeonato de 1915 en un momento
en el que ya se había limitado la acción del portero de
poder coger el balón con las manos en todo el campo,
con lo que se restringía al área, como hoy en día. Pero
incluso los ingleses tuvieron que hacer un parón, ya que
muchos de los futbolistas fueron llamados al combate
para defender a su patria. Incluso hay una historia, a
caballo entre la leyenda y la realidad, que se conoce
como *La Tregua de Navidad*. Acaece en el primer año de
la guerra, en el que soldados alemanes y británicos acordaron un alto el fuego en las trincheras para disputar un
partidillo de fútbol como ejemplo de unidad europea a
pesar de que fueran enemigos.

LA CONMEBOL SUDAMERICANA

En 1916, tuvo lugar en Sudamérica el I Centenario de la
Independencia de la República de Argentina, y allí surgió,
a propuesta del presidente del Montevideo Wanderers
Héctor Rivadavia Gómez, la posibilidad, sabiendo la
debilidad de la FIFA en aquel momento, de crear un
organismo o asociación que aunase todo el fútbol sudamericano con motivo de la disputa de un torneo conme-
morativo al que habían sido invitadas la Asociación de
Fútbol de Chile, la Confederação Brasileira de Futebol y
la Asociación Uruguaya de Fútbol por parte del Ministerio

El once de Uruguay campeona de la primera edición del
Campeonato Sudamericano de 1916

de Relaciones Exteriores argentino. El torneo, que sería
conocido como Campeonato Sudamericano de Fútbol,
y que sería el precedente de la actual Copa América, se
celebró entre los días 2 y 17 de julio, entre las citadas
Chile, Brasil, Uruguay y Argentina. Ya había habido un
precedente en 1910 con la propia Argentina, que había
invitado a Chile y a Uruguay para conmemorar el
I Centenario de la Revolución de Mayo en Buenos Aires,
lo que supuso el principio del proceso de independencia
de Argentina con respecto a España. Esta edición de 1916
se disputó mediante una liguilla de todos contra todos a
una vuelta. En ella, llegaron a la última jornada Uruguay
y Argentina en un duelo fratricida en que se decidiría el
ganador del torneo. Un empate le bastaba a Uruguay,
mientras que Argentina debía ganar sí o sí. Arbitrado por
el chileno Carlos Fanta, acabó con un empate a cero y
dio, por tanto, el primer título a los uruguayos, con lo que

empezó la leyenda de ser la selección *aguafiestas* por fastidiarle a Argentina el I Centenario, hecho que se cumpliría de nuevo con creces, como ya se verá en su momento, en 1950, en otro escenario y con otro equipo completamente diferente. Las alineaciones de ambos equipos, que utilizaron un 2-3-5, se conservan.

El éxito de esta nueva competición hizo que el 15 de diciembre de ese mismo año se ratificara la recién nacida CONMEBOL o, lo que es lo mismo, la Confederación Sudamericana de Fútbol, que ya había visto la luz en la disputa del torneo, concretamente el 9 de julio. Las cuatro asociaciones sudamericanas dieron un ejemplo de unión a través del fútbol en un momento en el que la historia de la humanidad estaba pasando por uno de sus baches más complicados, amén de demostrar al resto del planeta que el fútbol sudamericano estaba creciendo en cuanto a calidad, táctica y técnica, hecho refrendado, como ya os comenté, cuando los equipos británicos estaban haciendo, ya por aquel entonces, giras en Sudamérica. El primer presidente de esta nueva confederación continental fue el citado Héctor Rivadivia Gómez, cargo que ocuparía hasta 1926. La FIFA tomaría buena nota de ello para su posterior evolución.

En 1917, se disputaría el segundo Campeonato Sudamericano de Fútbol, que prácticamente, en cuanto a resultados, repitió el formato anterior. Del último partido entre Uruguay y Argentina el ganador se llevaba el trofeo. De nuevo, Uruguay se impuso.

Una vez acabada la Primera Guerra Mundial a finales de 1918 y, al contrario de lo que podría pensarse, el sueceso no trajo buenas noticias a la FIFA, ya que falleció el presidente Woolfall y se produjo un vacío de poder, pues no hubo nadie que hubiera postulado para el cargo. A partir de ahí, emergió la figura de holandés Hirschmann, por entonces secretario honorario que, con ayuda de Jules Rimet (en ese momento presidente de la recién constituida Fédération Française de Football) convocó el congreso de 1919 que debía celebrarse en Bruselas con el único propósito de que la FIFA no se escindiera en pequeñas confederaciones a causa de las desavenencias producidas por la guerra, en especial entre británicos y alemanes, con lo que quedó después de la disolución del Imperio austrohúngaro. La tarea era ardua y titánica, porque los británicos (en este caso, los ingleses) querían retirarse, hecho que, por desgracia, finalmente ocurrió al año siguiente en el congreso de Amberes y no regresaron hasta 1924. Es en la propia Amberes donde se reanudan los Juegos Olímpicos tras el parón de 1916; juegos en los que participaron catorce selecciones. En un principio, iban a ser dieciséis, pero Suiza y Polonia, esta última por razones políticas, no se presentaron y, por primera vez, jugó una selección no europea, Egipto. El formato de competición fue un poco caótico a causa de estas renuncias, que sirvieron para que Bélgica y Francia accedieran directamente a los cuartos de final y también influyeron en lo que sucedería en la final. Esta, disputada por Bélgica y Checoslovaquia, en la que los checoslovacos participaban por primera vez en una competición internacional después de formarse como país en 1918 tras la caída del Imperio austro-húngaro, no estuvo exenta de polémica por el arbitraje polémico del inglés John Lewis, que desató las protestas airadas de los checoslovacos, quienes, antes de finalizar la primera parte y tras ir perdiendo, decidieron abandonar el campo. El Comité Olímpico Internacional sancionó al país centroeuropeo con la descalificación de la medalla de plata, que le hubiera correspondido, e implantó el llamado sistema de competición Bergvall, consistente en que aquellos equipos que hubieran perdido los cuartos de final, un total de cuatro, jugarían una especie de semifinales y final, cuyo ganador jugaría con uno de los perdedores de las semifinales, que se enfrentarían en otro

La selección española de fútbol en 1920, año en que ganó la
plata en los Juegos Olímpicos de Amberes

partido para ver quién sería el contrincante de los vencedores. Ganó España, que puso de moda la muy conocida
furia española debido a la no menos famosa frase de «A
mí el pelotón, Sabino, que los arrollo», que Bealuste
pronunciaría al marcar el gol del empate contra Suecia.
Países Bajos y Francia perdieron la semifinal, pero los
franceses no se presentaron al partido, y fueron los holandeses los que disputarían con España la medalla de plata,
resultando vencedora la selección española al vencer 3-1.
Países Bajos se conformaría con el bronce; entre sus filas
destacaba el portero Ricardo Zamora (apodado más
tarde el Divino por sus providenciales intervenciones),
que jugaba por entonces en el FC Barcelona e inventó la
llamada *zamorana*, que consiste en despejar el balón con
el codo. Por otra parte, el máximo goleador del torneo
fue el sueco Herbert Carlsson con siete tantos.

Amberes no solo dejó este experimento de hacer
un sistema de competición justo en caso de que algunos
equipos se retiraran o fueran descalificados; también
propició una reestructuración administrativa en la FIFA
en sus más altas instancias, y fue nombrado presidente,
de manera provisional, Jules Rimet, el danés Louis

Oestrup fue nombrado vicepresidente, y se mantuvo en el cargo como secretario honorífico a Hirschmann. Rimet fue ratificado como presidente el 1 de marzo de 1921 y lo primero que hizo fue abrir la vía a que otros países se adhiriesen al organismo, hecho que ocurrió sobradamente en 1923, en el que Brasil, Uruguay, Egipto, República de Irlanda (escindida de Irlanda del Norte en 1921), Lituania, Letonia (estas dos últimas independientes en aquel momento de la recién creada Unión Soviética), Polonia, Portugal y Yugoslavia (que se llamaba entonces reino de los serbios, croatas y eslovenos) fueron admitidas como miembros, mientras que Bulgaria y Perú lo hicieron al año siguiente.

Mientras tanto, la CONMEBOL iba afianzándose. Paraguay en 1921 fue incluido como miembro y, en aquel tiempo, el fútbol uruguayo comenzaba a emerger como una de las potencias del momento. Y, en efecto, el año 1924 fue la consagración de los charrúas en los Juegos Olímpicos celebrados ese año de nuevo en París, que ya había acogido la edición de 1904. En un principio, veinticuatro selecciones participarían, pero Reino Unido y Dinamarca no llegaron a participar por desavenencias con la FIFA, que, por primera vez, organizaba el torneo a pesar de estar bajo el auspicio del Comité Olímpico Internacional. El motivo fue que la FIFA no quería que, en los Juegos Olímpicos, las selecciones que acudiesen contaran con jugadores fueran profesionales, sino amateurs, y tanto los daneses como los británicos no lo aceptaron. Por tanto, fueron finalmente 22 selecciones. Se cuenta que los uruguayos viajaron en barco en tercera clase, con lo que el viaje tuvo que ser una odisea y hubo algún mareo que otro, y pasó antes por España realizando una gira futbolística para luego ir a París. Uruguay había ganado las ediciones de 1920 y 1923 del Campeonato Sudamericano de Fútbol, con lo que se postulaba como una de las grandes favoritas. Italia y

Hungría eran también candidatas, pero el problema es que llegaron al torneo perdiendo el último partido de preparación. La primera, que llevaba imbatida desde 1922, perdió con Austria, en donde comenzaba a emerger la figura de Hugo Meisl, y la segunda, a pesar de que en 1923 había hecho pleno de victorias, fue derrotada por los suizos, si bien estos últimos tampoco estaban muy seguros de poder llegar lejos en el torneo, ya que habían cogido un billete de tren de ida y vuelta válido para tan solo diez días porque esperaban caer pronto eliminados.

Con estas premisas, comenzó el torneo. Uruguay hizo gala de un fútbol preciosista y virtuoso, y ganó primero a Yugoslavia, a los Estados Unidos y a Francia en cuartos de final. Las semifinales enfrentaron a Uruguay contra Países Bajos, y a Suecia con Suiza, esta última de manera sorprendente, tanto que tuvieron que pedir a un periódico deportivo del país, el *Sport*, que recaudase fondos para costear el resto de la estancia y el billete de vuelta a Suiza, ya que se les había caducado el periodo de validez. Uruguay ganó a los holandeses, pero la sorpresa se dio en la otra semifinal con victoria, contra todo pronóstico, de Suiza. La final fue ganada por Uruguay. El pequeño país sudamericano celebró con júbilo esta victoria a pesar de que los charrúas, por algunos problemas burocráticos con los jugadores del Club Atlético Peñarol que les impidieron viajar a Europa, no pudieron contar con los mejores jugadores.

LA ECLOSIÓN DE LOS PARTIDOS INTERNACIONALES DE SELECCIONES

Los años veinte fueron una época benigna para el fútbol. Tras la Primera Guerra Mundial y después de que la FIFA recuperase el pulso tras un periodo de crisis, la gente lo practicaba cada vez más y más. El deporte rey se convirtió en sinónimo de modernidad y América del Sur, como ya habéis observado, se iba convirtiendo en el foco mundial en donde el balón rodaba con más arte y virtuosismo. Los colegios y escuelas eran el primer lugar en donde se practicaba, los niños así estaban entretenidos echándose unas pachangas interesantes, pero, en un primer momento, lo que parecía que era exclusivo de las clases más altas después se extendió a todas las capas sociales, y cualquiera que pudiese utilizar los pies de manera mínimamente sobrada podía jugar un rato en sus tiempos libres. Desde el comerciante hasta el tendero, el abogado, el carnicero, el obrero, el judío, el protestante, el médico y un largo etcétera disfrutaba del fútbol. Además, se convirtió en catalizador social en el sentido de que servía para limar asperezas entre algunos de estos grupos sociales que empezaban a ser vistos con recelo en algunas partes del mundo, en especial en Europa, caso de los judíos, coincidiendo con el ascenso de los llamados fascismos, primero en Italia con Benito Mussolini y poco más tarde en Alemania de la mano de Adolf Hitler, lo que desembocaría en el nazismo. En la extinta Unión Soviética, conformada desde 1922, las gentes que practicaban este deporte eran trabajadores que pertenecían a organizaciones o sindicatos, o que trabajaban para el Estado, con el único objetivo, propiciado por Stalin, de extender el fútbol a todos los rincones del vasto territorio y, así, difundir los ideales de la revolución surgida en 1917 sin que aparecieran disidentes que pudiesen desafiar al férreo control central que se localizaba en Moscú. Poco a poco, la política se iría metiendo en el deporte de manera a veces más afortunada y en otras ocasiones menos. Aun así, pese a esta llamada *democratización* del fútbol, todavía en esta época, en la citada Unión Soviética y en Alemania, se conservaba cierto carácter elitista que no veía con buenos ojos esta expansión, ya que, si calaba en sus llamados *enemigos* (que no eran otros que la clase obrera), podría dificultar que a través del fútbol pudieran aprovecharse estos sectores más conservadores, nacionalistas e incluso antisocialistas para promulgar otros fines con la excusa de su práctica.

Pero lo que sí sucede en esta época, y que ya venía desde un poco más atrás en el tiempo, es que, a pesar de que todos los países acataban las reglas del fútbol provenientes de la IFAB, las particularidades en la forma de entender el deporte y el vocabulario del juego surgieron por doquier. Los alemanes, que no eran muy amiguitos de los británicos, y través de la colaboración con el *Allgemeinen Deutschen Sprachverein*, una asociación que luchaba por limitar la introducción de vocablos extranjeros dentro de la lengua alemana, introdujeron variaciones en el vocabulario inglés futbolístico germanizándolo y adaptándolo según las necesidades. Así pues, para las acciones de juego, el reglamento, la disposición de los jugadores en el campo, etc., todo se germanizó; por ejemplo, el *penalty* se cambió para dar lugar al *strafstoss*, el córner se transformó en *eckball*, y *football* se convirtió en *fussball*, que literalmente significa 'pelota para pié'. Además, con el paso de los años, aumentó el número de afiliados, que pasó de apenas catorce mil en 1905 a más de cuatrocientos mil en 1920. En la Unión Soviética, el proceso de nacionalización fue patente con el nuevo régimen, puesto que cada vez había más jugadores soviéticos en los equipos y se limitó a tres el número de británicos que podrían integrarlo. Mención aparte representa Estados Unidos, cuyo rechazo a lo inglés propició el efecto contrario: que no se convirtiese en el deporte más practicado del país y, a pesar de que se denominó *soccer* e, internacionalmente, ya había participado en los Juegos Olímpicos de Amberes y de París, fue ensombrecido por el béisbol, que logró resistir el avance del fútbol y convertirse en el deporte más practicado del país.

Por último, no conviene olvidar que, con la creación de la FIFA, se pusieron en marcha los partidos internacionales entre selecciones. Esto era una práctica común entre, como ya se vio, ingleses y escoceses, pero a partir de entonces se convirtió en costumbre. Al ya citado empate a tres entre belgas y franceses que sirvió para crear al organismo en 1904 le siguió, al año siguiente, un partido entre franceses y suizos el 12 de febrero, que acabó con la victoria francesa. Francia fue una selección que, en los primeros años, no brilló para nada en el terreno de juego y que, en ocasiones, consiguió derrotas bastante abultadas y resultados muy pobres. Países como Dinamarca, Holanda, la propia Inglaterra, Italia, Hungría y la citada Suiza goleaban a los franceses sin ningún atisbo de piedad.

La selección alemana debutó en 1908, un 5 de abril en Basilea, frente a Suiza, partido que perdió. La cosa fue a peor cuando, dos semanas más tarde, cayó derrotada por Inglaterra en Berlín. Hasta 1914, el balance alemán era paupérrimo, para echarse las manos a la cabeza. Solo seis victorias en treinta encuentros. A partir de los años veinte, los alemanes poco a poco empezaron a engrasar su maquinaria y, aunque aún alternaban derrotas con victorias iban haciéndose más fuertes hasta convertirse en una potencia futbolística en los años treinta.

España, por su parte, inició su andadura tardíamente, en concreto en los Juegos Olímpicos de 1920, el 28 de agosto, cuando venció a Dinamarca. Tras conseguir la medalla de plata, disputó algunos amistosos a lo largo de los años veinte y consiguió algunas victorias bastante abultadas. En cuanto a los ingleses, como es lógico, no se dedicaban solo a jugarse los cuartos contra sus *queridos* escoceses, y el primer partido que disputaron fue en Wrexham contra los galeses; partido que vencieron los ingleses un 15 de marzo de 1880. El primer partido que jugó Inglaterra contra una selección fuera de las islas británicas no tuvo lugar hasta el 6 de junio de 1908 en Viena, contra Austria, en un amistoso que se saldó con una contundente victoria inglesa. Los años 1908 y 1909 fueron los únicos en que Inglaterra disputó partidos contra selecciones del continente europeo, experiencia que no volvería a repetir hasta el 21 de mayo de 1921 contra Bélgica en Bruselas. Los ingleses estaban ocupados disputando anualmente la Home Championship contra los escoceses, galeses e irlandeses y no querían saber demasiado del resto. A Escocia le pasó lo mismo que a Inglaterra, que hasta 1929, el 26 de mayo, no jugó ni un solo partido fuera de las islas británicas. Hasta 1914, Escocia había jugado ciento trece partidos ganando en setenta y uno. Incluso tras la Primera Guerra Mundial, Escocia, a partir de 1920, siguió con una racha triunfal hasta 1939, como lo demuestra que, en veinte ocasiones que se enfrentó a Inglaterra, venció en once, empató en tres y perdió en seis. El primer partido que jugó contra una selección que no fuera británica fue contra Noruega en 1929, a la que goleó.

Austria y Hungría comenzaron su andadura inter-nacional enfrentándose entre ellas el 12 de octubre de 1902 en Viena, partido que acabó con una goleada austriaca. Durante estos primeros años, tanto Austria como Hungría, que eran integrantes del Imperio austro-húngaro, comenzaron una rivalidad bastante aguda que perduró hasta la disolución del Imperio en 1918, si bien continuaría en los años veinte y treinta con unos resul-tados, en general, bastante igualados. El 6 de junio de 1908, Austria jugó su primer partido, que no fuera con los húngaros, sino con Inglaterra, en Viena, lo perdió y, al día siguiente, ganó a Alemania. Durante los años veinte, el fútbol austriaco empezó a pujar fuerte, especialmente en 1924. No había perdido desde el 20 de enero de 1924 hasta que cayó derrotada por Checoslovaquia el 19 de abril de 1925, lo que empezaba a sentar el precedente del temible equipo austriaco que tantas alegrías daría a su hinchada en la década siguiente. En cuanto a Hungría, aparte de la mencionada rivalidad con Austria, tuvo en estos años más proyección internacional, ya que participó en las Olimpiadas de 1912, si bien fue vencida abultadamente por Reino Unido. Pocos meses después, se desquitó en dos amistosos disputados el 12 y el 14 de julio en Moscú, tras ganar en un momento en el que al fútbol ruso no le iba nada bien las cosas y en que recibía goleadas de escándalo. Tras la disolución del Imperio austrohúngaro y la negativa de los ingleses a que las potencias centrales que participaron en la Primera Guerra Mundial fueron miembros de la FIFA permaneciesen en el organismo, que acabó, como ya sabéis, con la retirada de los inventores del fútbol moderno durante cuatro años, Hungría no pudo participar en otra competición internacional hasta los Juegos Olímpicos de 1924, y por entonces, gracias a sus excelentes resultados, era favorita a la medalla de oro.

En Sudamérica, el primer partido internacional de que se tiene constancia tuvo lugar el 16 de mayo de 1901 en Montevideo, entre Uruguay y Argentina, y acabó con victoria de la Albiceleste. Pero existe una controversia sobre esta fecha, ya que no fue organizado por la Uruguay Association Football League, sino a instancias del Albion Football Club. Al año siguiente, el 20 de julio y también en Montevideo, se volvió a jugar un Uruguay-Argentina, para muchos el primer partido oficial de la historia del fútbol sudamericano, que tuvo una victoria muy abultada de los argentinos. Desde 1905, Uruguay y Argentina disputaron ininterrumpidamente algún amistoso o partido oficial todos los años hasta 1930. El primer partido oficial fue el 15 de agosto de 1905 en la llamada Copa Lipton, que se mantuvo hasta 1992 y que acabó con empate a cero. También ambas selecciones disputaron al año siguiente la denominada Copa Newton, cuya

Los onces de Argentina y Uruguay en el partido disputado el
20 de julio de 1902 en Montevideo

última edición data de 1976 y, en este caso, Argentina
venció. No hay que olvidar la disputa de torneos por
ambas selecciones como la Copa de Honor Argentino,
que duró de 1908 a 1920 y que se celebraba en Buenos
Aires, y la Copa de Honor Uruguayo, la contrapartida a
la primera, entre 1911 y 1924. A pesar de que Uruguay
había vencido su primer partido el 13 de septiembre
de 1903 en Buenos Aires, se puede hablar de un claro
dominio albiceleste hasta 1910, cuando Uruguay toma el
relevo que lo llevaría a ganar las dos primeras ediciones del
Campeonato Sudamericano de Fútbol, en 1916 y 1917,
lo que repitió en 1920, 1923 y 1924. Mientras tanto,

Argentina conseguiría por primera vez el campeonato en 1921, año en el que Chile no pudo participar por problemas internos y sí lo hizo Paraguay que, como ya sabéis, ese mismo año se había afiliado a la CONMEBOL.

Los partidos disputados entre Uruguay y Argentina se denominarían con el paso del tiempo el Clásico del Río de la Plata, lo que dio lugar a una de las mayores rivalidades de la historia de este deporte. En 1924, en el partido en que se decidía quién sería el ganador del Campeonato Sudamericano celebrado en Uruguay en el Estadio Gran Parque Central de Montevideo, sede del Nacional, y que acabó con empate a cero entre argentinos y uruguayos, que dio a la postre la victoria a los segundos (a los que les bastaba con el empate), el portero argentino tuvo una actuación tan memorable que, a pesar de no poder llevar a Argentina a la consecución del campeonato, fue llevado en volandas por los propios hinchas uruguayos en reconocimiento a su gran partido. Además fue la época de la invención de la «bicicleta», recurso futbolístico consistente en pasar las piernas alrededor de la pelota para despistar al defensor sin que este sepa qué dirección puede tomar el atacante en su empeño en regatearlo. Tal invento lo comparten los argentinos Pedro Bleo Furnol y Luis Indaco.

Los brasileños jugaron su primer encuentro internacional el 20 de septiembre de 1914, contra Argentina, en Buenos Aires y fueron derrotados. Poco después, el 27 del mismo mes, Brasil vence a Argentina en la primera edición de la Copa Roca, torneo disputado entre brasileños y argentinos de manera salteada hasta 1971. Brasil es una de las cuatro selecciones que integraron la primitiva CONMEBOL y también participó en la primera edición del Campeonato Sudamericano de 1916, en la que resultó vencedor en 1919 tras vencer a Uruguay. Los años veinte fueron un avance para la que empezaría a conocerse como la Canarinha, aunque eclipsada por Uruguay y Argentina e incluso por la selección de Paraguay y que, a pesar de que empezó a realizar un juego preciosista y vistoso, no consiguió ningún título en toda la década salvo el Campeonato Sudamericano de 1922. Paraguay inició su andadura en Asunción un 11 de mayo de 1919 contra Argentina, partido del que salió derrotada. Faustino Casado tuvo el honor de ser el primer paraguayo de la historia en marcar un gol para la selección guaraní que se hinchó, hasta 1921, de jugar amistosos contra la Albiceleste. La prueba de fuego llegó en el Campeonato Sudamericano de 1921, cuando se sustituyó a Chile, pero, tras vencer a Uruguay fue derrotada por Brasil, e idéntico resultado se dio contra Argentina. Sin embargo, en 1922, a punto estuvo de saltar la sorpresa en el Campeonato Sudamericano de ese año cuando quedó segunda tras perder la final contra Brasil después de haber empatado en la liguilla contra la propia Canarinha, y con Uruguay en el primer puesto y la retirada de los charrúas, tras haberse formado una nueva liguilla con estos tres equipos, por el parcial arbitraje sufrido por el brasileño Pedro Santos en su partido contra la propia Paraguay.

En Asia hubo que esperar a la primera edición de los Far Eastern Championship Games, en el que se enfrentaron Filipinas y China, para ver el primer partido internacional entre selecciones asiáticas, en el que la vencedora fue la primera el 4 de febrero de 1913. Filipinas también fue la ganadora de esta primera edición, aunque los chinos se tomaron la revancha dos años después. A la edición de 1917, que se celebraba cada dos años, se sumaron los japoneses, quienes perdieron en casa ante China. Tras la edición de 1919 (que fue ganada de nuevo por China a Filipinas en Manila) Japón volvería en 1921 y, aunque perdió los dos partidos con China y Filipinas, al menos mejoró su imagen. China venció en las ediciones de 1921, 1923, 1925, 1927, 1930 y 1934, es decir, en todas en las que se disputó el torneo, que dejó de celebrarse en 1938, cuando fue cancelado por la guerra chino-japonesa que se extendió hasta el final de la Segunda Guerra Mundial. Como curiosidad en la edición de 1934, hay que decir que se contó con la participación de las Indias Orientales Neerlandesas, convertidas, a partir de 1949, en Indonesia, las cuales quedaron en segunda posición tras una liguilla formada por China, Filipinas y Japón.

El primer partido internacional de la historia de un equipo africano lo jugó la selección egipcia el 28 de agosto de 1920 en los Juegos Olímpicos de Amberes contra Italia, en la que perdió por 2-1. Los Faraones volvieron a participar en las ediciones de 1924, 1928 y 1936 y consiguieron la cuarta plaza en la de 1928 después de perder la semifinal con Argentina.

Por último, en Oceanía, Nueva Zelanda y Australia, inauguraron el 17 de junio de 1922 la serie de partidos internacionales entre equipos del continente con un 3-1 a favor de los neozelandeses. Nueva Zelanda disputaría en 1927 su primer partido contra una selección fuera de Oceanía; concretamente, el rival fue Canadá y hubo un empate a dos en el partido celebrado en Dunedin el 25 de junio de 1927. Australia tuvo al mismo rival, pero en 1924, en el partido celebrado el 7 de junio en Brisbane, y venció. Durante los años treinta, Nueva Zelanda y Australia se encarnizarían en una lucha futbolística para ver quién era el mejor equipo oceánico, del que salió claramente vencedor el segundo en un amistoso celebrado el 11 de julio de 1936.

UN TORNEO PARA TODO EL MUNDO

Los Juegos Olímpicos constituyeron el escenario perfecto para difundir el fútbol en todo el planeta, la plataforma adecuada para pegar el salto definitivo y tomar este deporte como uno de los referentes mundiales en cuanto a la práctica del ejercicio físico. Pero la FIFA quería más; quería un torneo propio sin estar bajo el auspicio de nadie, ni siquiera del Comité Olímpico Internacional, que, a pesar de haber dejado vía libre al organismo para que organizara el torneo olímpico de fútbol (como ya ocurrió en los Juegos de 1924), siempre tenía un ojo puesto en el desarrollo del certamen, y la FIFA creyó que era el momento de tomar su propio camino y de volar sola sin la guía de nadie.

Mientras se dilucidaba este futuro, se celebraron los Juegos Olímpicos de 1928 en Ámsterdam. Una vez más, los ingleses y el resto del Reino Unido no participaron en los Juegos. De hecho, Inglaterra, que había vuelto a la FIFA en 1924, volvió a dejar el organismo poco antes, al igual que sus vecinos escoceses, los irlandeses del norte y los galeses, debido a que no estaban de acuerdo con que los Juegos Olímpicos solo permitiesen que futbolistas amateurs participasen, en un momento en donde el profesionalismo estaba desarrollándose cada vez más. Por otro lado, justo antes de la inauguración de las Olimpiadas, la FIFA, a instancias de Henry Delaunay, presidente de la Fédération Française de Football, llegó al acuerdo, en su congreso celebrado en Ámsterdam el 26 de mayo, de que en 1930 se organizase un Mundial y postuló a los miembros que presentaran candidaturas para organizarlo, lo que hicieron Italia, Suecia, Hungría, Holanda, España y Uruguay. Inglaterra pensó que la FIFA elegiría directamente a su país para la organización del primer Campeonato del Mundo, pero, al abrir la posibilidad de candidaturas, se lo tomó tan mal que entre esto y el tema del profesionalismo pegaron un portazo a Jules Rimet y se marcharon al otro lado del canal de la Mancha.

Los favoritos para alzarse con la medalla de oro eran Uruguay, Argentina, Italia y España. Los charrúas eran los reyes de América del Sur, pero Argentina

Retrato de Jules
Rimet poco antes
de ser elegido
presidente de la
FIFA

había conquistado las ediciones de 1925 y 1927 del
Campeonato Sudamericano, si bien en la de 1925
Uruguay no participó por problemas internos, aunque
consiguió resarcirse ganando la edición de 1926 en la
que contó sus partidos por victorias. Por aquel entonces, la CONMEBOL había ampliado el cupo de países,
lo que permitía que Perú, Bolivia y Ecuador (en 1925,
1926 y 1927 respectivamente), se asociaran como países
miembros. Los italianos, mientras tanto, habían sido
derrotados tan solo dos veces en tres años. España, por
su parte, había perdido un partido en cuatro años, contra
Italia en mayo de 1927 y presentaba una gran selección.
La final entre Uruguay y Argentina acabó con empate a
uno, así que fue necesario un partido de desempate el 13 de
junio de 1928.

Uruguay, inicio y primer Mundial

Este nuevo título catapultó a Uruguay para ser elegida como sede del primer Campeonato Mundial de fútbol, que se denominaría Copa Mundial de Fútbol. En verdad, a los uruguayos se les abrió el cielo con esta designación y tan contentos se pusieron que se ofrecieron a costear la travesía y los gastos de todos los participantes que acudiesen al nuevo torneo. Además, en 1930 se iba a producir el I Centenario de la llamada Jura de la Constitución, que fue el acto refrendado de la primera constitución nacional del país, con lo que el alborozo era enorme. Pero hubo un problema imprevisto. En octubre de 1929, estalla el llamado Crack del 29 con la quiebra de la bolsa de Wall Street, que daría comienzo a la denominada Gran Depresión. Este hecho, sumado a que, desde Europa a América, la travesía (normalmente en barco, ya que el avión todavía andaba en pañales para trayectos tan largos) era bastante azarosa y pesada, hizo que los países europeos tuvieran muchas reticencias para ir hasta Uruguay a disputar el Mundial. Sin embargo, en el continente americano ocurrió todo lo contrario. Quizá ajenos a la crisis económica que se avecinaba, Argentina, Brasil, Chile, Estados Unidos, México, Paraguay y Perú quisieron apuntarse rápidamente al torneo, que iba a estar compuesto por 16 participantes invitados. Incluso los uruguayos intentaron convencer a los ingleses de que acudieran, pero estos, bombín en mano, dijeron que no, que para otra ocasión. Finalmente, y tras muchas reticencias, de Europa acudirían Francia, casi obligada por Jules Rimet y Rumanía, en donde su rey Carlos II eligió al azar jugadores que pertenecían a una empresa petrolera, mientras que Bélgica lo hizo a instancias del aquel entonces vicepresidente de la FIFA Rudolf Seedrayers. En total, trece selecciones compondrían este descafeinado primer Mundial: nueve sudamericanas (Argentina, Bolivia,

Logo
anunciando
el primer
Campeonato
del Mundo
celebrado en
Uruguay

Brasil, Chile, Estados Unidos, México, Paraguay, Perú y Uruguay) y cuatro europeas (Bélgica, Francia, Rumanía y Yugoslavia, esta última solo con jugadores serbios, ya que los croatas quisieron boicotear el equipo nacional).

La FIFA, viendo esta reducción de equipos, dispuso que se dividiesen en cuatro grupos: uno de cuatro equipos y los restantes de tres, con un sistema de liguilla. El ganador de cada grupo pasaría directamente a semifinales. La sede principal sería el Estadio Centenario, construido a toda máquina en un tiempo récord de nueve meses para acoger todos los partidos del Mundial,

Balones utilizados en la final del Campeonato del Mundo de
1930 entre Uruguay y Argentina

pero no dio tiempo a que se acabara para el 13 de julio,
fecha del comienzo, debido a las fuertes lluvias caídas
en Montevideo. Por tanto, el partido inaugural, entre
Francia y México, correspondiente al grupo 1, hubo
de jugarse en el Estadio Pocitos, partido que venció la
escuadra gala y en el que fue el francés Lucien Laurent
el encargado de marcar el primer gol en la historia de los
mundiales a los once minutos de juego.

La gran final se disputó el 30 de julio de 1930
en el Estadio Centenario. Uruguayos y argentinos se
volvían a cruzar y su rivalidad estaba a flor de piel. Eran
el campeón olímpico contra el campeón sudamericano.
El mismo día del partido, el argentino Luis Monti y su
familia habían recibido amenazas de muerte por parte
de los hinchas charrúas y de dos espías italianos al servicio del ya dictador Benito Mussolini, mientras que el

uruguayo Peregrino Anselmo tuvo que retirarse antes del pitido inicial a causa de un ataque de pánico. Además, cada selección quería jugar con su propio balón, y el árbitro designado para la final, el belga Jean Langenus, al que convencieron para ser el *trencilla* horas antes a cambio de disponer de un barco con el que salir *pitando* —nunca mejor dicho—, en el caso de que la final se le torciese, lanzó una moneda al aire para decidir con qué balón jugar y cayó en el lado argentino, aunque parece ser que la segunda parte se jugó con el uruguayo. Y Uruguay se convirtió en la primera campeona del mundo. El país se echó a la calle para celebrarlo. El presidente de la FIFA entregó la copa de campeón al capitán José Nasazzi, un trofeo hecho de plata esterlina chapada en oro, cuya base es de lapislázuli, con una figura que representaba a Niké, la diosa griega de la victoria, con brazos y alas estilizados apuntando hacia el cielo, realizada por el escultor francés Abel Lafleur. Sin embargo, la victoria uruguaya enfrió las relaciones futbolísticas entre charrúas y argentinos, ya que los últimos acusaron a los primeros de recibir presiones y amenazas, como así fue, antes del partido. Esto repercutió en el Campeonato Sudamericano, que sufriría un parón hasta 1935.

EUROPA CENTRAL TOMA EL MANDO

La prevalencia del fútbol sudamericano quedó patente en este primer Mundial, pero, recién entrados en los años treinta, el escenario geográfico iba a ir cambiando hasta asentarse en la Europa central. Allí, desde 1927, se llevaba celebrando la llamada Copa Mitropa, conocida también como Copa de la Europa Central, que iba a sustituir a aquella ya lejana Challenge Cup, que se celebraba desde 1897, en la que participaban clubes del antiguo Imperio austrohúngaro. Esta competición debe

Hugo Meisl, creador de la Copa Mitropa y del *Wunderteam* austriaco, bautizado como el Equipo maravilla

su nombre a una compañía de catering que prestaba sus servicios de restauración y de coches-camas a las principales empresas ferroviarias, mayormente alemanas. La idea de este torneo, que sería el primero al nivel de clubes en Europa, fue obra de Hugo Meisl, un austriaco revolucionario del fútbol cuyos hechos más destacables fueron ser seleccionador austriaco en 1912 con tan solo 31 años y convertir la liga de Austria, creada en 1911 y denominada Erste Klasse, en la primera liga profesional de Europa en 1924. La Copa Mitropa se empezó a disputar entre los clubes de Hungría, Checoslovaquia, Austria y Yugoslavia, dos por cada país, y tuvo como vencedor en la primera edición al Athletic Club Sparta de Praga. En 1929, equipos italianos sustituyeron a los yugoslavos, lo que hizo que llegara en 1930 la Ambrosiana (nombre, por entonces, del Inter de Milán actual) a las semifinales. En 1934, se amplió la representación de cuatro equipos por país y, en 1937, clubes de Suiza y Rumanía participan por primera vez al mismo tiempo que los clubes yugoslavos son readmitidos de nuevo. Pero es en 1938 cuando se produce el llamado Anschluss o la anexión alemana de Austria. Los clubes austriacos declinaron disputar la copa y, en 1940, se dejó de disputar por el estallido de la Segunda Guerra Mundial. En estos años, se mostró la supremacía austriaca, seguida por la los clubes húngaros, puesto que en numerosas ocasiones llegaron a la final, si bien no hubo ningún equipo con un dominio total en la competición. El FK Austria de Viena en 1933 y 1936 y el Sparta de Praga en 1927 y 1935 fueron los únicos que repitieron título. Habría que esperar a la finalización de la Segunda Guerra Mundial, hasta 1951, para que esta competición volviera a disputarse.

Pero al mismo tiempo que se creó la Copa Mitropa, Meisl, junto con Henri Delaunay, ideó una especie de Copa de Europa de selecciones nacionales que se llamaría la Copa Internacional, en la que participarían la propia Austria, Checoslovaquia, Hungría, Italia y Suiza. El formato sería una liguilla de todos contra todos con partidos de ida y vuelta, pero el problema sería su duración, pues al menos se tardaría dos años en completarse. El primer partido fue el 18 de septiembre de 1927 entre Checoslovaquia y Austria, que acabó a favor de los primeros. Durante 1928 y 1929, se fueron sucediendo los partidos, en los que empezó a emerger la Italia entrenada por Vittorio Pozzo. La última jornada enfrentó a Italia y a Hungría en Budapest; el que ganara se adjudicaba la primera edición. Se dice que el seleccionador italiano, que había combatido en la Primera Guerra Mundial bajo la bandera italiana contra el Imperio austrohúngaro en los campos de Hungría, llevó a sus jugadores a las trincheras que aún existían para motivarlos, y vaya que sí lo hizo, ya que Italia barrió a Hungría, y se convirtió en la campeona del torneo. La siguiente edición comenzó a disputarse en 1931 y presentó la consagración de Austria.

El fútbol austriaco de los años treinta había sufrido una radical transformación gracias a la contribución de dos personajes importantes: el citado Hugo Meisl y el inglés de origen irlandés Jimmy Hogan. Ambos implementaron un fútbol basado en el toque rápido, pases cortos y juego a ras del suelo, nada de pelotazos y, cuanto menos juego aéreo, mejor. Esta práctica se acabó denominando la Escuela del Danubio y pronto dio a dar excelentes resultados, sobre todo en la ya citada Copa Internacional, cuando, en la edición que comenzó en 1931, ganó Checoslovaquia en el primer partido disputado el 12 de abril en Viena. Tras una serie de encuentros sin conocer la derrota que duraron hasta diciembre de 1932 y en el que se impuso mientras tanto en la Copa Internacional, finalmente fue derrotada en Londres, en el Estadio Stamford Bridge del Chelsea FC, por Inglaterra el 7 de diciembre de 1932. A pesar de la victoria inglesa, los mismos jugadores de la selección de los *pross* reconocieron que Austria podría perfectamente haber ganado el partido y haber roto la imbatibilidad en casa que hasta entonces llevaba la selección inglesa. Tras este tropiezo, los austriacos remontaron el vuelo y, tras una sola derrota contra Checoslovaquia en 1933, golearon primero a Italia el 11 de febrero de 1934 en Turín y a Hungría en Viena el 15 de abril de 1934, a pocos meses de comenzar el Campeonato del Mundo que se iba a disputar en Italia. Austria, sin duda, era la gran favorita para el título.

La batuta de aquel equipo la llevaba Matthias Sindelar que recibió dos apodos: el Mozart del Fútbol, por su elegancia en el juego, y el Hombre de Papel, ya

Tumba de Matthias Sindelar, el llamado Mozart del Fútbol

que parecía bailar con el balón entre los adversarios como si fuera una hoja de papel al viento. Poseía una técnica, un regate y una visión de juego extraordinarias. Talentoso hasta decir basta, es considerado el mejor futbolista austriaco de todos los tiempos. Su final fue trágico y lleno de dudas. Se cree, según las malas lenguas, que era judío y que falleció en enero de 1939 en un momento en el que Adolf Hitler, que ya se había anexionado Austria el año anterior, quiso que algunos futbolistas austriacos jugasen para la selección alemana. Sindelar se negó, ya que, a pesar de que no rechazaba al régimen nazi, tampoco se identificaba con él. La muerte le sobrevino por inhalar monóxido de carbono de una estufa, aunque las sospechas y especulaciones estuvieron a flor de piel por el supuesto origen judío del austriaco.

Pero, a nivel de clubes, también hubo transforma-
ciones, y una de ellas tan importante a nivel táctico que
cambió por completo la forma de jugar el fútbol. En los
años treinta se pasaría de jugar con un 2-3-5 a un 3-2-2-3
o la variante 3-4-3. Si nos atenemos al 2-3-5, vemos que
era una especie de sistema *piramidal* con una clara vocación defensiva, en la que los dos defensas fundaban su
posicionamiento basado en la regla de juego existente
por entonces y que ya os comenté en su momento: la del
jugador que estaba en posición adelantada si había menos
de tres defensores por delante de él en el momento del
pase adelantado, normalmente dos defensas y el portero.
Esto propiciaba que uno de los defensas se quedase
muy cerca del portero mientras que el otro se sumaba al
ataque o esperaba en el centro del campo la embestida
del equipo contrario cuando este atacaba, con lo que,
con esa disposición, era muy fácil que los delanteros
rivales cayesen en el fuera de juego. Pero, en 1925, la
International Board cambió la norma y dispuso que, en
vez de ser tres oponentes, fueran solo dos los que debían
estar delante del delantero para que aun no fuera sancionado como fuera de juego, y como oponentes se incluye,
como ya os dije, la figura del portero. Dicho de otro modo
de manera más fácil, si yo recibo el balón y estoy más
adelantando que todos los jugadores oponentes menos
uno (el portero), estoy en fuera de juego. Esto hizo que
poco a poco el 2-3-5 empezara a quedarse obsoleto y se
adoptase el nuevo sistema, en el que el centrocampista
central (había tres en ese momento: un central y dos interiores, uno a la derecha y otro a la izquierda) retrasara su
posición para marcar al delantero centro mientras que
los dos defensas, los llamados centrales, se echarían a los
costados para neutralizar los extremos del equipo contrario. El pionero de este nuevo sistema táctico fue el inglés
Herbert Chapman, que recaló en 1925 en el Arsenal
Football Club de Londres.

Chapman era el típico caballero inglés con carácter tranquilo pero resuelto, valiente y decidido. En 1927, llevó al Arsenal a la final de la FA Cup, pero perdió frente a Cardiff City; aunque fue el preludio de su sistema revolucionario, que pasó a denominarse la WM, en el que habría tres defensas, el citado central que marcaba al delantero y los otros que se echaban a los costados, un medio centro dispuesto en cuadrilátero y dos jugadores en clara vocación defensiva que destruían el juego atacante, pero que, a la vez, eran los primeros en iniciar y organizar la transición ofensiva, que pasaba por los otros dos centrocampistas más adelantados, que eran los encargados de dar el último pase a los tres delanteros situados arriba (un delantero centro y dos extremos que jugaban pegados a las bandas). La WM requería de una concentración y exigencia física máximas, pues los jugadores debían asumir su rol dentro del campo y estar dispuestos tanto en ataque como en defensa, y, además, todos debían de apoyarse, empezando por la defensa, que debía ser sólida como una roca, para que el centro del campo mantuviera la posesión del balón y que los delanteros, en especial los extremos, bajaran a ayudar en labores defensivas o para iniciar el ataque.

Esta nueva formación le dio bastantes éxitos al Arsenal a principios de los años treinta, que empezó con su victoriosa serie en 1930 al ganar la FA Cup al derrotar al Huddersfield. No solo en la Copa las cosas marchaban bien, sino también en la Football League, pues consiguieron dos títulos, en 1931 y en 1933, y anotaron 127 goles en el primero de ellos, lo que sigue constituyendo todavía hoy en día el récord de goles en una temporada por parte de un club inglés. En 1932, llegó otra vez a la final de la FA Cup, en la que fue derrotado por el Newcastle United. Sin embargo, la muerte de Chapman a principios de 1934 no cortó la racha triunfal de los *gunners*, dirigidos ahora por George Allison, quien añadió a la buchaca las ligas de 1934, 1935 y 1938 y la FA Cup de 1936 tras derrotar al Sheffield United. De aquel equipo revolucionario destacaron los defensas George Male y Eddie Hapgood, los llamados Bucaneros Ted Drake y Robert John y, más tardíamente, los delanteros David Jack, Alex James y Cliff Bastin. Al Arsenal, también se le conoció por ser el llamado Banco de Inglaterra Club debido a la liquidez que tenía a la hora de realizar los fichajes estrella de la época a precios casi desorbitados.

La profesionalización en América del Sur y el Mundial de Italia 1934

Si en Europa, Austria había sido el primer país en implantar el fútbol profesional, en Sudamérica no anduvieron a la zaga. Argentina, a través de una huelga promulgada por sus futbolistas para que se les reconociera su condición de profesionales y se permitieran y regularizaran los traspasos entre equipos, había creado su liga profesional en 1931. Uruguay lo haría el año siguiente, cuando Argentina se bautizó con el nombre de Liga Argentina de Fútbol, dirigida por la entonces AAF, precedente de la Asociación de Fútbol Argentino, la actual AFA. El primer campeón del nuevo formato fue el Boca Juniors, si bien la liga, por entonces, solo permitía la participación de equipos de Buenos Aires, la zona de La Plata o el llamado conurbano bonaerense. El equipo *xeneize* no pudo logar los campeonatos de 1932 y 1933, en los que River Plate y San Lorenzo de Almagro fueron los ganadores. Pero ya había empezado a sentar las bases para el paseo militar que se dio en los años 1934 y 1935 conquistando la liga con una holgura apabullante y marcando ciento un goles en el campeonato de 1934. Boca tenía un equipo casi imbatible, con el portero Juan Elías Yustrich, denominado el Pez Volador por su capacidad de volar bajo los palos, con el defensa brasileño Domingos da Guia, la Estatua de Ébano, elegante y con gran salida del balón, y con el centrocampista Ernesto Lazzatti, el Pibe de Oro, todo un recuperador de balones, como grandes puntales; sin olvidar su temible delantera con Pancho Varallo, apodado el Cañoncito, con un temible disparo, Benítez Cáceres el Machetero, dotado de gran técnica y astucia, y Roberto Cherro el Toto, que era el creativo del equipo. En 1936 y 1937, la antorcha la cogió el River Plate, que conquistó en 1936 la llamada Copa Campeonato y la Copa de Oro en un año en que la liga se dividió en dos partes: la primera, denominada Copa de Honor, ganada por el San Lorenzo, y la segunda la ya citada Copa Campeonato. Esto dio lugar a la Copa de Oro, que la disputaron ambos campeones y cuyo vencedor fue el River Plate, que se ganó el derecho a jugar la Copa Aldao contra el Peñarol de Montevideo, al que venció. En 1937, se volvió al formato anterior, es decir, a una sola liga, y ganó de nuevo el River Plate; preludio de la época dorada que viviría en los años cuarenta cuando se le denominó la Máquina, con lo que encarnó una histórica rivalidad con Boca Juniors. El testigo lo cogería en los años 1938 y 1939 el Independiente de Avellaneda de Antonio Sastre, futbolista todoterreno; el paraguayo Arsenio Erico, máximo goleador histórico del fútbol argentino con 295 goles, y Vicente de la Mata, poseedor de un regate frenético.

Y por fin llegamos al Mundial que se celebraría en Italia en 1934. El Congreso celebrado en Estocolmo, en octubre de 1932, decidió que el país de los *gondolieri* acogiera la segunda Copa Mundial de Fútbol, tras las candidaturas presentadas por Suecia y la especulación de que España hiciera lo mismo en una situación para el país bastante compleja, sumergido en una república tambaleante, a la par de lo que pasaba por entonces en Europa, en donde, por ejemplo, en Alemania, Hitler estaba a punto de tomar el poder de manera definitiva. Con este panorama, Italia, que, desde 1922 estaba gobernada bajo el puño de hierro de Benito Mussolini y que tenía, junto a Austria, una selección temible, era la candidata ideal a pesar del régimen fascista. La FIFA pensó que, tras el aceptable Mundial organizado en Uruguay, Italia lo haría mucho mejor y, además, dio visto bueno a que se celebrara en Europa por ya haber sido Sudamérica el lugar de la primera edición.

Aun así, las cosas no venían rodadas, ya que en ese verano de 1932 el fútbol no había formado parte de los Juegos Olímpicos celebrados en Los Ángeles. El motivo de su no inclusión fue la casi eterna disputa entre si debía ser amateur, como lo propugnaba el COI o profesional, en un momento en que, como ya visteis, se estaba implantando el profesionalismo por todo el mundo. Además, y a pesar de que Estados Unidos había sido semifinalista en Uruguay en 1930, el deporte no era el más popular del país y la FIFA también quiso centrarse en la consolidación del Mundial, con lo que fueron motivos más que suficientes como para que, en los décimos Juegos Olímpicos, el fútbol no contara como deporte. Volvería, no obstante, cuatro años más tarde en Berlín. La FIFA, una vez designada Italia como sede, envió invitaciones a las federaciones de fútbol de Europa, América, Asia y África, si bien tanto en el continente asiático como, especialmente, en el africano, aún no había muchas constituidas. El campeonato iba a contar con dieciséis selecciones, pero al querer participar justo el doble, treinta y dos, hubo que establecer una fase de clasificación por zonas geográficas. Se decidió que doce plazas fueran para Europa, tres para América y una para un grupo afroasiático, en el que participarían Egipto, Turquía y Palestina. Esto ocasionó la indignación de los países sudamericanos por las pocas plazas que la FIFA les había otorgado. Uruguay, la vigente campeona del mundo y olímpica, se sintió insultada, máxime cuando en su Mundial había acogido a gran cantidad de selecciones europeas y porque Italia, en aquella ocasión, había rechazado su invitación, con lo que acabó declinando jugar las eliminatorias de clasificación. Del grupo afroasiático, Egipto obtuvo el pasaporte para el torneo convirtiéndose en la primera selección africana de la historia que jugaba un Mundial. En cuanto a Europa, en el caso de Italia, fue hacer el paripé, ya que tras ganar a Grecia en Milán, pactaron con los helenos el no jugar el partido de vuelta y, por arte de magia, obtuvieron la plaza en su Mundial. Las selecciones del Reino Unido, es decir, ingleses, escoceses, galeses e irlandeses del norte, como aún estaban de morritos con la FIFA, no quisieron participar.

En esta ocasión, y al contrario que en 1930, se utilizaría el sistema de eliminación directa: octavos, cuartos, semifinales y final. La principal novedad era que, si el partido acababa en empate, habría una prórroga de treinta minutos. Si al acabar la prórroga el empate seguía vigente, habría, pues, partido de desempate. No hubo partido inaugural, ya que todos los partidos de octavos se jugaron el mismo día y a la misma hora, el 27 de mayo a las 16:30 horas.

Las semifinales enfrentaron a Alemania frente a Checoslovaquia, pero los alemanes, entre las memorables actuaciones del delantero checoslovaco Oldřich Nejedlý, autor de un *hat-trick*, y de su portero Plánička, no tuvieron ninguna opción y cayeron. Italia dirimió su pase contra Austria y ganó de nuevo con un triste gol polémico precedido de una falta de Guaita al portero Peter Platzer en el minuto nueve. Austria no pudo desplegar su juego como de costumbre y quedó apeada de la gran final. Era el canto del cisne de una grandísima selección que no consiguió, salvo la Copa Internacional de 1932, un gran título.

Al contrario que en 1930, esta vez sí que hubo partido entre el tercer y cuarto puesto. El duelo fue entre vecinos, Alemania y Austria, y acabó con resultado favorable a los primeros. La gran final se disputó en Roma el día 10 de junio de 1934. La antigua capital del Imperio romano estaba engalanada como nunca con banderas fascistas por todos lados y con un Benito Mussolini deseoso de ver ganar a su selección. Era una tarde calurosa y el partido se jugaba en el Stadio Nazionale del Partito Nazionale Fascista. Los jugadores italianos se reunieron con el dictador antes del pitido inicial y es ahí donde se cree que pronunció la famosa frase «venced o morid» (la otra versión es el Mundial de 1938), lo que causó más de un escalofrío por la espalda de los ya por sí nerviosos jugadores transalpinos. Tras el saludo fascista italiano. Mientras escuchaban su himno, el partido comenzó con un toma y daca entre checoslovacos e italianos en el que destacó de nuevo la figura de Plánička, que abortaba todos los balones aéreos del ataque azzurri. Sin embargo, el partido se fue a la prórroga con empate a uno. A los cinco minutos de la reanudación, Schiavio adelantó a los italianos y, curiosamente, el partido acabó ahí, e Italia era la nueva campeona del mundo.

Mussolini había conseguido un doble objetivo: ver a su selección como la primera potencia mundial futbolísticamente hablando y hacer propaganda de su régimen de cara al resto del planeta. Además, fue el primer Mundial que se retransmitió por radio y, a pesar del éxito organizativo con una logística sin precedentes, muchas voces criticaron, *a posteriori*, la intromisión de Il Duce en la designación de los árbitros para los partidos en los que jugaba la selección italiana, presionando para que pitaran, en caso de duda, a favor de los italianos y resultar así beneficiados.

5

Sudamérica coge protagonismo (o al menos eso parece)

Los memorables tiempos de la selección uruguaya parecía que habían pasado. La no disputa del Mundial de Italia quizás supuso la pérdida de una oportunidad única para revalidar el título de campeón mundial. Sin embargo, en 1935, los charrúas se desquitaron ganando el Campeonato Sudamericano, que volvía a disputarse tras seis años de parón.

CUANDO HITLER VIO UN PARTIDO DE FÚTBOL

En 1936, se celebraban los Juegos Olímpicos en Berlín, en un año convulso para España por el estallido de la Guerra Civil. Su liga, tras una experiencia fallida en los años 1927 y 1928 en la que la recién creada Liga Española de Fútbol se desdobló en los inacabados Torneo de Campeones y Liga Máxima para, finalmente en 1929, convertirse en el Campeonato Nacional de Liga teniendo al FC Barcelona como primer campeón, fue obligada a suspenderse tras la finalización de la temporada 1935-1936 con la proclamación del Athletic Club de Bilbao como vencedor, que conseguía su cuarto título, así como la entonces llamada Copa de Su Excelencia el Presidente de la República, ya que, por entonces, el país estaba bajo régimen republicano desde 1931, por lo que había sustituido la Copa de su Majestad el Rey. Mientras tanto, en Alemania, se había impuesto el nazismo representado por Adolf Hitler, que, al igual que su colega Mussolini en Italia, quería hacer de Alemania el centro del mundo y de la raza aria la superior sobre todas las demás, y por eso quería hacer de los Juegos Olímpicos el lugar perfecto para demostrarlo. Con respecto al fútbol, este volvió tras su ausencia cuatro años antes y contó con dieciséis participantes.

Se impuso el sistema de eliminatoria directa. Pero la sorpresa mayúscula llegó en la ronda de cuartos de final en el polémico partido Perú-Austria, que, en un principio, terminó con un resultado favorable de 4-2 para los incas tras disputar la prórroga. El problema fue que Austria protestó al COI por una invasión de hinchas peruanos al terreno de juego que acabó con la agresión a algunos jugadores austriacos, e incluso parece ser que uno de los aficionados llevaba un revolver encima. Cuando el COI pidió explicaciones a la delegación peruana y asistieran a la reunión para tratar el caso, un desfile alemán impidió que los peruanos llegaran a tiempo y el propio COI, junto con la FIFA, sin llegar jamás a escuchar su versión, resolvió que el partido debía ser jugado de nuevo. Perú rehusó jugar y su delegación decidió abandonar, junto a la de Colombia, los Juegos Olímpicos. Varias delegaciones sudamericanas, entre ellas Argentina, Chile, Uruguay y también México, lamentaron la situación y los peruanos fueron recibidos en su país como héroes, si bien

La selección de Perú en los Juegos Olímpicos de 1936

algunos se tomaron la justicia por su mano quemando una bandera olímpica y arrojando piedras en el consulado alemán, además de la negativa de cargar mercancías en buques alemanes que partían hacia el país germano. Se cree que esos hinchas peruanos fueron sobornados por el ministro de Propaganda Nazi Joseph Goebbels para que invadieran el campo y que también había amenazado de muerte al árbitro del partido, el noruego Thoralf Kristiansen, si no realizaba un arbitraje a favor de los intereses austriacos. De hecho, el *trencilla* noruego anuló tres tantos a Perú en la prórroga. El resto de partidos de cuartos de final no hubo sorpresas, salvo la inesperada derrota de Alemania por 2-0 frente a Noruega, en el primer partido que Hitler veía en su vida, ya que lo más parecido a una pelota que había visto era una calabaza. La final fue entre los dos colosos del fútbol europeo del momento, Italia y Austria, favorable a los primeros.

El año 1937 fue un año exitoso para el fútbol argentino. A la vez que la rivalidad Boca-River empezaba a cimentarse, Argentina disputaba el Campeonato

Saludo entre los
capitanes de la
selecciones de Italia
y España, Combi
y Zamora, en los
cuartos de final del
Mundial de 1934

Sudamericano en su país y consiguió alzarse con el triunfo
en la primera edición, en donde participaron seis selecciones: Brasil, Chile, Paraguay, Perú y Uruguay, además de
la propia Albiceleste. Colombia, que había sido admitida
por la CONMEBOL el año anterior, y Bolivia no estuvieron presentes. Se llegó a la última jornada de la liguilla
con dos selecciones con opciones de triunfo. En este caso,
fueron Argentina y Brasil. A los segundos, que llegaban
líderes con dos puntos de ventaja, les bastaba el empate
para ser campeones, pero perdieron y eso posibilitó que
los argentinos empatasen con la Canarinha a puntos.
Como en aquellos tiempos no se había instaurado aún
la diferencia de goles a favor y en contra para decidir el
ganador, tuvieron que disputar un partido de desempate
en el Estadio El Gasómetro de Buenos Aires. Abarrotado
hasta la bandera, Argentina dio un alegrón a su afición al
conseguir vencer en la prórroga.

También en este año de 1937 fue cuando se pasó de
14 a 17 el número de reglas del juego, que son las que en
la actualidad se siguen. El motivo fue adaptarse al fútbol
del momento, ya que algunas de las 14 reglas primitivas,
que databan de 1863, estaban escritas de manera confusa

con posteriores añadidos y modificaciones, en especial en lo referente al tema del uso de las manos, que, como veis, se fue perdiendo a lo largo de los años limitándose al portero y al área. Una de las inclusiones más sonadas será la media luna en la frontal del área para igualar la distancia en la que los jugadores, menos el lanzador y el portero, debían permanecer, que era de 9,15 metros, a la hora de ejecutar un penalti. En 1938 se pondrán en marcha las 17 reglas, que son las siguientes:

1. El terreno de juego
2. El balón
3. El número de jugadores
4. El equipamiento de los jugadores
5. El árbitro
6. Los árbitros asistentes
7. La duración del partido
8. El inicio y la reanudación del juego
9. El balón en juego o fuera de juego
10. El gol
11. El fuera de juego
12. Faltas e incorrecciones
13. Tiros libres
14. El penalti
15. El saque de banda
16. El saque de meta
17. El saque de esquina

ITALIA, LA PRIMERA BICAMPEONA MUNDIAL

El año 1938 significó la celebración del tercer Mundial de fútbol. En los Juegos Olímpicos de Berlín, se había celebrado el congreso anual de la FIFA para elegir la nueva sede, en un clima político caldeado por los totalitarismos alemán e italiano y por el reciente estallido de la Guerra Civil en España. La elección no estuvo exenta de polémica, ya que se había planteado que, tras celebrarse el Mundial anterior en Italia, la sede regresara a América para, así, ir haciendo una alternancia en las disputas mundialistas. Argentina se postuló como organizadora y, en un primer momento, el presidente de la FIFA Jules Rimet pareció conforme con este hecho, pero los ya citados franceses Henri Delaunay y el expresidente Robert Guérin convencieron a Rimet de que Francia podría ser la mejor candidata. Así pues, con estas premisas, Francia fue finalmente la elegida, con el consiguiente cabreo de los países sudamericanos, en especial de Argentina y Uruguay, que renunciarían a jugar la cita mundialista, al igual que Colombia. Brasil sí se presentaría, ya que estaba interesada en ser la sede del Mundial de 1942. Se convino, además, que la selección que organizase el evento tuviera su plaza asegurada, al igual que la campeona del mundo, con lo que Francia e Italia ya tenían garantizada su participación. El resto saldría de las eliminatorias que dieran el pase a las catorce selecciones restantes para conformar las dieciséis del torneo, de las cuales saldrían once europeas, dos americanas y una de Asia y África.

De las eliminatorias en América del Norte, se produjo uno de los hechos más insólitos de la historia del fútbol. Todas las selecciones que integraban el grupo clasificatorio (Estados Unidos, México, El Salvador, Costa Rica, Guayana Holandesa, la actual Surinám y la agregada Colombia) renunciaron una a una, para solidarizarse con sus *hermanos* del sur, a jugar las eliminatorias mundialistas. Todas salvo Cuba, que se encontró sin comérselo ni bebérselo con el billete al Mundial en el bolsillo.

Y el 4 de junio se inauguró el Mundial que, al igual que cuatro años atrás, sería por eliminación directa. La FIFA intentó por todos los medios suplir la ausencia de Austria e invitó a Inglaterra a ocupar su plaza, pero como los ingleses aún andaban igual de molestos que hacía cuatro años, declinaron la invitación, y Suecia, que debría haberse de enfrentado a los austriacos, pasó directamente a los cuartos de final. La ronda de octavos se caracterizó por una encarnizada igualdad, puesto que cinco de los siete partidos restantes se decidieron en la prórroga. La final, disputada el 19 de junio, entre Italia y Hungría, fue famosa por el telegrama enviado al seleccionador italiano Vittorio Pozzo, con la mítica frase «venced o morid». Italia ganó.

A finales de ese mismo año, los británicos, capitaneados por los ingleses, volvieron a ser admitidos por la FIFA, Inglaterra había hecho una gira por Europa en mayo en la que había jugado contra la selección alemana en un partido que los *pross* tardaron en olvidar, ya que fueron obligados a realizar el saludo nazi mientras se escuchaba el himno alemán en el Olympiastadion de Berlín. Los futbolistas ingleses, entre los que se encontraba, por entonces, un joven *sir* Stanley Matthews, declararon después su gran descontento ante tal hecho, aunque consiguieron vencer a los alemanes.

Tampoco hay que olvidar que, en 1938, se inauguraron los llamados Juegos Bolivarianos, llevada a cabo por la recién creada Organización Deportiva Bolivariana, compuesta por aquellas naciones que habían alcanzado su independencia de España a principios del siglo XIX gracias a Simón Bolívar. Eran seis: Panamá, Colombia, Venezuela, Perú, Ecuador y Bolivia. Los Juegos Bolivarianos incluyeron la modalidad futbolística y la primera edición la ganó Perú. Hasta 1981, lo disputarían selecciones absolutas y sería Perú la campeona en cinco de las nueve ediciones disputadas hasta entonces (1938, 1948, 1961, 1973 y 1981). Después, la jugarían selecciones sub-20 y finalmente, en la actualidad, las sub-17. Las sub-20 y las sub-17 hacen referencia a selecciones cuyo tope máximo de edad es de veinte y de diecisiete años respectivamente.

La Segunda Guerra Mundial estalló en septiembre de 1939 con Alemania invadiendo Polonia. Por aquel entonces, la Guerra Civil en España había finalizado el 1 de abril y tanto la liga como la Copa se reanudaron. Ya el 14 de mayo, apenas un mes y medio después del fin de la contienda, se había creado el Torneo Nacional de Fútbol que, al año siguiente, pasaría a denominarse Copa del Generalísimo en honor a Francisco Franco, nuevo jefe del Estado español. A pesar de la ausencia de muchos equipos, sobre todo de aquellos que pertenecían a los territorios que hasta el último momento habían sido fieles al bando republicano, se optó por jugar con un sistema de eliminación directa desde octavos de final.

El estallido del conflicto a nivel mundial trajo consecuencias nefastas no solo al fútbol sino al deporte en general. Para empezar, y debido a los seis años que duraría la guerra, los Juegos Olímpicos de 1940 y 1944, al igual que los Mundiales previstos para 1942 y 1946, fueron cancelados y las ligas de algunos países fueron suspendidas, caso de Inglaterra (entre 1940 y 1946) o de Francia (entre 1939 y 1945), mientras que en Italia, España o Alemania, con las llamadas Gauligas regionales, la competición no sufrió ningún parón.

Uruguay y Argentina, Argentina y Uruguay

En Sudamérica, seguían a lo suyo y, en 1939, se volvió a celebrar otro Campeonato Sudamericano en el que en esta ocasión la sorpresa la daría Perú, que, tras el nivel mostrado en los Juegos Olímpicos de 1936, consiguió hacerse con el título al vencer en el partido decisivo a Uruguay, si bien en este torneo, aunque no le resta ni un ápice de mérito, no participaron ni Argentina ni Brasil. El Campeonato Sudamericano de 1941, que se celebró en Chile, volvió a encumbrar a Argentina, que retomó su rivalidad contra Uruguay, puesto que ambas llegaron a la última jornada con opciones de conseguir el título.

A nivel de clubes, tanto Uruguay como Argentina, y un poco más tarde Brasil, tuvieron algunas de las mejores plantillas de la historia, que practicaron un fútbol maravilloso, vistoso y sin tapujos. En el país charrúa destacó, sin duda alguna, el Nacional de Montevideo que, en la primera mitad de los años cuarenta, armó un equipo cuyos éxitos se denominaron, como ahora os explicaré, Quinquenio de Oro. Como todo equipo que se precie, tuvo un comienzo. A finales de los años treinta, cansados de que el Peñarol se hinchara de ganar títulos (cuatro ligas consecutivas entre 1935 y 1938), el Nacional fue sacando una hornada de jóvenes promesas entre las que destacaron Roberto Porta, que sustituyó a Héctor Scarone, o Atilio García, argentino que buscó en Uruguay una oportunidad que en Argentina no le dieron. Aunque los títulos tardaron un poco en llegar; aún estaban inmersos en la tiranía del Peñarol. Ya en 1938 ganó el llamado Campeonato Nocturno Rioplatense, una especie de pequeña liga entre equipos de Buenos Aires, Rosario, la Plata y Montevideo, con lo que empezó a mostrar su valía y se consagró como campeón derrotando precisamente al Peñarol. Pero la época dorada llegaría entre 1939 y 1943, cuando el equipo conquistó cinco campeonatos de liga consecutivos, de ahí el nombre de Quinquenio de Oro, e hizo pleno de victorias (veinte, en el de 1941). El Nacional, al que ya se le denominaba Tricolor, se hinchaba de ganar partidos con Atilio García, máximo goleador del campeonato en siete veces consecutivas entre 1938 y 1944 y con 464 goles; máximo artillero de la historia del fútbol uruguayo, Schubert Gambetta, Roberto Porta, el capitán del equipo, o Aníbal Ciocca como principales estrellas bajo la batuta del técnico Héctor Castro, campeón del mundo con Uruguay en 1930.

Boca-River de 1943, jugada del gol de Severino Varela, que a la
postre daría la victoria a Boca por 2-1

El 25 de mayo de 1940 se inauguró uno de los
estadios más emblemáticos de la historia del fútbol, La
Bombonera, sede del Boca Juniors. El nombre viene dado
por su parecido a una caja de bombones y fue construido
por el arquitecto esloveno Viktor Sulcic y supervisado por
el ingeniero José Luis Delphini. El partido, que abrió la
historia de este emblemático estadio, fue contra el San
Lorenzo de Almagro con victoria de Boca y fue Ricardo
Alcarón el jugador que tuvo el honor de ser el primero
en anotar un gol. Desde aquel momento, el estadio se
convertiría en una especie de olla a presión parecido a un
circo romano en donde la hinchada *xeneize* iría todos los
domingos a apoyar a un equipo que, ya en los años treinta,
había dado algunas alegrías, que, a partir de ahora, iban
a multiplicarse y a entablar una histórica rivalidad con
el River Plate durante toda la década, alternándose en la
consecución del título de liga y cuyos enfrentamientos
se convertirían en el *superclásico* del fútbol argentino,
aunque ya venían jugándose desde 1913. La liga de 1940
fue para Boca, si bien durante 1941 y 1942 las cosas
no fueron bien y River se llevó el gato al agua.

Pero los años 1943 y 1944 darían un vuelco a la situación reconquistando la liga en esos dos años y teniendo como eje del equipo a Ernesto Lazatti, un jugador que estuvo toda su vida en el Boca, estratega como pocos, junto con Lucho Sosa y Leoncito Pescia; el primero, apodado Fu Manchú por hacer magia con el balón, mientras que el segundo era todo pundonor, garra y sacrificio. Ambos formaban el centro del campo, uno de los mejores que se recuerdan, sin olvidar a Severino Varela, uruguayo, gran goleador y llamado la Boina Fantasma por jugar con una boina blanca, con lo que hacía publicidad de la misma gracias a uno de los primeros convenios publicitarios que se recuerdan en esto del fútbol. Por desgracia, a partir de 1945, el Boca se desinfló y, aunque en 1946 ganó la última edición del torneo Copa de Competencia Británica, la primera data de 1944, en la que derrotó en las semifinales al River. La jubilación de algunos de sus futbolistas y la emigración de otros a Europa y a Colombia hizo que el propio River se consagrase como el equipo más puntero de Argentina.

En efecto, el River, hasta mediados de los años treinta, había pasado sin pena ni gloria, salvo por el título liga amateur conquistado en 1920 y, ya una vez instaurada la era profesional, por conseguirlo en 1932, 1936 y 1937. El 26 de mayo de 1938, inauguraron otro de los estadios míticos, el Monumental, con una victoria sobre el Peñarol. En 1941, se empezó a engrasar el equipo conocido como la Máquina, que contaba con tres delanteros de auténtico lujo: Ángel Labruna, José Manuel Moreno y Adolfo Pedernera. El primero solo se quedaría a dos goles de igualar la marca de Arsenio Erico (295) como máximo goleador en la historia del fútbol argentino en sus casi veinte años de carrera en el club de los Millonarios, que es como realmente se conoce al River en su historia. En esa temporada, consiguió vencer 5-1 a Boca y proclamarse campeón de liga, hecho que repetiría al año siguiente.

Alfredo Di Stéfano
en su etapa en el
River Plate

En 1943, el River no pudo conseguir el título; se lo
llevó Boca, pero la lucha fue implacable hasta la última
jornada. Sin embargo, al principio de la temporada de
1944, Moreno se fue a México y Boca repitió título,
pero las cosas cambiarían a partir de 1945 ya con Néstor
Raúl Rossi como el catalizador del juego y el debut de un
imberbe chavalín que estaría llamado a hacer historia en
ese deporte: Alfredo Di Stéfano. River se llevó el título
de liga gracias a nueve triunfos consecutivos, que hoy en
día aún constituyen la mayor racha de victorias del fútbol
argentino. En 1946, Di Stéfano fue cedido al Huracán
y se produjo el regreso de Moreno, pero Perdenera diría
adiós a final de temporada al irse al Club Atlético Atlanta.
River, con tantos vaivenes, solo pudo finalizar tercero. El
año 1947 sería el canto del cisne para este gran equipo.
Di Stéfano regresó y contribuyó al título de liga. En
1948 y 1949, aún conseguirían el subcampeonato, pero

al final de la temporada de 1949 Di Stéfano fichó por el Club Deportivo de los Millonarios de Bogotá, al mismo tiempo que Pedernera, en un momento en el se había inaugurado el año anterior una liga profesional denominada Campeonato Colombiano (hoy en día Liga Águila). Mientras tanto, Moreno iría a parar a las filas del Club Deportivo Universidad Católica de Chile y, un año más tarde, jugaría una temporada en el Boca, el máximo rival.

El Gran Torino

Mientras que en Europa los campos se llenaban de bombas, tanques, fusiles y ametralladoras, y los combates aéreos se convertían en algo cotidiano, el fútbol, aunque a regañadientes, se seguía practicando con un ojo puesto en los avatares de la guerra. Es en estos tiempos oscuros cuando va a resurgir uno de los mejores equipos de la historia, cuyo cierre fue debido a una lamentable desgracia; hablamos del Torino Football Club italiano. Procedente de Turín, en sus comienzos fue un equipo modesto a la sombra de otro de los grandes de Italia, como la Juventus, que entre 1931 y 1935 había conquistado cinco campeonatos consecutivos de liga, lo que se denominó Quinquenio de Oro, dirigido por Edoardo Agnelli y con futbolistas de talla mundial, como Luis Monti, Giampero Combi, Giovanni Ferrari, Raimundo Orsi o Luigi Bertolini (todos ellos campeones del Mundo con Italia en 1934). Pero la llegada a la presidencia de Ferruccio Novo en 1939 daría un nuevo brío no solo al equipo, sino a una nueva concepción de dirigir un club en el cual el patrón más importante era disponer de gran liquidez para hacer fichajes estrella, al igual que hizo el Arsenal FC en los años treinta. Durante la temporada 1941-1942, en plena guerra, en Italia se seguía practicando el fútbol y celebrando la liga, ya que Mussolini, tan seguro de su victoria, prescindió de los futbolistas como parte integrante del Ejército y el Torino tiró la casa por la ventana trayendo a cinco jugadores: Ferraris II, campeón con Italia en 1938, Romeo Menti, con potente disparo, y Alfredo Bodoira, Felice Borel y Guglielmo Gabetto, los tres procedentes de su máximo rival del equipo, la Juve. La temporada fue buena, pero no suficiente como para conquistar el título. Sin embargo, a partir de 1942, todo cambiaría. Los fichajes de Valentino Mazzola, con una capacidad técnica y atlética fuera de lo común y padre de otro gran jugador italiano, Sandro Mazzola, y de Ezio Loik eran las piezas que faltaban en el engranaje y el equipo consigue ganar la liga de 1942-1943, además de ganar la Copa de Italia.

El año 1944 fue un año complicado en suelo italiano. Alemania e Italia estaban perdiendo la guerra y las potencias aliadas reconquistaban territorios que ambos habían ocupado antes. En Italia, el régimen fascista de Mussolini se tambaleaba y perdía cada vez más territorios, por lo que llegó un momento en el que los Estados Unidos ocuparon el sur de la península italiana. Mussolini se planteó el llamar a los futbolistas para defender el país, pero finalmente no lo hizo, ya que los clubes italianos, como el propio Torino, hicieron que sus jugadores trabajaran como empleados en fábricas para, así, eximirlos del servicio militar. La plantilla trabajó en la FIAT, que fabricaba cochecitos monos para dar románticos paseos por la Toscana. Esa liga, conocida como Divisione Nacionale hasta 1946, se jugó mediante una fase de grupos cuya fase final enfrentó al Torino, al VV.FF. Spezia y al Venezia, que se alzaría con el título.

La temporada 1945-1946 fue la del despegue. Después de estar dos años coqueteando con el título, el Torino conseguiría ganar el scudetto con Luigi Ferrero como entrenador. El campeonato, dividido en dos grupos tras el final de la Segunda Guerra Mundial, uno

El Torino en el temporada 1945-1946, campeón del *scudetto* italiano

que comprendía a los equipos del norte del país y el otro a los del centro y sur, clasificaba a los cuatro primeros a una ronda final de todos contra todos. El Torino se alzó con el título con solo un punto de ventaja sobre su máximo rival, la Juve. La temporada siguiente, se volvió al formato normal, es decir, a una sola liga de 20 equipos que se llamaría de nuevo Serie A, y fue un paseo militar gracias al perfeccionamiento del sistema WM que copió del Arsenal inglés de Chapman, pero con algunas variaciones que le condujeron a estar dieciséis partidos invicto y teniendo a Valentino Mazzola como máximo goleador del equipo. Al año siguiente, de nuevo el título de liga cayó en manos del Torino con un dominio aun más abrumador. Dieciséis puntos de ventaja sobre el Milán AC, Juventus y US Triestina, y con ciento veinticinco goles a favor en cuarenta partidos, lo que lo convertía en el campeonato más largo de la historia del fútbol italiano. Al equipo se le empezó a denominar Il Grande Torino por su *fútbol total*, arrollador y virtuoso. Antes de comenzar la temporada 1948-1949, el Torino jugó un torneo en Brasil frente al Corinthians, el São Paulo, el Palmeiras y el Portuguesa en el que perdió un solo partido y el resto del año mostró de nuevo su superioridad en el fútbol italiano, si bien su dominio no fue tan abrumador como en años anteriores, pues le sacó solo cinco puntos al Internazionale de Milán, que en 1945 había dejado de llamarse Ambrosiana.

Tras conquistar su cuarto campeonato de liga consecutivo (algunos registros hacen referencia a cinco, ya que la temporada 1943-1944 no cuenta como tal debido a la Segunda Guerra Mundial y a que la de 1944-1945 no se disputó), el equipo viajó a Lisboa para jugar un partido contra el SL Benfica y despedir al capitán del equipo portugués «Xico» Ferreira, un mito del club. El equipo italiano volvió al día siguiente, 4 de mayo, pero jamás llegó a su destino, ya que el avión que los traía de vuelta a casa se estrelló en la Basílica de Superga, a unos veinte kilómetros de la capital turinesa, a las 17:05. Todos los integrantes del Torino, los jugadores, el entrenador (por entonces el inglés Leslie Lievesley), el director técnico, empleados del club, más periodistas y tripulación fallecieron en el accidente aéreo, lo que dejó un saldo de treinta y una personas fallecidas. Se tuvo que llamar al exseleccionador italiano Vittorio Pozzo para identificar a los cuerpos. Solamente Sauro Tomá y Ladislao Kubala sobrevivieron al accidente. El primero no viajó a Lisboa por una lesión de rodilla, y el segundo, que se convertiría posteriormente en uno de los mejores futbolistas de la década de los cincuenta en el FC Barcelona, estaba a punto de fichar por el club italiano después de haberse ido de Hungría por el comunismo y, de hecho, iba a jugar el amistoso con el SL Benfica, pero su hijo enfermó y no pudo asistir, lo que salvó su vida. El trágico final supuso el fin de una era brillante para el fútbol italiano y para la selección nacional, que, tras ser campeona del mundo en 1934 y en 1938, tenía puestas sus esperanzas de revalidar el título en el Mundial que se iba a disputar en 1950 en

Brasil tras el parón de la guerra. El 26 de mayo, el River Plate de Di Stéfano y Labruna se ofreció para jugar en Italia un amistoso en Turín, con el objetivo de recaudar fondos para el club y los familiares de las víctimas del desastre aéreo, frente a una selección de jugadores de la liga italiana que formaron con el simbólico nombre de Torino Nuovo. Sin embargo, el Torino jamás sería el mismo y, en lo deportivo, tendría que esperar hasta 1976 para, de nuevo, ganar un *scudetto*.

La Segunda Guerra Mundial no impidió que las selecciones nacionales disputasen partidos de fútbol y que en América del Sur el Campeonato Sudamericano siguiese su curso. Al respecto de este último, tras la edición de 1941, se volvió a disputar al año siguiente con sede en Uruguay. Argentina y Uruguay llegaron con opciones a la última jornada, pero vencieron los charrúas en el partido definitivo. Hubo que esperar hasta 1945 para la siguiente edición, que tuvo como nota importante la primera participación de Colombia. La selección cafetera solamente pudo ganar a Ecuador y fue goleada por Uruguay y Argentina. Esta vez, Argentina y Brasil fueron las que se disputaron el título, que los argentinos ganaron tras derrotar a Uruguay por un gol a cero, con lo que se invalidó la victoria brasileña ante Chile. En esta edición del torneo, los organizadores, viendo que el nivel de Ecuador, Colombia y Bolivia estaba bastante alejado del de las demás selecciones, acordaron dar un trofeo, llamado Copa Mariscal Sucre, como resultado de los enfrentamientos directos entre estas tres selecciones y cuyo ganador fue Colombia.

La edición celebrada en Argentina en 1946 dejó a la Albiceleste, que jugaba en casa, como la máxima dominadora del torneo, pues ganó sus cinco partidos y goleó a Bolivia. Al año siguiente, Ecuador organizó la competición y, por primera vez, la disputaron ocho equipos, salvo Brasil, que decidió no participar, y Venezuela,

Marcos Uyá Esteban

que hasta 1952 no sería miembro de la CONMEBOL. La sorpresa la dio la selección paraguaya llegando a la última jornada con opciones y perdiendo solo un partido contra Argentina. La Albiceleste volvió a mostrar su supremacía en el fútbol sudamericano y tuvo como estrellas a Moreno y a Di Stéfano. Brasil acogió la siguiente edición, en 1949, antesala de su Mundial, que se iba a disputar al año siguiente. Los brasileños se prepararon a conciencia, dispuestos a ganar el torneo, pero no contaron que de nuevo Paraguay, se lo iba a poner tan difícil. Tanto es así, que la última jornada acabó con empate a doce puntos entre Brasil y Paraguay y, como en aquellos tiempos no se decidía al campeón por la diferencia de goles, se tuvo que jugar un partido de desempate en el que la Canarinha, en el estadio São Januário (el más grande hasta la construcción del Maracaná, que en aquel momento estaba en obras para el Mundial), hipermotivada, ganó a los guaraníes. Jair y Ademir fueron los máximos goleadores del campeonato con nueve dianas. Ambos eran procedentes del Vasco da Gama, que en aquel momento establecía una auténtica tiranía en el fútbol brasileño, con nueve títulos entre 1945 y 1958. Brasil conquistaba su primer título desde 1922 y se preparaba para su Mundial.

¡OIGAN! ¡QUE CENTROAMÉRICA Y AMÉRICA DEL NORTE TAMBIÉN JUEGAN!

En Centroamérica, también tenían una propia competición de fútbol que estaba inmersa en los llamados Juegos Centroamericanos y del Caribe que, por primera vez, se disputaron en 1926 en México, tras los Juegos Olímpicos de 1924, para aumentar el nivel competitivo de estos países de cara a las siguientes Olimpiadas, ya que Cuba y México, que estuvieron presentes en París, no consiguieron ni la medalla de chocolate. El COI avaló esta propuesta de la Sociedad Olímpica Mexicana y, a partir de entonces, se han venido disputando, normalmente cada cuatro años, hasta la actualidad. En la edición de 1926 no hubo fútbol, pero sí en 1930, en La Habana, donde se llevó la medalla de oro Cuba. En 1935, en San Salvador, los mexicanos resultaron vencedores con gran contundencia. En la edición de 1938, en Ciudad de Panamá, de nuevo la selección azteca se hizo con el oro.

Habría que esperar hasta 1946 para que Colombia se coronase como vencedor en unos Juegos, celebrados en Barranquilla, en los que México no participó esta vez. La nota exótica la puso la selección de Curaçao, independizada de Holanda en 1936, y parte de las Antillas Holandesas hasta 2010, que consiguió la medalla de bronce, pero que daría una monumental sorpresa cuatro años más tarde en Ciudad de Guatemala al conquistar la medalla de oro tras una ronda final en la que participaron Guatemala (medalla de plata), Honduras (medalla de broce) y El Salvador. Curaçao, bajo dominio holandés, había disputado su primer partido internacional contra Aruba en 1924, en el que venció, y en 1926 ya había jugado un torneo contra Jamaica, Haití y Santo Domingo, con buenos resultados. En 1941, había sido tercera en la recién creada Copa CCCF, precursora de la actual Copa de Oro de la CONCACAF. En 1955 y 1957, sería subcampeona de la Copa CCCF, pero su hito histórico fue en los ya citados Juegos Centroamericanos y del Caribe, en los que tuvo a su portero, Ergilio Hato, apodado Pantera Negra, como estandarte de esa época dorada.

La Copa CCCF fue una competición disputada entre 1941 y 1961, año de la creación de la CONCACAF, para tener un campeonato propio de selecciones y desligarse de tener que jugar solamente en los Juegos Centroamericanos y del Caribe; un poco lo que pasó a nivel global con la creación del Mundial de fútbol con respecto a los Juegos Olímpicos. Las siglas pertenecen a la Confederación Centroamericana y del Caribe de Fútbol. El gran dominador de esta competición fue Costa Rica, que ganó siete de las diez ediciones disputadas con una selección denominada los Chaparritos de Oro en los años cincuenta, y que fue entrenada por Alejandro «Chato» Stone; se jugaba, al igual que en el Campeonato Sudamericano, mediante un sistema de liguilla. El Salvador, en 1943, Panamá, en 1951, y Haití, en 1957, son las restantes ganadoras.

En 1946, nació la NAFC, es decir, la North American Football Confederation, cuyos países originales fueron México, Cuba y Estados Unidos, mientras que en los años cincuenta se añadiría Canadá. La recién creada confederación organizó al año siguiente la Copa NAFC, en la que participaron las tres selecciones originarias y en la que fue ganador México al vencer, en sistema de liguilla, a Estados Unidos y a Cuba. Hubo otra edición en 1949 que, además, sirvió de base para la clasificación del Mundial de Brasil, que se jugó en México Distrito Federal y en la que los anfitriones, aparte de revalidar título, obtuvieron el pasaporte para Brasil, con lo que se impusieron, y esta vez en sistema de liguilla a doble partido ida y vuelta, a los *yankees*, que también obtuvieron el billete al Mundial. Fue la última vez que se jugó esta competición hasta su regreso en 1990, ganada por Canadá, y en 1991, esta vez por México. Ya nunca más se volvería a disputar.

En 1952, se hizo un experimento al fundarse y disputarse el llamado Campeonato Panamericano de Fútbol, es decir, una competición para toda América, que aunaba equipos de la CONMEBOL, la NAFC y la CCCF. Tuvo tres ediciones, 1952, 1956 y 1960. La primera, celebrada en Santiago de Chile, fue campeona Brasil tras imponerse en la última jornada a Chile. La segunda, en México Distrito Federal, también se dio la victoria de Brasil frente a Argentina, mientras que la tercera y última edición, en San José de Costa Rica, solo contó con cuatro equipos y Argentina se proclamó ganadora tras superar a Brasil en un sistema de liguilla a doble partido.

EL PARTIDO DE LA MUERTE

En Europa, las selecciones lo tuvieron más que complicado para poder jugar no ya competiciones internacionales (la Copa Internacional se tuvo que suspender y la edición que empezó en 1936 no finalizó por la anexión alemana de Austria), sino por partidos amistosos debido a la guerra. Aunque la Segunda Guerra Mundial se extendió por todo el planeta, el continente europeo fue su principal escenario. Aun así, hay algunos partidos que pasarían a la posteridad por su significado. El más importante de todos fue el celebrado el 9 de agosto de 1942, bautizado como el Partido de la Muerte, jugado entre prisioneros de guerra ucranianos y soldados de la Wehrmacht nazi, en concreto el Heer, que era el ejército de tierra. En aquel tiempo, el fútbol soviético era bastante popular y en Ucrania, que formaba parte de la vasta y extensa Unión Soviética, si bien las relaciones no siempre fueron buenas, el Dínamo de Kiev era el equipo más potente; solía quedar entre los primeros puestos de la liga soviética, en especial en 1938, donde alcanzó el cuarto puesto. En septiembre de 1941, se produjo la invasión alemana de la ciudad de Kiev, que cayó en manos germanas, y se saldó con que muchos de los jugadores del Dínamo fueron hechos prisioneros y mandados todos juntos a los campos de concentración. Habían permanecido con vida gracias a que un oficial de la Wehrmarcht los reconoció y, como era aficionado al fútbol, instó a sus superiores a que no fueran ejecutados.

Póster anunciando
el que se conocería
como el Partido de la
Muerte celebrado el
9 de agosto de 1942

Además, los nazis pensaron que quizás sería bueno que estos prisioneros de guerra jugasen un partido contra soldados alemanes en un momento de la guerra en que las fuerzas se habían equilibrado y Alemania estaba empezando a perder la iniciativa en las interminables llanuras soviéticas. Serviría, ya que los nazis daban por hecho la victoria, para levantar la moral de su ejército.

Mientras tanto, algunos jugadores que no fueron capturados y pudieron escapar, como el portero Nikolai Trusevych, que trabajaba de barrendero, se reunían en una panadería regida por Iosif Kordik, de origen alemán. Allí, al propio Kordik se le ocurrió la idea de fundar un equipo y ordenó a Trusevych que buscase y encontrase a sus antiguos compañeros del Dínamo. Trusevych lo consiguió, aunque para ello tuvo también que ser considerado prisionero. Nacería el llamado FC Start, compuesto por ocho jugadores del Dínamo de Kiev y tres del Lokomotiv Kiev, y empezó a extenderse la propaganda, a partir de junio de 1942, de que pronto habría un gran partido entre estos prisioneros de guerra escuchimizados y mal alimentados y las Fuerzas Armadas de Alemania. Durante dos meses, el partido se celebraría el 9 de agosto, el bautizado FC Start jugó una serie de partidos contra guarniciones militares aliadas de Alemania, en especial de Hungría y de Rumanía, e incluso contra un equipo compuesto de soldados de artillería alemana y ganaron todos los partidos prácticamente por goleada. Esto preocupaba a los alemanes, ya que podría repercutir en subir la moral de los ucranianos, con lo que se aceleraron los preparativos del partido.

Finalmente, ese partido fue el 6 de agosto contra un equipo alemán fue bautizado como Flakelf, compuesto de soldados dedicados al fútbol que, hasta entonces, no había perdido ni un partido. El lugar sería el Zenit Stadium de Kiev, en donde el comandante local alemán, el general de división Eberhardt, prometió no presionar al equipo local para que se dejase ganar; ese equipo no era otro que el FC Start, ya que daba por hecho que los soldados que formaban el equipo alemán ganarían fácil. Pero ocurrió todo lo contrario, ya que los ucranianos, que practicaban un fútbol electrizante, noquearon enseguida a los alemanes, que observaban atónitos cómo los pasaban por encima, a pesar del arbitraje parcial a su favor protagonizado por un oficial de las Waften-SS, que era el cuerpo de combate de élite de la famosa SS alemana. El partido acabó 5-1 a favor de los ucranianos. Eberhardt no se lo podía creer y ordenó que hubiera un partido de revancha para el día 9. Las cosas se iban a poner feas para los ucranianos, ya que, en primer lugar, el estadio estaría repleto de soldados de la Wehrmarcht y, en los alrededores, de soldados de la SS patrullando con sus perros alsacianos. Además, se instalaron ametralladoras orientándolas sobre el campo de fútbol. Antes del partido, un oficial de las SS visitó el vestuario ucraniano y coaccionó a los jugadores diciéndoles que, si vencían, morían y, si perdían, se les permitiría vivir. El partido comenzó con ventaja alemana, pero el FC Start reaccionó y logró adelantarse en el marcador, momento en el que las ametralladoras alemanas instaladas empezaron a disparar evitando a los jugadores ucranianos, pero como aviso de que, si seguían ganando el partido, lo pagarían muy caro. Sin embargo, esto no amedrentó a los jugadores ucranianos, que consiguieron meter dos goles más. Entre tanto, el Flakelf consiguió el tercero, con lo que dejó el partido con un marcador de 5-3. En ese momento, Eberhardt ordenó disparar a las piernas de los jugadores ucranianos. Todos fueron heridos y el árbitro, que también era de la Waften-SS, recibió órdenes de pitar el final del partido.

Se ordenó que todos los jugadores fueran trasladados en un camión a las afueras de la ciudad y, en un barranco conocido como Babi Yar, fueron ejecutados. El oficial encargado de ello fue el mismo que reconoció a los jugadores del Dínamo cuando fueron capturados y, a pesar de cumplir las órdenes, dejó con vida a tres de ellos: Fedir Tyutchev, Mikhail Sviridovskiy y Makar Goncharenko. No se sabe a ciencia cierta si este triste episodio llegó a pasar. Muchos ucranianos creen que el Partido Comunista se lo inventó, pero la leyenda perdura hasta nuestros días. Fuera cierto o no, inspiró posteriormente a algunas películas que relataron con más o menos fortuna lo supuestamente acontecido. Entre ellas, destaca la que se realizó en 1981, titulada *Evasión o Victoria* y protagonizada por Michael Caine y Sylvester Stallone, que contó con futbolistas como Bobby Moore, Pelé y Osvaldo Ardiles entre otros.

En este tiempo de guerra, selecciones como la propia España, Alemania, Italia y Francia pudieron disputar algunos partidos; no así Inglaterra, que no volvería a jugar un encuentro internacional hasta 1946. Los alemanes, que a principios de la Segunda Guerra Mundial jugaron asiduamente partidos hasta el 22 de noviembre de 1942, tuvieron prácticamente que disolver a los jugadores de su selección para defender al país cuando empezaron a retroceder y a perder la contienda. Hasta 1950, ya constituida la Alemania Federal, el país no volvió a disputar un partido, en este caso contra Suiza en Stuttgart justo el mismo día en el que, ocho años antes, había celebrado su último encuentro internacional.

6

La década de los cincuenta: sorpresas, reinados y nuevas competiciones

El mundo del deporte, a pesar de que después de la Segunda Guerra Mundial comenzó el período denominado Guerra Fría, que llevó a la aparición de dos bloques (el capitalista, encabezado por los Estados Unidos, y el comunista, cuyo eje principal era la Unión Soviética), volvió a la normalidad en 1948, cuando se reanudaron los Juegos Olímpicos, que llevaban desde 1936 sin celebrarse. El escenario fue Londres y el fútbol estuvo presente. Era la primera vez en la que se celebraba una competición futbolística a nivel internacional en las islas británicas. El 26 de julio de 1948 comenzaron a disputarse los partidos del torneo y se jugó una ronda preliminar, había dieciocho selecciones, destacando el partido entre Luxemburgo y la debutante Afganistán. Afganistán había jugado su primer encuentro internacional en Kabul contra Irán el 25 de agosto de 1941 y se había afiliado a la FIFA meses antes de la celebración de las Olimpiadas. Y la gran sorpresa fue por parte de Corea al vencer a México. El país asiático, apenas dos semanas después, establecería su república, que se conocería como República de Corea o, simplemente Corea del Sur. La final fue entre Suecia y Yugoslavia, con victoria para los primeros por 3-1, que contaban con una excepcional delantera denominada «Gre-No-Li», compuesta por Gunnar Gren, Gunnar Nordahl y Nils Liedholm. El trío jugaría en el AC Milán en los años cincuenta.

En el horizonte, se acercaba 1950 y de nuevo, por fin, la disputa de un Mundial. Brasil, que ya había propuesto su candidatura para la edición fallida de 1942, sería elegida como sede, a pesar de que Suiza también lo quiso debido a la neutralidad del país helvético en la Segunda Guerra Mundial y a su economía en alza. El problema para los suizos era que la FIFA propuso jugar la Copa del Mundo en 1949, y no les daba tiempo a tener los estadios a punto. Los brasileños, con el apoyo de la Argentina de Perón, se llevaron el gato al agua y, finalmente, serían los anfitriones en 1950, mientras que Suiza lo sería para 1954.

¡POR FIN BRASIL!

Italia, como última campeona del mundo, y Brasil, como lugar de celebración, estaban clasificadas de antemano, y se disputó la fase de clasificación con algunos inconvenientes. En primer lugar, no se permitió que Alemania Federal y Japón participasen por haber sido las potencias del Eje en el conflicto mundial. Sin embargo, sí se le permitió a Italia jugar, en parte porque había albergado y guardado el trofeo durante los años de guerra. La Unión Soviética declinó formar parte de la fase clasificatoria y, por primera vez, Inglaterra y el resto de los países del Reino Unido aceptaron jugar.

En Sudamérica, Argentina renunció a participar en las eliminatorias por sus desavenencias con la Confederação Brasileira de Futebol, mientras que Uruguay y Paraguay regresaban veinte años después. En Asia, la India obtendría el pase tras la retirada de Birmania, Filipinas e Indonesia, aunque hay una leyenda que cuenta que la FIFA no permitiría que los hindúes jugaran el Mundial por competir descalzos, pero, en realidad no fue así; simplemente la All Indian Football Federation no pudo asumir el coste de viajar a Brasil y la plaza quedó vacante. Por tanto, el Mundial, al igual que en Uruguay en 1930, contaría con solo con trece selecciones de un total de dieciséis que tenían previsto participar, seis europeas y siete americanas.

El Mundial empezaría el 24 de junio. Se cuenta que el viaje de los italianos en barco, en vez de en avión, fue por tener reciente la tragedia del Torino el año anterior, así que realizaron los entrenamientos en la cubierta del barco, con lo que la mayoría de los balones acaban en el océano. Italia llevaba una selección circunstancial y, a pesar de ser bicampeona del mundo, su papel era una incógnita. Esta vez, el Mundial no se jugaría a eliminatoria directa, sino que habría cuatro grupos de cuatro equipos cada uno cuyo campeón pasaría la siguiente fase, que tampoco sería por eliminatoria, sino una liguilla final entre los cuatro supervivientes en donde el primero se convertiría en el nuevo campeón del mundo. El problema es que las selecciones que se retiraron, Turquía, Escocia y la citada India, no fueron reemplazadas, con lo que finalmente habría dos grupos de cuatro, uno de tres y otro de dos. El primero de cada grupo pasaría a una liguilla final.

El maracanazo

Y llegamos al partido decisivo de la última jornada de la liguilla final, el Brasil-Uruguay, que decidiría quién sería el nuevo campeón del mundo. A Brasil le bastaba el empate, Uruguay tenía que ganar sí o sí. La final se disputaría en el flamante Estadio Maracaná; no podía ser de otra forma. Un país entero estaba a punto de ver cómo su selección se iba a proclamar campeona del mundo por primera vez en su historia y los brasileños estaban confiados en que nada malo iba a ocurrir y que la victoria era segura. Aquel día, las inmediaciones del estadio estaban abarrotadas, no cabía un alfiler, se iba registrar una entrada apabullante y casi doscientas mil personas —se dice pronto— iban a ocupar las gradas, que por aquellos tiempos carecían de asientos, lo que supondría el mayor récord de la historia del fútbol. Los uruguayos, por su parte, tenían algo de miedo, Brasil había goleado a Suecia y a España, y pensaban que podría hacer lo mismo con ellos. Además, habían empatado con España *in extremis* y obtenido una difícil victoria contra los escandinavos. Incluso su seleccionador, Juan López Fontana, planteó un sistema netamente defensivo para la época con el objetivo de recibir el número menor de goles posible. Sin embargo, Obdulio Varela, el capitán de la selección charrúa, instó a sus compañeros a que hicieran caso omiso a las instrucciones del seleccionador porque pensaba que, si jugaban a la defensiva, no tendrían ni una oportunidad.

La prensa deportiva brasileña ya había vaticinado que Brasil sería la ganadora. Incluso dirigentes y políticos brasileños, entre ellos el propio alcalde de Rio de Janeiro, habian preparado discursos apasionados dando por hecho que Brasil saldría victoriosa, e incluso se compuso una canción que iba a ser escuchada en honor a los futuros campeones que se tituló «Brasil Os Vencedores». Había un clima de exaltación y de éxtasis en cada esquina no solo de río, sino en todo el país. Pero no todo el mundo estaba tan convencido de la victoria; el presidente del São Paulo, Paulo Machado de Carvalho, advirtió al seleccionador Flávio Costa de que los jugadores debían abstenerse de hacer celebraciones anticipadas y enfocarse en el partido, ya que cada entrenamiento se llenaba de periodistas, fotógrafos y políticos que no paraban de llamarles «futuros campeones». Tanto el seleccionador como los jugadores hicieron caso omiso a las advertencias del dirigente.

El partido comenzó a las tres de la tarde, con el público sin dejar de bailar y cantar. Durante los primeros minutos la presión brasileña asfixió la salida del balón uruguayo. Así se llegó al final de los primeros cuarenta y cinco minutos con cierto murmullo en la grada, que esperaba haber visto algún gol de su selección. La reanudación fue más de lo mismo y, en ocasiones, Brasil jugaba no con un 2-3-5, sino con un 3-2-5, por si les pillaba alguna contra uruguaya. A los dos minutos de la segunda parte, llegó el gol de Friaça, y el estadio casi se hunde de la celebración. Todo un país cantó el gol al unísono y aquello era una locura. Uruguay se vio desbordada, pero Varela mantuvo la compostura y presionó al árbitro inglés, George Reader, por un supuesto fuera de juego después del gol para que los brasileños no se contagiaran de la algarabía de la grada. Pasados unos instantes, el partido continuó y, diecinueve minutos más tarde, una jugada de Alcides Ghiggia por la derecha acabó en un pase de gol a Juan Alberto Schiaffino que, libre de marca, marcó casi a placer. Era el empate y el estadio enmudeció de pronto. Sin embargo, pese a que a Brasil le bastaba el empate, la grada quería que su selección ganase, y los brasileños se volcaron al ataque. Pero ocurrió lo inesperado, y es que a once minutos del final, tuvo lugar una jugada que cambiaría para siempre la historia del fútbol. Ghiggia atacaba de nuevo por la derecha al recibir el balón tras un pase de Varela, se la entrega a Julio Pérez, que se la devuelve haciendo una pared y finge hacer un centro, como en el primer gol, para que el delantero rematase. Sin embargo, Ghiggia engañó a Barbosa, que había dejado sin cubrir su palo corto en previsión de que iba a centrar, y aprovechó el hueco dejado por este para lanzar un derechazo imparable que se coló como una exhalación dentro de la portería. Era el 1-2 y, si el estadio había enmudecido antes con el empate, aquello ya era una tumba. Faltaban diez minutos y Brasil se lanzó al ataque con una grada cada vez más nerviosa. Pero el esfuerzo resultó inútil, ya que los uruguayos se defendieron bien y a la Canarinha le fue imposible empatar. El *trencilla* inglés pitó el final del partido y, donde minutos antes eran todo risas y alegría, ahora parecía haber un funeral de estado. Los jugadores brasileños estaban desencajados, el público no sabía cómo reaccionar, las banderas dejaron de agitarse, los bailes pararon, la algarabía cesó y el estadio y el país entero, estupefacto, cuando se frotó los ojos y se dio cuenta de lo sucedido, se echó a llorar. Se había consumado el llamado maracanazo, que hace alusión a la derrota o desastre improvisto que marcaría para siempre la historia del fútbol brasileño. Hubo incluso algunos suicidios a raíz de este suceso. Además, se le echó la culpa de la derrota al pobre Barbosa por no haber estado más avispado en el segundo gol uruguayo y se cuenta que el seleccionador Flávio Costa tuvo que salir disfrazado de mujer de la limpieza, a los dos días, del estadio.

Uruguay había ganado, pero nadie previó tal acontecimiento, y la ceremonia de entrega del trofeo, que a partir de este Mundial se denominó Copa Jules Rimet en honor a los veinticinco años de presidencia del máximo mandatario de la FIFA, cambió totalmente de escenario. El propio Rimet estaba convencido de que Brasil ganaría y

Uruguay, campeona del Mundo en 1950 y autora del famoso
maracanazo

tenía un discurso preparado en portugués para la ocasión.
Con el empate a uno, abandonó el partido para repasar
su texto y, cuando volvió, se encontró con la sorpresa
de que el encuentro ya había finalizado y de que Brasil
había perdido su Mundial. La ceremonia, evidentemente
preparada para los brasileños, se canceló y se entregó la
copa al capitán uruguayo Varela en la línea de banda del
terreno de juego y, casi a escondidas, le dio un apretón
de mano y se acabó lo que se daba. Como curiosidad,
y a partir de ese día, la selección brasileña, que jugaba
de blanco, cambiaría su uniforme, que pasaría al actual
(la camiseta verdeamarela con el pantalón azul), mientras
que el Estadio Maracaná, que aun estaba sin pintar y que
sería bañado con los colores del equipo campeón después
de finalizar el campeonato, tuvo que ser con el color
celeste, el de la camiseta de Uruguay, en vez del blanco,
como inicialmente estaba previsto.

Pocos meses después, a finales de octubre, hubo
una gira de un equipo brasileño por Europa; la del
Clube Atlético Mineiro, que sirvió para paliar un poco

Rossi, Di Stéfano
y Pedernera, la
gran delantera de
Millonarios de Bogotá

el sonrojo del maracanazo, pues sus resultados en el viejo continente fueron bastante buenos, de diez partidos ganó seis, empató dos y perdió otros dos. La gira duró desde el 27 de octubre hasta el 7 de diciembre. Cuando el equipo brasileño regresó a su país, fue recibido con honores a pesar de haber perdido dos partidos, y los medios de la prensa deportiva del país consideraron su gira europea un rotundo éxito, en aras, claro está, de intentar borrar lo imborrable, el maracanazo. Recibieron un homenaje en el propio Estadio Maracaná y se les apodó Campeones del Hielo por jugar en los fríos estadios europeos.

EL MILLONARIOS DE BOGOTÁ

Colombia no había participado en el Mundial de Brasil porque la FIFA había suspendido al país tras un hecho ocurrido en 1949, en el que la División Mayor del Fútbol Colombiano, que recibía el nombre de DIMAYOR (el organismo que regulaba el Campeonato Colombiano de liga creado en 1948), se había separado de la Federación Colombiana de Fútbol y empezó a gestionarse por sus propios medios, lo que fue la causa de la sanción de la FIFA. Este hecho trajo una doble consecuencia: que la selección colombiana perdiese una oportunidad histórica de jugar en un Mundial y, por otro lado, la DIMAYOR, al actuar sin las reglas FIFA, empezó a conceder, debido a que la liga era profesional, contratos millonarios a jugadores (especialmente argentinos) que escapaban del régimen peronista tras una huelga general contra la gestión de su directiva, que consideraban dictatorial.

Colombia había participado por primera vez en el Campeonato Sudamericano de 1945 y había alcanzado la Copa Mariscal Sucre frente a Ecuador y a Bolivia, un trofeo de consolación que se disputó, debido al poco nivel que tenían las tres selecciones frente al resto, para contentarlas de alguna manera. Pero, al año siguiente, la selección cafetera había dado la sorpresa al ganar los Juegos Centroamericanos y del Caribe de 1946 y conseguir la medalla de oro; pero, en contrapartida, fue última en las ediciones de 1947 y 1949 del Campeonato Sudamericano, con lo que, honestamente, sería difícil que hubiese conseguido su clasificación para el Mundial de Brasil. Pero en esto del fútbol nunca se sabe. Por otro lado, como os decía, en Colombia el fútbol estaba *al margen de la ley* y el país empezó, por su cuenta, a fichar a los *forajidos* argentinos. Sin embargo, no todos los equipos colombianos tenían dinero suficiente para fichar a grandes estrellas, y uno de ellos sobresalió desde el primer momento: el Club Deportivo Los Millonarios, conocido mundialmente como Millonarios de Bogotá. Su presidente, Alfonso Senior Quevedo, había hecho lo imposible por traer el profesionalismo al país y era uno de los fundadores de la DIMAYOR. En 1949, echó la casa por la ventana y fichó a tres jugadores de renombre:

primero a Adolfo Pedernera y, meses más tarde, a Alfredo
Di Stéfano y a Néstor Raúl Rossi, tres jugadores del River
Plate argentino que ganarían los campeonatos de 1949,
1951, 1952 y 1953. El de 1950 lo conquistó el Once
Caldas gracias a su portero lituano Vitatutas. El equipo
fue conocido como Ballet Azul, por el color de las camisetas y porque practicaban fútbol a ritmo de *ballet*; sus
integrantes parecían coreógrafos que formaban un solo
conjunto con un fútbol virtuoso, armónico y geométrico
en donde los pases y los disparos eran ejecutados con una
precisión milimétrica. El equipo de Millonarios encabezó
una época para el fútbol colombiano que se denominó el
Dorado, el lugar donde los sueños podían realizarse y
en el que los jugadores llegaban para lanzar su carrera
profesional.

La FIFA, que estaba al corriente de este movimiento
inusitado de jugadores que buscaban realzar su carrera o,
simplemente, finalizarla con grandes honores, pensó que
era el momento de abrir la mano no solo al fútbol colombiano a nivel de selecciones, sino a su liga, lo que permitió
levantar el veto impuesto y organizar partidos de carácter
amistoso de equipos colombianos fuera de Europa, en
especial de Millonarios, que era el más puntero. Por aquel
entonces, se empezó a celebrar, a partir de la temporada
1951-1952, la llamada Pequeña Copa del Mundo de
clubes en Venezuela, que justo en 1952 se adscribió a
la CONMEBOL, aunque ya había habido un precedente en 1950 con el Torneo Internacional de Caracas.
Organizado por la Federación Venezolana de Fútbol y
un grupo de empresarios venezolanos y españoles, tenía
como objetivo situar en el panorama internacional al
fútbol venezolano. Para ello querían contar con los mejores equipos de Sudamérica y de Europa, en especial los
de la ribera mediterránea que, por entonces, jugaban la
recién creada Copa Latina. La primera edición acabó con
la victoria del Real Madrid CF, presidido por Santiago

Bernabéu, que empezó a fijarse en una de las estrellas del Millonarios: Alfredo Di Stéfano. La segunda edición fue ganada por Millonarios.

Este torneo eclipsó a uno anterior, el llamado Copa Internacional de Río, en Brasil, que había comenzado a disputarse en 1951 y solo tuvo dos ediciones posteriores, la última con el nombre de Copa Rivadavia en honor al que fue primer presidente de la CONMEBOL. La celebración de la Pequeña Copa del Mundo fue considerada por la FIFA como un modo de escaparate para que equipos europeos se fijasen en las estrellas del fútbol colombiano y los ficharan. Pero sería en las Bodas de Oro del Real Madrid CF, en 1952, donde su presidente empezó a obsesionarse con Di Stéfano, que al año siguiente ficharía por el club blanco en medio de una polémica nunca acabada con el FC Barcelona, que también andaba detrás del jugador argentino. Este escaparate dio sus frutos y, a partir de 1953, se produjo el desmantelamiento de los equipos de Colombia cuyas figuras empezaron o a marcharse a sus países de origen o habían fichado por equipos europeos tras suculentas ofertas. Al Millonarios le pasó igual: Di Stéfano se fue al Real Madrid, Adolfo Pedernera se fue al Huracán para retirarse y Néstor Raúl Rossi volvió al River Plate, mientras que su portero Julio Cozzi regresó al Independiente de Avellaneda. La época del Ballet Azul terminaba y con ella la del Dorado. El fútbol colombiano jamás volvería a alcanzar tan grandes cotas.

Antes del Mundial de Suiza se disputaron los I Juegos Panamericanos en 1951, el mayor evento multidisciplinario deportivo del continente; como unas Olimpiadas, pero solo en América. En la disciplina futbolística, cinco selecciones participaron en un sistema de liguilla, y resultó vencedora Argentina con pleno de victorias y medalla de oro, mientras que Costa Rica consiguió la medalla de plata. Durante los años cincuenta se celebraron las ediciones de 1955 y 1959, ganadas ambas de nuevo por Argentina y ha perdurado hasta nuestros días. Argentina ha sido la selección que más veces se ha alzado con la medalla de oro, seis, las citadas de 1951, 1955 y 1959 más las de 1971, 1995, 2003, mientras que México y Brasil lo han conseguido en cuatro ocasiones. Al año siguiente, se tuvo la idea de hacer una especie de campeonato de selecciones de toda América muy similar al Campeonato Sudamericano, pero a nivel continental, y que acogiera a la CONMEBOL, a la CCCF y a la NAFC. Esta edición, realizada en Santiago de Chile, tuvo como ganador a Brasil, que en sistema de liguilla se impuso en la última jornada a Chile. El Campeonato Sudamericano de 1953 fue acogido en Perú y Paraguay se proclamaba por primera vez en su historia campeona de la competición. Y por último, tres meses antes del Mundial, en marzo de 1954, en los Juegos Centroamericanos y del Caribe celebrados en México, El Salvador dio la sorpresa al obtener la medalla de oro tras imponerse en la liguilla a México (que ganó plata) y Colombia (que se quedó el bronce). México se resarciría cuatro años después al vencer a las Antillas Neerlandesas. El resto de ediciones de los Juegos Centroamericanos y del Caribe han mostrado a México y Cuba como los grandes dominadores del torneo. Los aztecas han conseguido seis medallas de oro, siendo además los actuales campeones, la última vez en 2018, y Cuba cinco, aunque su último oro data de 1986.

El partido del siglo

En Europa, las competiciones que se disputaban antes del conflicto mundial se habían reactivado. En 1948, volvió a celebrarse la Copa Internacional de Selecciones en las que participaron Hungría, Checoslovaquia, Austria, Italia y Austria. El torneo tardó en completarse cinco años y el primer partido que jugó Italia fue apenas dos semanas después de la tragedia de Superga, donde venció 3-1 a una Austria que no era ni la sombra de la selección que asombró al mundo en los años treinta. Pero el gran dominador de la competición sería una emergente Hungría, que reuniría a la mejor generación de jugadores de su historia, cuya base era el Honved de Budapest, en un momento en el que el país estaba bajo órbita soviética, al igual que Checoslovaquia y Yugoslavia. En esta Copa Internacional, Hungría solo perdió dos partidos y consiguió notables goleadas frente a Suiza el 21 de abril de 1948, o frente a Austria el 8 de mayo de 1949, ambos tuvieron lugar en Budapest y fueron triunfos muy cómodos, con lo que se proclamó campeona de la Copa Internacional superando en dos puntos a Checoslovaquia y Austria.

Y a nivel de clubes asistimos al nacimiento de la llamada Copa Latina, idea que nació en España en 1949 a propuesta del, por entonces, presidente de la Real Federación Española de Fútbol, Armando Muñoz. Sería un torneo en el que se enfrentasen los campeones de las ligas española, francesa, italiana y portuguesa. Los italianos jugaban la Copa Mitropa, pero como aún no se había reinstaurado después de la Segunda Guerra Mundial, se decidió contar con ellos. Como la idea fue de España, la primera edición se disputaría en Madrid y en Barcelona entre el 26 de junio y el 3 de julio. Los cuatro equipos, uno por cada liga, jugarían unas semifinales, un tercer y cuarto puesto y una final. El primer ganador sería el FC Barcelona, que venció al SC Portugal, más tarde conocido como Sporting de Lisboa. Pero, a partir de 1953, las cosas se empezaron a torcer en esta competición debido a que fue complicado cuadrar fechas para su disputa porque los equipos campeones tenían otros compromisos. Finalmente, se hizo entre el 4 y 7 de junio y fue campeón el Stade de Reims, capitaneado por

Raymond Kopa, uno de los genios del fútbol francés. En 1954, no se disputó debido al Mundial de Suiza. Además, por aquel entonces, se iba a crear la Union des Associations Européennes de Football (UEFA), justo en la disputa del Campeonato del Mundo, en Basilea, el 15 de junio, debido a que Europa todavía no tenía un organismo rector, al contrario que en Sudamérica, que llevaba con la CONMEBOL desde 1916. Su primer presidente sería el danés Ebbe Schwartz. La Copa Latina se seguiría disputando hasta 1957, ganando el Real Madrid CF las ediciones de 1955 y 1957, mientras que la de 1956 se la llevó el AC Milán. En 1955, se estaba fraguando la creación de una competición europea en la que participasen los campeones de liga de los países miembros asociados a la recién creada UEFA, que se denominaría Copa de Europa (pero eso es una historia que os la contaré más adelante). Por ello, la Copa Latina dejaría de disputarse tras la consolidación de la que sería la competición más importante a nivel de clubes en Europa.

Y entre medias, y volviendo a las selecciones nacionales, se disputaron los Juegos Olímpicos de Helsinki en 1952. Las selecciones amateurs que participaron fueron veinticuatro. Cabe decir que el tema del amateurismo no era del todo cierto, ya que si esto era aplicable a los países occidentales, llamados capitalistas, no ocurría lo mismo en los países del este, el llamado bloque soviético o comunista, en donde los atletas, y en este caso los futbolistas, eran representantes del Estado, que les daba importantes beneficios a cambio de conservar su condición de amateurs. El partido estrella fue el Yugoslavia-Unión Soviética, que acabó con una borrachera de goles. Era el enfrentamiento entre dos colosos del fútbol denominado socialista, cuyos líderes, Stalin y el mariscal Tito, quienes por aquel entonces apenas tenían relación debido a una disputa política años atrás, enviaron telegramas a sus respectivas selecciones en los que resaltaron la importancia del partido. Hubo que jugar el desempate y Yugoslavia consiguió sorprender a los soviéticos. Se dice que Stalin se enfadó mucho por la derrota y que el CDSA Moscú, el equipo que había nutrido la mayoría de los futbolistas de la selección, fue obligado a retirarse de la liga soviética y a desaparecer por «deshonor a la patria». Tras la muerte de Stalin el equipo se refundó y pasaría con el tiempo a llamarse como es hoy conocido: CSKA Moscú. Por su parte, el seleccionador soviético y entrenador del CDSA Moscú, Boris Arkadyev, fue despojado de su título de Maestro Emérito de los Deportes de la Unión Soviética y por poco no fue enviado a un gulag. Hungría se alzaría con la medalla de oro al vencer a Yugoslavia, en una demostración de fútbol socialista, por 2-0.

Pero el partido más importante de esta hornada de futbolistas fue en Wembley el 25 de noviembre de 1953, el considerado como templo inglés. Al vencer Hungría en los Juegos Olímpicos, Stanley Rous, futuro presidente de la FIFA y, por entonces, presidente de la Football Association, invitó a los magiares a jugar un amistoso al año siguiente. Inglaterra jamás había perdido en su casa, salvo con Escocia, pero no la consideraban extranjera, así que presumían de no haber nunca sido vencidos por una selección de fuera de las islas británicas. Seguían jugando con el sistema de juego implantado en los años treinta, la famosa WM que tan buenos resultados les estaba dando por entonces. Sin embargo, los ingleses venían del fracaso del Mundial de Brasil al ser eliminados por España y, aunque ellos se consideraban la primera potencia mundial en el fútbol, la verdad es que no habían conseguido no ya un título, sino mantener su supremacía. El enfrentamiento con Hungría debía calibrar que, pese a que los húngaros eran los flamantes campeones olímpicos y que los uruguayos lo eran del mundo, ellos seguían siendo los que llevaban el cotarro en esto del fútbol.

Los húngaros estaban entrenados por el seleccionador Gusztáv Sebes. Su concepción del fútbol fue revolucionaria en aquella época y pensaba que los once jugadores, aunque jugasen en una posición determinada, tenían que saber hacer de todo; esto es, mantener un rol dentro del terreno de juego, pero saber jugar en todas las posiciones según requiriesen las circunstancias del partido. Esto contrastaba con la rigidez del sistema WM en el que cada jugador tenía su función específica y poco más, y se diluían sus cualidades si tenía que asumir otras funciones. Una de las variantes que introdujo Sebes a su sistema fue que el delantero centro retrasase su posición para que los interiores entrasen como segunda línea y dejaran a los extremos con más libertad de movimientos. En la selección húngara, había dos grandes goleadores: el citado Puskás y Ferenc Deák, que jugaban de *nueve*. El dejar a uno u otro fuera del equipo titular para encajar en la nueva variante no se decidió por una cuestión futbolística, sino porque Deák discrepaba en algunos asuntos con Sebes y, además, era un declarado anticomunista. El riesgo tomado por el seleccionador le salió bien, ya que los húngaros se convirtieron en un equipo temible, como lo demostraron en los Juegos Olímpicos de 1952.

En aquella fría tarde de noviembre se dilucidaría quién sería el rey del fútbol de la época: si los ingleses con su WM o los húngaros con su sistema de *fútbol total*, cuyo primer exponente había sido el *Wunderteam* austriaco y que sería perfeccionado por la Holanda de los años setenta. Las apuestas declaraban favorita a Inglaterra, pese a que los húngaros fueron una máquina de jugar al fútbol. El resultado final fue escandaloso, puesto que Hungría dio la campanada y se impuso 3-6.

Esa humillante derrota sufrida por Inglaterra significó la muerte cerebral del WM, y los propios ingleses se dieron cuenta de que el fútbol y el sistema táctico que

La gran Hungría de los años cincuenta, la que le endosó un histórico 3-6 a Inglaterra en Wembley en 1953 en el llamado partido del siglo

llevaban practicando desde hacía veinte años se había quedado obsoleto, aparte de que les servía de escarmiento por seguir pensando que eran los reyes del fútbol. Quizás lo habían inventado, pero no aplicado. Este partido es para muchos la frontera entre el fútbol lleno de rigor e individualista con el predominio del sistema táctico, en donde cada pieza se situaba en una posición en el campo y su único cometido era moverse por su posición, frente al fútbol flexible y colectivo en donde, con el paso del tiempo, primaría la preparación física y en el que los once componentes debían ejercer la presión sobre el rival con el objetivo de robar el balón y de atacar la portería contraria, sin importarles, para ello, cambiar posiciones y ejercer tareas que, en un principio, no les estaban encomendadas. El periódico *The Times* sacó en un titular a la mañana siguiente la expresión «Match of the Century», es decir, «el partido del siglo». Para muchos ha quedado grabada esa expresión. Hungría, bajo régimen comunista, aprovechó para hacer propaganda de este resultado y Puskás, que era el capitán, se convirtió en héroe nacional. No solo fue un choque futbolístico, sino también político, entre el capitalismo y el comunismo, en el que venció este último. Los húngaros serían conocidos como los Mágicos Magiares o el Equipo de Oro (en húngaro, *aranycsapat*).

Hungría debía ganar, pero...

Y nos adentramos en el Mundial de Suiza de 1954. El país helvético acogió el V Campeonato del Mundo justo en el momento en que la FIFA cumplía cincuenta años y Jules Rimet seguía siendo su presidente. Además, las oficinas centrales del organismo estaban en Zúrich, con lo que venía que ni pintado. Como era habitual, la fase final se compondría de dieciséis selecciones y habría eliminatorias para dilucidar quiénes eran los clasificados. Suiza y Uruguay ya lo estaban, de hecho; la primera como anfitriona y la segunda como campeona del mundo. El resto de las plazas serían once para Europa (aunque incluía a Egipto, a Turquía y a Israel, que había sucedido a Palestina en 1948), dos para América y una para Asia.

El Mundial de 1954 comenzó el 16 de junio y una de las novedades de esta fase es que, si el partido acababa en empate en los noventa minutos reglamentarios, se disputaba una prórroga de treinta minutos, pero, si persistía el empate, ese era el resultado final.

Además, sería el primer Mundial que se televisaría, aunque solo para algunos países de Europa occidental. Al grupo 1 se le denominó Grupo de la Muerte, junto al grupo 3, expresión que sería usada asiduamente más adelante y que hace referencia a la complejidad y calidad de las selecciones que lo integran; el 1 estaba compuesto por Brasil, Yugoslavia, Francia y México, mientras que el 3 lo componían Uruguay (la vigente campeona), Austria,

Checoslovaquia y Escocia. La gran final, disputada en Berna, la jugaron Alemania Federal y Hungría. Los magiares, favoritos, cedieron ante el empuje alemán y no pudieron conquistar el Campeonato del Mundo.

La base de la selección húngara, que a pesar de perder practicó un juego preciosista, era el Honved Budapest, también entrenado por Sebes y después por Jeno Kalmar. Hasta finales de los cuarenta los dominantes del fútbol magiar eran el Ferencváros y el MTK Budapest, pero el testigo lo cogió cuando el Honved fichó a algunas estrellas del Ferencváros y formó un equipo formidable que dominó la liga de Hungría, la *Nemzeti Bajnokság I*, conquistando los títulos de 1950, 1952, 1954 y 1955. En el campeonato de 1956 iba líder, pero la invasión soviética a Hungría, y concretamente Budapest tras la revolución húngara, impidió acabar ese campeonato liguero, terminando así con aquel gran equipo, que lo integraban Puskás, Kocsis y Czibor entre otros. En aquel tiempo, como ya dije cuando os hablé de la Copa Latina, ya se estaba planeando una competición de clubes a nivel continental, a pesar de que la Copa Mitropa se había vuelto a disputar a partir de 1951 siendo el vencedor el Admira Viena, si bien hasta 1955 no se reanudaría de nuevo. Dicha competición europea de clubes no empezaría hasta 1955 que sería denominada Copa de Europa. En el año anterior, el Honved Budapest jugó un partido contra el Wolverhampton Wonderers FC, que se autodenominaba el «mejor equipo del mundo» por haber ganado la liga inglesa de 1954, la llamada First Division. Resulta que el Honved perdió por 3-2 y los ingleses lo celebraron como si hubiesen ganado un Mundial ya que estaban ansiosos de devolverle a los húngaros las humillaciones sufridas, a nivel de selecciones, con los recientes 3-6 en Wembley y el posterior 7-1 en Budapest.

La creación de la Copa de Europa...

El partido entre el Wolverhampton Wonderers FC y el Honved Budapest sirvió de acicate para que, dos días después, en un artículo publicado en el diario francés *L'Equipe* a cargo del periodista Gabriel Hanot, se cerniese la idea de crear una competición a nivel europeo entre clubes después de que la prensa inglesa, en especial el *Daily Mail*, publicara en referencia al partido el titular «Campeones del mundo» haciendo hincapié a la victoria del Wonderers. Hanot, en realidad, lo que quería descubrir es cuán bueno era realmente el equipo inglés fuera de su estadio (el llamado The Molineux), para que jugase en Budapest o Moscú, o contra el AC Milán o el Real Madrid CF en una competición con eliminatorias de ida y vuelta entre semana y preferentemente en horario nocturno, para que la gente pudiera asistir, en un momento, además, en que la iluminación artificial se imponía en los partidos, la televisión cada vez llegaba a más hogares y el avión como medio de transporte ya se había asentado. A Jacques Goddet, el director de *L'Equipe*, le satisfizo la idea y se dirigió a periódicos de otros paises para que difundiesen la información. En el caso español, el primer periódico deportivo en recibirla fue *El Mundo Deportivo*, debido a que el corresponsal en España, Carlos Pardo, trabajaba para el periódico con sede en Barcelona. Pero cuando habló con el secretario general del FC Barcelona, Doménech, este le dijo que aquello sería una utopía. Cabizbajo, fue para Madrid, en donde contactó con Raimundo Saporta, tesorero del Real Madrid CF y que había intercedido en el fichaje de Alfredo Di Stéfano, al que le pareció buen la idea y se la transmitió a su presidente, Santiago Bernabéu. Ambos fueron a París, sede del diario *L'Equipe*, para entrevistarse con su director. El Real Madrid CF, junto con el equipo belga Royal Sporting Club Anderlecht,

Santiago Bernabéu, presidente del Real Madrid CF y principal impulsor de la Copa de Europa

fueron los que en un principio apoyaron la idea, pero había que convencer a más clubes. Hubo una reunión preliminar en el Hotel Ambassador de París unos meses después, en los días 2 y 3 de mayo, en los que Santiago Bernabéu propuso la creación de un comité organizador y propuso al vicepresidente de la Fédération Française de Football, Ernest Bédrignans, como presidente de la misma, mientras que los vicepresidentes serían el propio Bernabéu y una figura muy conocida en aquel momento, el ya citado húngaro Gusztav Sebes. Todo transcurrió según lo quería el dirigente madridista, al que todo le salió a pedir de boca. Poco a poco, más clubes apoyaron la idea y el comité organizador fue ampliándose con el objetivo de que sus miembros fueran los representantes de los países europeos que hasta entonces se habían adscrito a la UEFA.

El máximo organismo europeo fue en un principio reacio a esta creación de una competición a nivel europeo, ya que tenía en mente organizar un Campeonato de

Europa, pero de selecciones nacionales. Al final, aceptó con la condición de que la palabra *Europa* no apareciera en el nuevo nombre del torneo, así que se llamó, en un principio, Copa de Clubes Campeones Europeos, en la que sí aparece la palabra *europeos* por la procedencia, pero no hace referencia a *Europa* como continente. Se hicieron unas bases para la regulación de este nuevo torneo y se invitó a todos los países asociados a la UEFA, pero algunos rehusaron participar y otros finalmente fueron rechazados debido a la situación política que vivían en ese momento. El requisito fundamental es que el equipo que quisiera jugar la competición debía ser campeón de liga de su país, pero algunos clubes rechazaron jugar y se abrió la veda a aquellos que lo eran de copa o, en su defecto, campeones de liga del año anterior al actual. Entretanto, a la FIFA esto ni fu ni fa, porque no quiso involucrarse, ya que pensaba que los propios clubes podían organizar sus competiciones, pero sí que dio el visto bueno a este nuevo torneo con la aquiescencia de Rodolphe William Seeldrayers, el nuevo presidente de la FIFA (que sustituía a Jules Rimet) y el propio expresidente.

Finalmente, en la primera edición de esta Copa de Europa —la llamaré así, para no haceros un lío, hasta que lleguemos a 1992, cuando se instaurará el actual formato de la llamada Liga de Campeones— participarían dieciséis equipos, correspondientes a los países que apoyaron el proyecto. Como he dicho, algunos campeones del liga rehusaron jugar, con lo que solamente fueron ocho los campeones, mientras que los ocho restantes salieron de los requisitos explicados anteriormente, salvo en el caso de Escocia, de la que el Hibernian Football Club fue el quinto clasificado de su liga, o del holandés Philips Sport Vereniging, más conocido como el PSV Eindhoven, que fue tercero. Hay que destacar que jugaría el campeón de la liga de El Sarre el Fußball-Club Saarbrücken. El Sarre había tenido su propia selección de fútbol entre 1947 y

1956, y era un territorio de Alemania que estuvo bajo protectorado francés en esos años.

El primer partido de esta competición fue entre el Sporting de Portugal y el Partizán de Belgrado con empate a tres; partido en el que Joao Baptista Martins fue el primer goleador de la historia de la competición. El formato sería de eliminatorias de ida y vuelta en la que destacó la llegada a semifinales del Hibernian Football Club, que perdió la eliminatoria frente al Stade de Reims a favor de los franceses. A la postre, el Real Madrid CF se convertiría en el primer campeón de la competición al vencer al equipo francés por 4-3.

Al año siguiente, participaron equipos ingleses, como el Manchester United FC, que llegó a las semifinales, pero que fue eliminado por el Real Madrid, que se alzaría de nuevo con el título tras vencer al AC Fiorentina. En la siguiente edición, la de 1958, participaron 24 equipos. La final la disputaron el AC Milán y el Real Madrid CF. El equipo italiano había eliminado a un Manchester United que el 6 de febrero de ese año había sufrido un accidente aéreo en Múnich tras jugar contra el Estrella Roja en Belgrado. En el accidente murieron nueve futbolistas del equipo inglés, entre ellos Duncan Edwards, llamado a ser uno de los grandes del fútbol británico. Sobrevivieron otros como Bobby Charlton o Denis Viollet y el entrenador Matt Busby. La causa del accidente fue no ganar altura suficiente en un despegue con unas condiciones climatológicas adversas tras repostar en el aeropuerto alemán y estrellarse en el bosque de árboles situado al final de la pista. La final, jugada en el Estadio de Heysel, presenció el tercer triunfo del club merengue contra un Milán cuya figura era el argentino Ernesto Grillo. Ya no estaba la famosa delantera Gre-No-Li. El resultado fue 3-2. Grillo fue famoso en el mundo del fútbol cuando, el 14 de mayo de 1953, metió un gran gol contra Inglaterra en el Estadio Monumental, casi escorado y metiendo el balón entre el palo corto y el portero, por lo que ese día fue bautizado como el Día del Futbolista Argentino.

En la edición de 1959 otra vez el Real Madrid CF jugaría la final, de nuevo, con el Stade de Reims. El partido fue de claro dominio madridista y con la cuarta Copa de Europa consecutiva para los blancos. Y asistimos a la quinta edición de la competición, en donde, para no ir perdiendo la costumbre, el equipo merengue disputaría la final contra el Eintracht de Frankfurt en el Estadio Hampden Park de Glasgow y se convertiría, para muchos, en la mejor final de la historia, no solo en cuanto a goles (7-3 a favor del equipo español), sino en calidad, en juego y en atractivo, con un Real Madrid imperial que dominó todas las facetas del juego y que tenía a Puskás, quien había llegado al conjunto blanco en 1958, y a Di Stéfano como directores de orquesta. Cuatro goles del húngaro y tres del argentino nacionalizado español (único jugador de la historia en marcar en cinco finales de Copa de Europa consecutivas), dieron la puntilla a un equipo valeroso y guerrero, pero que tuvo que claudicar ante el fútbol maravilloso del Real Madrid CF que ya contaba con Miguel Muñoz de entrenador. El Real Madrid CF se convertía en Pentacampeón de Europa.

Sin duda, el Real Madrid CF fue el equipo más laureado del momento, pero sería una injusticia que no se citara a uno de los equipos que engrandecieron a este deporte en la segunda mitad de los años cincuenta: el Stade de Reims. Fue un equipo excelente que tuvo la mala suerte de encontrarse por el camino con el Madrid de Di Stéfano. De hecho este equipo francés llegó a dos finales de la Copa de Europa en 1956 y 1959, y en ambas las perdió con el club blanco. Dirigido por Albert Batteaux, el equipo galo conseguiría cinco ligas francesas (la de 1953, 1955, 1958, 1960 y 1962), una copa en 1958, tres supercopas (torneo que enfrenta al campeón de liga y al de copa) en 1955, 1958 y 1960, más una Copa Latina en 1953. Pero no solo los títulos dieron lustre y raigambre al club, sino también su forma de jugar, con la que se acuñó el término de *football champagne*, ya que la producción del vino espumoso se hacía cerca de la residencia del club. Consistía en jugar a ras de suelo con pases cortos y precisos y de hacer del saque de esquina no el típico balón *a la olla* (es decir, al área), sino sacar en corto y, después, centrar. La estrella del equipo era Raymond Kopa, con un *dribbling* endiablado y especialista en el mano a mano. Sin embargo, tras la final de la primera Copa de Europa, Santiago Bernabéu fichó al astro francés, y dejó al equipo sin su gran estrella. Lo normal es que el Stade de Reims se hubiera resentido, pero se hizo con los servicios de otro de los mitos del fútbol galo, Just Fontaine, un gran rematador de área y cabeceador nato. Batteaux y Fontaine consiguieron llegar a otra nueva final europea con el Real Madrid CF y lograr el título liguero de 1960, pero una lesión del propio Fontaine hizo que este se viera forzado a retirarse y el equipo comenzase una cuesta abajo inevitable, salvo en la liga de 1962, de la que nunca se ha recuperado hasta ahora.

EL FICHAJE DE DI STÉFANO Y EL REINADO DEL REAL MADRID CF

Pero sin duda, este gran equipo fue eclipsado por el Real Madrid de Di Stéfano y Santiago Bernabéu. Hasta 1953, año del controvertido fichaje del hispano-argentino, el club blanco era en España un equipo bueno sin más, que conseguía algún titulillo muy de vez en cuando, un par de Copas del Generalísimo en 1946 y 1947, y hasta ahí. Pero Bernabéu, que había llegado en 1943 a la presidencia, quiso cambiar la historia del Real Madrid CF. En

1947 inaugura el estadio que lleva su nombre y cuando se celebran las Bodas de Oro del club, se fija en el rubio que jugaba en el Millonarios de Bogotá, Alfredo Di Stéfano, que es traído al año siguiente. Aquí hago un inciso, y es que muchos han pensado que Di Stéfano jugó en el Real Madrid CF porque el régimen de Franco no quiso que jugara en el FC Barcelona. Esto no es verdad y os digo porqué.

La historia completa del fichaje proviene de 1949, año en el que Di Stéfano se va al Millonarios de Bogotá, procedente del River Plate argentino, como ya expliqué. En 1952, año de las ya citadas Bodas de Oro del Real Madrid CF, también club azulgrana iba detrás del delantero argentino porque la estrella del equipo, que no era otra que Ladislao Kubala, sufre problemas pulmonares. Pues bien, resulta que el club azulgrana lo ficha, pero hay un problema, y es que los derechos del jugador los compartían tanto el Millonarios como el River Plate, y el FC Barcelona solo habló con los dirigentes del club argentino, mientras que por otra parte, el Real Madrid CF hacía lo mismo, pero con el club colombiano. La cosa estaba liada y había que deshacer el entuerto. ¿Qué se hizo? el FC Barcelona se reúne con Alfonso Senior, el presidente del Millonarios, para hacerse con la otra parte de los derechos y aunque al principio la cantidad pedida por el jugador es desorbitada, cuando todo parece que la cosa se resuelve, el presidente del FC Barcelona, Enric Martí Carreto, renuncia al fichaje y es cuando el Real Madrid CF entra en escena y Raimundo Saporta, tesorero del club, ficha al argentino que sería jugador del Real Madrid CF hasta finales de 1954, ya que a partir del 1 de enero de 1955, lo sería del FC Barcelona, puesto que ya se había firmado el acuerdo con el River Plate, cosa que el club merengue no sabía. Más lío aún.

La Federación Española de Fútbol tuvo que ponerse en contacto con la FIFA para aclarar la situación del jugador, y adoptó una decisión salomónica, y es que Di Stéfano jugaría dos temporadas alternas tanto en el Real Madrid CF como en el FC Barcelona, solución que no satisfizo a nadie. Sin embargo, poco después, el club azulgrana desistió de los derechos del jugador, el presidente azulgrana dimitió, y el Real Madrid CF se quedaría con el argentino, abonando una cantidad de cuatro millones y medio de pesetas al club catalán.

Con la llegada de Di Stéfano al equipo todo cambia para el club blanco. Bajo la Saeta Rubia y de un joven llamado Francisco Gento, apodado la Galerna del Cantábrico por su inusitada velocidad, ganará la liga de 1955, pero a partir de 1956 impondrá su dominio en la recién creada Copa de Europa con cinco títulos consecutivos entre 1956 y 1960, más dos Copas Latinas en 1955 y 1957, y el club blanco sería llamado «el Madrid de Di Stéfano», aunque no solo tenía como estandarte al citado Di Stéfano y a Gento, sino también al uruguayo José Emilio Santamaría, el francés Raymond Kopa o al húngaro, nacionalizado también español, Ferenc Puskás, un equipo sin duda temible que funcionaba como un rompecabezas y que tuvo su punto álgido en la final de la Copa de Europa de 1960 con el 7 a 3 que le cascó al Eintracht de Frankfurt y la consecución de la primera edición de la Copa Intercontinental en 1960.

TAMBIÉN DE LA COPA DE FERIAS...

Paralelamente a la aparición de la Copa de Europa, en 1955 se creó otra competición europea a instancias de la FIFA y con el recelo de la UEFA porque, en un primer momento, se había reservado al máximo organismo continental el poder de promover este nuevo torneo; pero la inesperada idea de la creación de una competición europea de clubes campeones de liga hizo que, finalmente, la propia UEFA lo apoyase. Aun así, esta competición, promovida por los ingleses, a los que les debió sentar como una patada en sus nobles y aristocráticas partes que los franceses, a través del diario *L'Equipe*, les tomasen la delantera, fue llevada a cabo con el propósito de celebrar un torneo entre regiones en dónde se celebraban las grandes ferias internacionales, de ahí su nombre: Copa Internacional de Ciudades de Ferias. Uno de los equipos que apoyó esta competición fue el FC Barcelona, que, precisamente, había mostrado su máxima reticencia cuando se iniciaron los trámites para la preparación de la Copa de Europa. En un principio, la Copa de Ferias parecía estar abocada al fracaso, máxime cuando las primeras ediciones de la Copa de Europa fueron un éxito y más aun cuando también algunos clubes, que en un principio habían querido participar en este nuevo torneo, vieron que la Copa de Europa era más atractiva y profesional, ya que la Copa de Ferias estaba destinada a recuperar el fútbol a nivel amateur. Pese a estas dificultades, la creación de esta competición siguió adelante gracias al apoyo del vicepresidente de la FIFA, Ernst B. Thommen. Incluso la FIFA recalcaría la importancia del torneo, que se celebraría como uno más dentro del calendario. La UEFA no lo considero así, tanto que incluso no contabiliza los títulos conseguido en esta competición hasta 1971, año en que se pasó a llamar Copa de la UEFA.

La primera edición se desarrolló entre los años 1955 y 1958. Los equipos de esta primera edición, doce, no eran clubes en sí, salvo el Inter de Milán, el Birmingham City FC o el Football Club Lausanne Sport suizo, sino que venían en representación de la ciudad. La final la ganó el Barcelona XI.

La siguiente edición comenzó en 1958 y duraría hasta 1960. En este caso, jugaron dieciséis equipos y esta vez solo hubo seis de ellos con representaciones de la ciudad en sí, pues el resto eran clubes de fútbol. La final sería entre el Birmingham City FC y el propio FC Barcelona, que repitió título.

A partir de 1960, se celebraría anualmente y cada vez más fueron perdiendo peso los conjuntos representativos de ciudades. En esta ocasión, el FC Barcelona no pudo revalidar su título y fue eliminado por el Hibernian FC escocés en cuartos, de modo que se centró en la Copa de Europa de esa misma temporada al jugar los dos torneos paralelamente. La final la jugaría el AS Roma y el Birmingham City FC, y la ganarían los italianos.

Desde 1968, no se podría jugar a la vez en la Copa de Europa y en la Copa de Ferias, y desde 1962 a 1964, los españoles tuvieron un claro dominio con las victorias del Valencia CF (1962 y 1963) y del Real Zaragoza de los Magníficos por la delantera formada por Canario, Santos, Marcelino, Villa y Lapetra (1964). En 1966, la ganaría de nuevo el FC Barcelona, y a partir de 1968 habría un dominio inglés, con el Leeds United como ganador en 1968 y 1971, el Newcastle United FC en 1969 y el Arsenal FC en 1970. En 1971 la UEFA, que había tomado el control de la competición, decidió cambiar el formato y el nombre e instauró la Copa de la UEFA, en la que participarían los mejores equipos clasificados de las diferentes ligas. Aunque esto se llevaba haciendo desde 1968 a excepción del campeón de liga y el campeón de copa, ya que este último jugaría la Recopa de Europa (de la que hablaremos más adelante).

Y DEL BALÓN DE ORO

En 1956, al acabar la primera edición de la Copa de Europa, se planteó la idea de dar un trofeo a nivel individual a un futbolista que en un año natural hubiera sido el mejor de ese período de tiempo. Este galardón nació

Sir Stanley
Matthews, ganador
del primer Balón de
Oro en 1956

de la revista francesa especializada en fútbol *France Football*, que había empezado a publicarse desde 1946 y que fue difundida por Hanot, quien parece no había tenido suficiente con eso de plantear la creación de la Copa de Europa, e impulsó este trofeo con la idea de respaldar a la recién creada competición continental. Para elegir al mejor futbolista, se creó una especie de jurado compuesto por dieciséis periodistas, uno por cada asociación ligada a la UEFA, y se escogió a los dieciséis más importantes del momento para poder así emitir un voto más imparcial y plural, ya que se pensó en un primer momento en elegir a los dieciséis periodistas de un solo país.

Cada periodista daría cinco puntos al primer futbolista escogido, cuatro al segundo y tres al tercero. Solo se podía dar voto a los jugadores europeos. La votación estuvo reñida, pero el primer ganador fue, sorprendentemente, *sir* Stanley Matthews, un tipo que por aquel entonces contaba ya con cuarenta y una primaveras, que jugaba en el Blackpool FC (subcampeón ese año de la liga inglesa), pero que había vuelto a jugar en la selección inglesa y fue determinante en el partido que enfrentó a Brasil en Londres (el 9 de mayo en el Estadio de Wembley), con victoria de los *pross*.

Al año siguiente el ganador fue Alfredo Di Stéfano, ya nacionalizado español, con una diferencia abismal (72 puntos frente a 19) con respecto al segundo clasificado, el inglés Billy Wright. En 1958, el vencedor fue el francés Raymond Kopa, en una época en la que no se podía votar al ganador del año anterior, con lo que Di Stéfano no estuvo nominado. Pero en 1959, al volver Di Stéfano a la terna de nominados, este ganó de nuevo con gran holgura, mientras que el segundo, que recibe el Balón de Plata, fue para Kopa, y el tercero, el Balón de Bronce, recayó en John Charles, que jugaba en la Juventus de Turín en un época en la que coincidió con Giampiero Boniperti y Omar Sivori, argentino nacionalizado italiano; los tres formaban el llamado Trío Mágico y conquistaron los *scudettos* de 1958, 1960 y 1961 y la Copa de Italia de 1959 y 1960. El año 1960 presenció la única vez que un español, Luis Suárez, jugador del FC Barcelona, ganó el trofeo.

Por último, no conviene olvidar que, aunque aparecieran la Copa de Europa y la Copa de Ferias, la famosa Copa Mitropa no dejó de disputarse, si bien se convirtió con el paso de los años en un tornero de segunda categoría, ya que fue perdiendo importancia en detrimento de las otras competiciones europeas. En los años cincuenta y sesenta, el dominador fue el fútbol húngaro con el Vasas Sport Club de Budapest, que consiguió cuatro títulos entre 1956 y 1965, entre los que destaca la poca presencia de equipos italianos en las rondas finales, puesto que cada vez le daban más importancia a la Copa de Europa y a la Copa de Ferias. Solo el Bologna FC 1909 consiguió ganar la edición de 1961 y llegar a la final del año siguiente.

La aparición de un rey...

En América, en 1955, se celebró de nuevo el Campeonato Sudamericano, esta vez en Chile. En la última jornada Argentina y Chile se jugaban el título y el partido acabó con victoria de los argentinos. En 1956, y de forma extraordinaria y oficiosa, se disputó el campeonato Sudamericano, en Montevideo, y la selección charrúa, ante su público, se impuso con cierta claridad a Chile, Argentina y Brasil, que empataron en el segundo puesto con 6 puntos. La edición de 1957 fue en Perú, y Argentina volvió a alzarse con el título tras ganar a Brasil. Para acabar la década de los cincuenta, en 1959 una nueva edición el campeonato Sudamericano dio con la victoria de la Albiceleste en la última jornada frente a Brasil, que tenía ya a un tal Pelé como máximo goleador con ocho dianas.

El año 1956 los Juegos Olímpicos viajaron a Melbourne. En cuanto al fútbol, es quizás el torneo más desastroso que se recuerda, ya que solo once selecciones participaron después de una fase de clasificación también bastante accidentada, en donde los abandonos estuvieron a la orden del día. Antes de llegar a suelo australiano, la cosa se torció para países como Hungría, debido a la invasión soviética de su país, los Juegos Olímpicos se disputaron del 24 de noviembre al 8 de diciembre, y para Vietnam del Sur por el comienzo de la Guerra del Vietnam. La final, entre la Unión Soviética y Yugoslavia, se decidiría con un solitario gol soviético, dejando a la selección *plavi* por tercera vez consecutiva sin la medalla de oro.

El Mundial de 1958 fue finalmente en Suecia. La fase final del Mundial se celebró entre el 8 y el 29 de junio. Los brasileños prepararon a conciencia este Mundial, tras la desilusión del maracanazo. En verdad tenían un equipazo, en el que dos jugadores sobresalían del resto: Manuel Francisco do Santos, Garrincha, que hace referencia a un pájaro del Mato Grosso, con la peculiaridad de que era zambo, tenía los pies girados ochenta grados hacia adentro, la pierna derecha seis centímetros más corta que la izquierda, la columna vertebral torcida y había tenido poliomielitis de pequeño. Encima fumaba como un carretero. Si con estas premisas uno piensa que antes de empezar a jugar al fútbol podría convertirse en una de las leyendas de este deporte, se le tacharía de loco, pero lo fue, se convirtió en una auténtica leyenda y un mago de los amagues. Pero sin duda, la figura principal y que con el paso del tiempo sería considerado para muchos como el mejor de la historia, era un jovencito de diecisiete años llamado Edson Arantes do Nacimento, Pelé. Jugador del Santos desde niño, había debutado con la selección brasileña con solo quince años, y ya era el líder del equipo.

La Canarinha tenía como seleccionador a Vicente Feola, que dio con la tecla al imponer un sistema 4-2-4 que le daría grandes resultados. Primero, cuatro defensas, de los cuales, los dos laterales debían cubrir a los extremos mientras los centrales marcaban a los delanteros. Otra variante del sistema en defensa es hacerla en zona mientras que el mediocampo, compuesto de dos centrocampistas puros que hacían marcaje al hombre en labores defensivas y que tenían más libertad para atacar en labores ofensivas (ya que contaban con que los extremos bajasen de vez en cuando a apoyar) dejaban en ocasiones a los dos delanteros en punta. Además, el ataque se haría de dos maneras, con pases cortos o pases largos a espaldas de la defensa. Esto propiciaba que a la hora de atacar hubiera seis jugadores, los dos medios y los cuatro delanteros, y a la hora de defender, cuatro defensas y de nuevo los dos medios, que eran el eje del equipo y debían de tener una condiciones físicas y técnicas excepcionales.

La final, disputada el 29 de junio, enfrentó a la anfitriona y a la clara favorita para el título. Suecia-Brasil. El partido comenzó a las tres de la tarde y en el minuto 55 llega la jugada del Mundial, digno de un superclase. Pelé controla el balón en el área con el pecho, cerca del punto de penalti, deja caerlo al suelo y seguidamente lo levanta haciendo un sombrero al defensor sueco y, sin dejar que cayera de nuevo, empalma con la derecha batiendo al portero Svensson. Toda una obra de arte. Un nuevo rey nacía en Suecia y era de sangre brasileña. El partido acabó 5-2. El defensa sueco, Sigge Parling, llegó a reconocer que tras el quinto gol le entraron ganas de aplaudir a Pelé.

Brasil se había coronado como campeón mundial y por fin, tras la debacle de ocho años atrás, fueron recibidos como héroes. Suecia, digna finalista, terminaba una década exitosa que había comenzado con la consecución de la medalla de oro en los Juegos Olímpicos de 1948, el tercer puesto en el Mundial de 1950 y la medalla de bronce en Helsinki 1952. Había contado con la famosa delantera milanista Gre-No-Li, Nils Liedholm era el único superviviente en el Mundial de 1958, y cerraba su brillante época con el subcampeonato mundial en su país. Destacar, por último, la actuación de Just Fontaine, que consiguió trece goles en un Mundial, el récord hasta ahora de goles anotados en un solo campeonato.

Sin olvidar que Asia y África empiezan a despertar

Los años cincuenta, y también el principio de los sesenta, no solo fueron revolucionarios para el fútbol con respecto a la creación de nuevas competiciones especialmente en Europa y en menor medida en América del Sur. Asia y

África, que parecían olvidadas en esto del fútbol, se unieron a la *fiesta* y crearon sus propias confederaciones y, por tanto, también sus propias competiciones. El primer paso lo dieron los asiáticos en 1954 con la creación de la AFC, es decir, la Asia Football Confederation, el 8 de mayo en Manila, Filipinas, en el contexto de la celebración de los II Juegos Asiáticos (los primeros fueron en Nueva Delhi en 1951) aunque su actual sede está en Kuala Lumpur, Malasia. Los primeros países que integraron la confederación fueron Afganistán, Birmania, Corea del Sur, Filipinas, Hong Kong, Irán, India, Israel, Indonesia, Japón, Pakistán, Singapur, Vietnam del Sur y Taiwán. En los citados Juegos Asiáticos, ya se había desarrollado la competición de fútbol, y en los celebrados en 1951 el primer ganador fue la India, que venció en la final a Irán. Si en la primera edición solo participaron seis selecciones, en la segunda de 1954 lo harían doce. Los chinos y surcoreanos pasaron a la final venciendo los primeros. El resto de las ediciones disputadas, destaca sobremanera el dominio de Corea del Sur, actual campeona, y de Irán, con cinco y cuatro oros.

Dos años después, la Asia Football Confederation pensó en hacer un torneo a nivel de selecciones que se llamaría AFC Asian Cup o simplemente Copa Asiática. Se disputó entre el 1 y el 15 de septiembre en sistema de liguilla de todos contra todos y coronó a Corea del Sur como campeona.

La Copa Asiática se volvió a disputar en 1960. Corea del Sur estaba clasificada por ser la sede, con lo que quedaban tres vacantes. Las que se llevaron el gato al agua fueron Israel, Vietnam del Sur y Taiwán. La fase final se disputó del 14 al 21 de octubre y dejó, tras un sistema de liguilla, a Corea del Sur como campeona de nuevo. La edición de 1964 dio como ganadora a Israel y la de 1968 a Irán, que repetiría en 1972 y 1976.

Respecto a África, habría que esperar al 8 de febrero de 1957 para ver el nacimiento de la CAF, la Confédération

Africaine de Football, en Jartum, Sudán, si bien la sede actual está en El Cairo. Ya en el congreso celebrado en Berna durante el Mundial de Suiza de 1954, se planteó que África contase con su propia confederación y que algún dirigente pudiera ser miembro ejecutivo de la FIFA pese a las protestas de algunos países como Argentina. Dos años después, en Lisboa, se dio marcha al proyecto de fundar una confederación, proyecto ejecutado el ya citado 8 de febrero y cuyo primer presidente sería el egipcio Abdel Aziz Salem. Una de las premisas de la CAF fue luchar contra el *apartheid* existente en Sudáfrica (algo así como un sistema de segregación racial), hecho que la FIFA y el COI todavía aceptaban. En el propio país había dos federaciones, una para blancos y otra para las restantes razas. A pesar de la lucha contra el *apartheid* por parte de la recién creada confederación, este se mantuvo hasta 1992, momento en que fue abolida mediante referéndum. La FIFA y el COI se darían cuenta de la situación y, a principios de los sesenta, se declararon en contra del mantenimiento de este sistema, tanto que el propio COI expulsó al país de los Juegos Olímpicos desde 1964 hasta 1988, y no se reincorporó hasta 1992. La FIFA, sin embargo, hizo un poco mutis por el foro cuando envió una comisión de investigación que declaró que la South Africa Football Association no tenía nada que ver con el sistema gubernamental del país en lo referente a este tema, con lo que no decidió inmiscuirse demasiado.

Dejando de un lado esa cuestión, en ese mismo año, la CAF acordó la organización de un torneo a nivel de selecciones. Es cierto que esta idea ya llevaba abordándose desde hacía un tiempo y se organizó de manera tan rápida que el 10 de febrero se disputaría la primera edición de la Copa de África. El problema es que solo cuatro selecciones, las que formaron la CAF, acudieron a Jartum a jugar: Egipto, Etiopía y Sudáfrica, además de Sudán, la anfitriona. Pero finalmente a Sudáfrica no se le dejó participar por el *apartheid* antes mencionado y se disputó un primer torneo descafeinado entre las tres selecciones restantes. El formato constaba de semifinales y de final. Etiopía, con la prohibición de Sudáfrica de jugar, se clasificó directamente a la final, mientras que Egipto venció a Sudán. La final la ganaron los Faraones y se convirtieron así en el primer equipo africano en ganar esta nueva competición.

En 1959, se celebró la segunda Copa de África en Egipto. Repetirían las tres selecciones de la pasada edición con la salvedad de que Egipto presentó un combinado mixto compuesto por futbolistas egipcios y sirios, denominado República Árabe Unida, que era el nombre con el que se había creado en 1958 en el contexto de la Guerra Fría y la descolonización de África debido a la unión de egipcios y sirios y que se mantendría hasta 1971, si bien la selección de fútbol solo lo utilizaría hasta 1961. Se hizo una liguilla entre los tres países y se llegó a la última jornada con el República Árabe Unida-Sudán, que acabó a favor de los primeros; lo que les daría la victoria en la competición.

Las reuniones celebradas en Roma en 1960 y en El Cairo en 1961 sirvieron para apuntalar algunas reglas y estatutos que se habían elaborado en 1957 cuando la CAF fue fundada. Además, sirvió para que Ghana (que ya lo hizo en 1958), Marruecos, Túnez y Uganda se incorporasen a la confederación mientras que el resto de casi todos los países africanos que iban obteniendo la independencia lo harían a lo largo de la década de los sesenta.

7

Un torneo para europa y la llegada del *catenaccio*

EL PODER SOVIÉTICO

El comienzo de los años sesenta estuvo también plagado de acontecimientos futbolísticos. Uno de ellos fue la creación de un torneo en el que participasen las selecciones de Europa, después de que Asia y África hicieran lo mismo, y sustituyera a la Copa Internacional, que solo enfrentaba a los combinados de Europa central. De hecho, se estaba disputando la que sería la última edición, comenzada en 1955 y que acabaría en el año 1960, que tuvo como ganadora a Checoslovaquia con solo un punto de ventaja sobre Hungría. Ya en 1957, celebrándose el congreso anual de la UEFA, se llevó a cabo el proyecto y, en un principio, se quiso bautizar como Copa de Naciones de Europa-Henri Delaunay en honor a Delaunay, uno de los promotores, que había fallecido dos años antes, pero se acabó llamando Copa de Naciones de Europa. Pierre

Delaunay, el hijo del anterior, fue el encargado de desarrollar la idea de este torneo, que finalizaría en 1960 y que debía estar compuesto por dieciséis selecciones nacionales. A pesar de las invitaciones enviadas por la UEFA, selecciones como Italia, Inglaterra o Alemania Federal no participarían en esta primera edición. Finalmente jugarían diecisiete selecciones, una de más por si otra cancelaba o se arrepentía de participar, que jugarían en eliminatorias de ida y vuelta para ir avanzando y llegar a una fase final que se disputaría en Francia (elegida como sede) compuesta de semifinales, tercer y cuarto puesto y final. En la ronda preliminar se eliminaría a una selección para quedar con dieciséis finalmente. Esta edición fue un poco liosa, ya que, según el calendario, entre el partido de ida y el de vuelta podría pasar un año perfectamente en función de la disponibilidad de las selecciones de jugar el partido. Los cuartos de final clasificaron a la Unión Soviética, España, Rumanía, Checoslovaquia, Francia, Austria, Portugal y Yugoslavia.

Y resulta que el bombo hizo de las suyas el enfrentar a la Unión Soviética con España. La política entró en escena. Francisco Franco había dado luz verde a que España jugase esta primera edición con la condición de que no se cruzase con los soviéticos. Y ocurrió lo que nadie quería: un enfrentamiento entre ambas selecciones. Franco y sus ministros no querían que España pudiera perder en territorio comunista y que el Kremlin aprovechara esta coyuntura para hacer propaganda, ni mucho menos que los soviéticos pisaran territorio español en el partido de vuelta. Era franquismo contra comunismo. Finalmente, y a través de un Consejo de Ministros, se decidió que España no jugase, y la Federación Española de Fútbol se lo comunicó a la UEFA. Aun así, la Federación propuso tres alternativas, de las que ninguna incluía jugar en territorio soviético, lo que no satisfizo a los soviéticos, y la UEFA, que también quiso intentar poder celebrar el partido, sancionó a España con dos mil francos suizos. La Unión Soviética pasó a semifinales.

La gran final se celebró el 10 de julio de 1960 en París, en el Parc des Princes. Se enfrentaban una Unión Soviética, con un estilo de juego más físico, frente a la elegancia yugoslava. Llegaron a la prórroga y, en el minuto 113, Viktor Ponedelnik consiguió el dos a uno definitivo para los soviéticos, que ganan esta primera edición.

LA COPA LIBERTADORES Y EL PEÑAROL DE MONTEVIDEO

Y en América del Sur, en ese mismo año que se disputa la primera final de la Copa de Naciones de Europa a nivel de selecciones, se crea la Copa CONMEBOL Libertadores a nivel de clubes, o simplemente Copa Libertadores, que en un principio, y hasta 1965, se denominaría Copa de Campeones de América. El antecedente más directo fue el ya citado Campeonato Sudamericano de Campeones, que solo se celebró en 1948 y que ganó el Vasco da Gama. La primera edición, pues, se celebró en 1960 y la integrarían los campeones de liga de los diferentes países que integraban la CONMEBOL. Solo participarían siete, ya que los campeones de Venezuela, Ecuador y Perú rehusaron hacerlo. Estos siete equipos fueron el Esporte Clube Bahía de Brasil, el Club Deportivo Jorge Wilstermann de Bolivia, el Millonarios de Bogotá de Colombia, el Club Olimpia de Paraguay, el Peñarol de Montevideo uruguayo, el San Lorenzo de Almagro argentino y el Club Universidad de Chile. Con formato de eliminatoria ida y vuelta, el primer partido fue el entre el Peñarol y el Jorge Wilstermann, que acabó con 7-1 a favor de los uruguayos en el partido de ida y empate a uno en la vuelta. La final fue entre el Peñarol y Olimpia a doble partido; ganó el Peñarol, con lo que el equipo uruguayo se convertía en el primer ganador de esta Copa de Campeones de América.

Y a finales de 1960 se disputaría la primera edición de la llamada Copa Intercontinental, cuya idea ya se le pasó por la cabeza a Henri Delaunay años atrás para dilucidar cuál era el mejor equipo del mundo. Si recordáis, ya se había disputado durante los cincuenta la Pequeña Copa del Mundo de Clubes, por lo que lo que se quería era enfrentar al campeón de América, en este caso América del Sur, con el de Europa. Como ya desde 1956 se venía celebrando la Copa de Europa, la CONMEBOL quiso por ello hacer un torneo similar al europeo (que ya os he explicado antes), para luego dilucidar quién sería el mejor del mundo, ya que tanto América del Sur como Europa eran los lugares del planeta en donde estaba más desarrollado el fútbol. Por fin, el 3 de julio de 1960 se disputaría el partido de ida (sería ida y vuelta) entre el Peñarol y el Real Madrid CF, que venía de conquistar su quinta Copa de Europa. La ida acabó con empate sin goles en el Estadio Centenario de Montevideo, lo que dejaba todo en el aire para el partido de vuelta. Esta, celebrada el 4 de septiembre en el Santiago Bernabéu de Madrid y ante 120 000 espectadores, vio cómo el Real Madrid CF conseguía vencer 5-1 al Peñarol y se convertía en el mejor equipo del mundo en aquel momento.

Sin embargo, no hay que menospreciar a un Peñarol que estaba marcando una época en el fútbol sudamericano. Como campeón de liga en 1953 y 1954, su gran reinado empezaría en 1958, cuando consiguió cinco títulos de liga consecutivos entre ese mismo año y 1962. Entrenado por Roberto Scarone, ganó la Copa de Campeones de América en 1960 ante Olimpia y en 1961 contra el Palmeiras brasileño, y conseguiría la Copa Intercontinental de 1961 al vencer al SL Benfica. En 1964 y 1965, de nuevo, tras un pequeño paréntesis, ganaría la liga y, en 1966, la ya llamada Copa Libertadores contra el River Plate, que sustituía, en nombre, a la Copa de Campeones de América. El broche de oro fue ganar la Copa Intercontinental de ese año al derrotar al Real Madrid CF. El ecuatoriano Alberto Spencer sería el eje de aquel equipo, que contaría con el portero Luis Maidana, con «Tito» Gonçalves, con Juan Eduardo Hohberg y, más adelante, con Ladislao Mazurkiewicz, un futbolista que iba para delantero, pero que, por causas del destino, el día que hizo las pruebas para jugar en el Racing Club de Montevideo tuvo que ponerse de portero por salir tarde de los vestuarios y se convirtió en el mejor cancerbero de la historia de Uruguay y uno de los mejores del mundo. Apodado Mazurca o Chiquito, el día que Lev Yashin se retiró y le celebraron un partido de homenaje, al acabar este, el portero soviético le tiro los guantes al uruguayo y le dijo que sería su sucesor.

En 1961, asistimos al nacimiento de la CONCACAF, fundada en México Distrito Federal el 18 de septiembre de 1961 por la fusión de la NAFC y la CCCF. Sus siglas hacen alusión a la Confederation of North, Central American and Caribbean Association Football y su primer presidente fue el costarricense Ramón Coll Jaumet. Dos años después, se inauguraría la Copa CONCACAF o Copa de Naciones de CONCACAF, cuya primer edición se disputaría en El Salvador, que contaría con la participación de nueve selecciones y que se jugaría en sistema de liguilla en el que los dos primeros pasarían a otra liguilla y se disputarán el título entre sí. La liguilla final dio como campeón a Costa Rica, mientras que la anfitriona, El Salvador, quedó como subcampeona. La edición de 1965, fue ganada por México y la de 1967 por Guatemala.

Pero no solo organizó la CONCACAF un campeonato a nivel de selecciones, sino también uno a nivel de clubes que se llamaría Concachampions o Liga de Campeones de la CONCACAF, cuyo precedente fue el

Campeonato Centroamericano de 1959, ganado por el Club Deportivo Guadalajara de México y, en 1961, por el Alajuelense de Costa Rica. En esta ocasión, esta competición, inaugurada en 1962, alcanzaría a los clubes de América del Norte, de Centroamérica y del Caribe. La primera edición la ganó el ya citado Guadalajara de México tras vencer en la final al Comunicaciones FC de Guatemala a doble partido, mientras que el año siguiente el vencedor fue el Racing Club Haitien de Haití al rehusar el Guadalajara jugar la final. Entre 1964 y 1966, el torneo no se disputó por algunas desavenencias de participación y calendario. En 1967 se reaunudó, y entre 1969 y 1971 el Club Deportivo Cruz Azul mexicano fue el gran dominador al imponerse tres veces consecutivas. En los años 70 y 80 no hubo un favorito claro: el SV Transvaal de Surinám lo ganó en 1973 y en 1981 y el Club Deportivo Olimpia de Honduras en 1972 y en 1988, mientras que, en los años 90, los equipos mexicanos fueron los grandes beneficiados, en especial el Club América (1987, 1990 y 1992) y de nuevo el Cruz Azul (1996 y 1997), más el Club Puebla en 1991 y el Club Necaxa en 1999, con permiso del Deportivo Saprissa de Costa Rica, que se impuso en 1993 y 1995. Ya en el siglo XXI, el predominio mexicano se mantendría especialmente con el Pachuca, ganador de cinco títulos (2002, 2007, 2008, 2010 y 2017), con el Monterrey, ganador tres veces consecutivas entre 2011 y 2013, y con el América (2006, 2015 y 2016). El actual ganador es el Guadalajara, vencedor de la edición de 2018.

La Copa Libertadores de 1961 fue ganada por el Peñarol tras vencer al Palmeiras en una competición en donde participaron los nueve campeones de las ligas pertenecientes a la CONMEBOL, excepto el de Venezuela. Al año siguiente, el dominio se invirtió y pasó a ser el Santos FC brasileño de Pelé el ganador en un formato diferente al de los dos años anteriores. En vez de ser eliminatoria directa, se formaron tres grupos de tres equipos en sistema de liguilla en donde el primero de cada grupo accedería a semifinales junto con el Peñarol, clasificado directamente por ser el campeón del año anterior. En dichas semifinales, hubo un duelo estelar, el Nacional-Peñarol, con resultado favorable para los segundos tras quedar en tablas en el partido de desempate y decidir al finalista en base a la mejor diferencia de goles en el global de los tres partidos. Perdería la final contra los brasileños tras un partido de desempate y tras la polémica suscitada en el segundo partido, en el que tuvo que suspenderse el partido en el minuto 51 después de que los hinchas locales lanzaran una botella cuando el resultado era favorable para Peñarol. A pesar de que se reanudó, la CONMEBOL declaró nulos los 39 minutos restantes. En 1963, el Santos volvió a revalidar el título al vencer en la final al Boca Juniors. El año anterior, el Santos conquistó la Copa Intercontinental frente al Benfica y, al siguiente, la volvería a ganar tras vencer al AC Milán en partido de desempate. Los *rossoneri* habían derrotado en la final de la Copa de Europa de 1963 al Benfica con doblete de José Altafini, con lo que se empezaba a cumplir la maldición de Bela Guttman.

Dicha maldición provenía de la final de la Copa de Europa de 1962 que el Benfica enfrentó al Real Madrid CF, favorable para el equipo portugués. Tras ganar el título, el entrenador húngaro Bela Guttman, pidió un aumento de sueldo, pero los directivos se lo negaron y lo despidieron por codicioso. Antes de abandonar el club, lanzó una frase que hasta hoy se ha convertido en una maldición: «Ni en cien años volverá el Benfica sin mí a ganar un título en Europa». Ya van cincuenta y siete años.

Entretanto, en 1960, la UEFA había ideado otra competición continental que enfrentase a los campeones de copa de los países afiliados al organismo europeo. Se denominó Copa de Campeones de Copa o Recopa de Europa. La forma de clasificación era relativamente sencilla. Si el equipo había ganado solo la Copa de su país, disputaría la Recopa. Si había hecho *doblete*, es decir, ganar Liga y Copa, jugaría la Copa de Europa. Al ganar la liga y ser la Copa de Europa de mayor prestigio, el finalista de Copa tendría el derecho a jugar la Recopa. La primera edición se disputó en 1961 y tuvo como ganador a la Fiorentina italiana, que venció, a doble partido, al Rangers FC. Al año siguiente, el campeón fue el Atlético de Madrid, que derrotó a la Fiorentina en partido de desempate (pues se había decidido que, a partir de ese año, la final fuera a partido único). En 1963, el equipo colchonero llegó de nuevo a la final, pero esta vez fue derrotado por el Tottenham Hotspur inglés.

BRASIL REPITE DE NUEVO

El personaje de Carlos Dittborn fue fundamental para la elección de la sede del Mundial de 1962. Aunque había nacido en Brasil, era chileno y, desde 1955 hasta 1957, fue presidente de la CONMEBOL. Él quería un Mundial en su país, pero Chile tenía, en el sentido futbolístico, poco desarrollo y ni siquiera había ganado un Campeonato Sudamericano, con lo que la elección era más que difícil. Para más inri, Argentina deseaba con todas sus fuerzas ser la sede de un Mundial, máxime cuando Uruguay y Brasil ya lo habían sido y tenían mejores infraestructuras que los chilenos. Pero Dittborn, en el congreso de Lisboa de la FIFA, celebrado el 10 de junio de 1956, convenció a propios y a extraños de que la mejor candidatura sería la chilena, argumentando el clima, la tolerancia religiosa y racial y la estabilidad política y económica. Se cree que, en su discurso de convencimiento, pronunció la famosa frase: «Puesto que no tenemos nada, tendremos que hacerlo todo» y, además, fue fehaciente en el hecho de que había que favorecer a los países menos desarrollados futbolísticamente hablando para fomentar este deporte. Chile finamente fue la escogida en detrimento de Argentina.

La fase final del Mundial se disputó entre el 30 de mayo y el 17 de junio. Sin embargo, el 28 de abril fallece Carlos Dittborn, que no veía cumplido su sueño de ver el Mundial. Tras la disputa de este, se creó una competición, en su honor, llamada Copa Carlos Dittborn, que se disputaría en nueve ocasiones entre Argentina y Chile y que haría llevarse a la Albiceleste el trofeo en ocho ocasiones.

La gran final fue entre la Brasil de Garrincha, Pelé había caído lesionado, contra la Checoslovaquia de Josef Masopust, centrocampista zurdo con un control y toque de balón exquisitos, que tenía una extraordinaria polivalencia tanto en ataque como en defensa. Fue Balón de Oro en la edición de 1962 tras su gran papel en este Mundial. El partido acabó con 3-1 para Brasil, que le da el segundo título mundial y, además, consecutivo. Los brasileños jugaron con un 4-2-4, pero empezaba a imponerse el 4-3-3, cuyo mejor exponente sería, como no mucho después veremos, el *catenaccio* italiano.

SANTIFICADO SEA PELÉ

Pelé, a pesar de no poder apenas jugar el Mundial del Chile, era la estrella del momento y siempre permaneció fiel al equipo de su vida, el Santos FC. Antes de su llegada, el club no era nada en el fútbol brasileño, pero un día, un chavalín de apenas quince años, se presentó para las pruebas del club, y a pesar de que el primer día no fue todo lo que se esperaba, sus compañeros le apoyaron y poco a poco se empezó a sentir a gusto entre ellos. Era, por supuesto, Pelé, que al mes de la prueba, jugó un

Museo del Santos FC en el que se ensalza la figura de Pelé

amistoso con el club y marcó cuatro goles, empezando a desatarse como futbolista. Al cumplir los dieciséis años, firmó su primer contrato profesional. A partir de entonces, Pelé empezó a marcar época con una técnica y táctica inigualables, con un sentido intuitivo de saber hacia dónde se dirigiría el balón lograba recoger el rechace y dominarlo. Ya en 1958, sin llegar a cumplir los dieciocho años había marcado 58 goles para conseguir el título del Campeonato Paulista, torneo que conseguiría nueve veces más, el último en 1973.

El año 1959 sería igual de bueno, ya que marcó 53 goles y clubes como el Real Madrid CF o el Inter de Milán ansiaban sus servicios con ofertas millonarias una y otra vez rechazadas. Además, el Santos FC empezó a hacer giras por Europa. Pese a las ofertas, en Brasil se declaró a Pelé como «tesoro nacional» intransferible.

Durante los tres años siguientes el equipo siguió haciendo nuevas giras y se les empezó a comparar con los famosos *Globetrotters*. No obstante, en 1961 Pelé sufrió una lesión y la gira europea de aquel año no fue todo lo beneficiosa que se hubiese esperado. Sin embargo, el 5 de marzo de ese mismo año, anotó el gol considerado el más bonito de la historia del Estadio Maracaná.

1962 el Santos FC ganó la final de la Copa Libertadores ante el Peñarol de Montevideo, y consiguió la Copa Intercontinental al vencer al SL Benfica de Eusebio. Al año siguiente el equipo brasileño ganó de nuevo la final de la Copa Libertadores, esta vez ante el Boca Juniors entrenado por el Gordito Feola, y consiguió ganar la Copa Intercontinental, a pesar de que Pelé estuvo lesionado.

Pero a partir de 1964, entre algunas lesiones de Pelé, y el fin de la racha ganadora, el Santos FC empezó poco a poco a bajar el nivel. Si bien ganó de nuevo la liga a nivel nacional, el equipo ya no llegaría a ganar la Copa Libertadores hasta el 2011. En 1965 fue campeón de liga y en 1968 igual, pero ya no era el de antaño. Pelé seguiría hasta 1973, cuando se marchó a Estados Unidos al Cosmos de Nueva York.

España, cañí y olé

La Copa de Naciones de Europa de 1964 tendría su fase final en España entre el 17 y el 21 de junio. La fase previa, con partidos de ida y vuelta, empezó en 1962 y participaron en ella veintinueve selecciones, aunque la ausencia más destacada fue la de Alemania Federal.

Las sedes de la fase final fueron el Estadio Santiago Bernabéu de Madrid y el Camp Nou de Barcelona. España jugó en Madrid contra Hungría a partido único, en el que venció la Roja. En Barcelona, La Unión Soviética se deshizo de Dinamarca fácilmente.

La finalísima fue el 21 de junio en el Estadio Santiago Bernabéu. Era algo más que un partido tras lo sucedido cuatro años antes, cuando Franco no permitió a la selección española viajar a Moscú. Ahora, las cosas habían cambiado: las relaciones diplomáticas seguían siendo casi inexistentes, pero Franco jugaba en casa y, evidentemente, no se le pasó por la cabeza suspender la final, sino que pensó que era el mejor momento y lugar para humillar a la Unión Soviética, que representaba al comunismo en estado puro. Con el dictador español presidiendo el palco llegado el minuto 84, el Bernabéu, lleno a rebosar, se vino abajo cuando Marcelino, a pase de Pereda, y no de Amancio, como durante cuarenta y tres años nos hicieron hacer creer las imágenes del NO-DO (Noticiarios y Documentales) español (que se ha demostrado que fueron montadas), marcó de cabeza en un escorzo casi imposible a Lev Yashin. España era la reina de Europa.

Los Juegos Olímpicos de 1964 fueron en Tokio, en el país del sol naciente, entre el 12 y el 24 de octubre. Eran la primera vez que se celebraban en Asia, en un intento del COI por llevar al olimpismo al Lejano Oriente. Ya en Tokio, Italia y Corea del Norte rehusaron participar, la primera por no poder presentar una selección amateur y la segunda porque algunos norcoreanos tampoco lo pudieron hacer debido a irregularidades en su ficha.

En ese año de 1964, hubo un cambio importante por parte de la FIFA que trascendería en el panorama futbolístico mundial. Hasta ese año, un jugador que hubiese vestido la camiseta de una selección (por ejemplo, España) y se iba a Italia y se nacionalizaba italiano, podía vestir la zamarra italiana, pero, a partir de entonces, eso se prohibió. Si jugaba para una selección, no podría jugar para otra, fuera de la categoría que fuera. Esto, en 2004, se modificó en el sentido de que, si un jugador competía por un país en las categorías inferiores, pero no había llegado a debutar con la selección absoluta, si se nacionalizaba, ahí sí que podía cambiar de selección. Incluso se permite el cambio si algún jugador juega en selecciones absolutas no reconocidas por la FIFA, caso, por ejemplo, de la Isla de Guadalupe, Kosovo o Guayana Francesa.

HELENIO HERRERA Y SU *CATENACCIO*

En realidad, los orígenes de la palabra *catenaccio*, que literalmente significa 'cerrojo', como sistema de juego defensivo, apareció ya en los lejanos años treinta a través del austriaco Karl Rappan. Sin embargo, no era *catenaccio* como tal, ya que el sistema que inventó Kappan cuando entrenaba a la selección de Suiza se le denominó «verrou», consistente en poner por primera vez a cuatro defensas fijos, frente al 2-3-5 de la época, pero que uno de ellos estuviera delante del portero y detrás de los otros tres, el llamado *verrouilleur*, que años más tarde se convertiría en la figura del líbero, un jugador de apoyo en la defensa que normalmente no hace marcaje al hombre y sí tiene libertad de sumarse al centro del campo cuando su equipo ataca, o de achicar espacios en defensa en función de la zona de ataque del adversario. Al poner cuatro defensas, de los cuales dos provenían del centro del campo, tuvo que retrasar a los extremos hasta mediocampo porque entonces el centrocampista que quedaba debía de necesitar una bombona de oxígeno cada cinco minutos, dando finalmente un primitivo 4-3-3, que realmente no se implantaría hasta los años sesenta.

Y es aquí cuando Helenio Herrera entra en escena. Nacido en Buenos Aires, recaló en 1960 en el Inter de

Milán donde alcanzaría la gloria. Ya el *catenaccio* había sido utilizado en Italia en los años cuarenta, principalmente por dos equipos: la Unione Sportiva Salernitana 1919, entrenada por Giuseppe Viani, que consiguió el ascenso a la Serie A en 1948, y la Unione Sportiva Triestina Calcio 1918, que quedó subcampeona de la serie A detrás del inolvidable Torino en 1948, a cargo de Nereo Rocco, utilizando en muchas ocasiones el 1-3-3-3, que constituía el verdadero *catenaccio* como sistema.

Volviendo a Helenio Herrera, como dije, el Inter de Milán lo acogió en 1960, en un momento en el que el club no era un grande de Italia y mucho menos de Europa. En 1955 había arribado Ángelo Moratti que se haría con la presidencia y buscó la excelencia en el club, algo que le costó durante los primeros años hasta que dio con el entrenador argentino. Helenio Herrera, que se le conocería por H.H. o el Mago, instauraría el *catenaccio* en la escuadra *nerazzurri*, no solo influenciado por Karl Rappan sino por uno de sus entrenadores en la época en la que jugaba en el fútbol francés, Robert Accard. Para ello instruyó una preparación física y psicológica muy meticulosa a sus hombres, con el objetivo de crear férreos defensores que acosaran al delantero cuando este atacase y de hacer transiciones rápidas a portería contraria con un fútbol vertical a gran velocidad, lo que de toda la vida se llama contraataque. Incluso intentaba controlar la vida privada de sus jugadores e instarles a que se cuidasen.

Pero H.H. tenía que escoger al eje de su juego, el hombre que daría alas a su sistema de juego, el líbero encargado de ayudar en defensa y ser el primero en organizar el ataque. La tarea recayó en Armando Picchi, que hasta entonces jugaba de lateral derecho. Con este cambio los italianos conquistarían el *scudetto* de 1963. La temporada siguiente fue la de la consagración con la conquista de Europa frente a un Real Madrid CF muy entrado en años que tenía aún como estandartes a Di Stéfano y Puskás. Los merengues fueron ampliamente sobrepasados por la disposición táctica de H.H. y la mayor capacidad de juego y superioridad física mostrada por parte del Inter. El centrocampista Carlo Tagnin secó a Di Stéfano, que jugaría su último partido con la camiseta blanca, y el Inter ganó su primera Copa de Europa. El Inter se llamaría de aquí en adelante Grande Inter. A finales de ese año conquistaría su primera Copa Intercontinental, al vencer al Independiente de Avellaneda argentino en el partido de desempate.

El año 1965 fue el mejor de toda la historia del club italiano. Un nuevo *scudetto* cayó a la saca y de nuevo se plantó en la final de la Copa de Europa venciendo al SL Benfica de Eusébio. De nuevo gana la Copa Intercontinental, otra vez contra el Independiente. En 1966 se consigue otro *scudetto*, el décimo, lo que le da derecho a adornarse con una estrella encima de su escudo, pero esta vez cae en la Copa de Europa en semifinales contra el Real Madrid «ye-yé», dicho que provenía de la canción *She Loves You* de The Beatles, que ese año se alzaría con la sexta Copa de Europa tras vencer en la final al sorprendente Partizán de Belgrado por 2-1.

El canto del cisne sería en 1967, cuando los italianos perdiesen la final de la Copa de Europa ante el Celtic de Glasgow, momento en el que el fútbol británico había vuelto a la cúspide del mundo, no solo por el Celtic, sino por el Manchester United FC y la selección inglesa. El *catenaccio* no murió, pero sí que varió, ya que hoy en día lo entendemos como un sistema ultradefensivo cuando es todo lo contrario, el equipo se arma desde la defensa pero debía de atacar de forma letal, rápida y eficaz. La figura del líbero se instauró en el fútbol, y tendría al alemán Franz Beckenbauer como su máximo exponente a principios de la década de los setenta.

Hacia el Mundial de los ingleses

El 22 de agosto de 1960, en Roma, Italia, se decidió que Inglaterra, la inventora del fútbol moderno, acogiera el Mundial de 1966. La elección fue principalmente por dos motivos: la celebración del I Centenario del nacimiento de este deporte, acaecido en el ya lejano 1863, y el tesón de Stanley Rous, presidente de la FIFA desde 1961, quien había sustituido al también inglés Arthur Drewry. A Rous se le debe que los mundiales de fútbol ya fueran televisados por todo el mundo y fue pionero al permitir elementos de publicidad comercial en los estadios de fútbol con la contratación de empresas que colocasen paneles publicitarios en los partidos, especialmente en los Mundiales de 1966 y de 1970, lo que empezaba el fenómeno de la globalización del fútbol a través de los medios de comunicación y buscaba otros medios económicos que no fuesen solo las entradas que se vendían en los estadios, lo que convertía poco a poco a la FIFA en una organización no exclusivamente deportiva, sino también comercial. Sin embargo, Rous no permitió, pese a esta incipiente globalización, dar plazas directas de clasificación para el Mundial a países de África y Asia, pues argumetaba que su nivel futbolístico todavía era demasiado bajo para ello. Tampoco fue acertado promover la participación de Sudáfrica en las competiciones internacionales pese al *apartheid* existente, porque a la larga beneficiaba la segregación racial y permitíaque solo los *blancos* pudiesen tener el derecho. Eso sí, fue el encargado de actualizar algunas de las reglas de juego (pues fue árbitro de joven) que, desde 1938, llevaban sin hacerse. El tema del cambio de reglas lo iréis viendo a lo largo de las siguientes páginas.

La fase final sería acogida por dieciséis selecciones: diez europeas, cuatro sudamericanas, una de América del Norte, más otra plaza que debía salir de África y de Asia, lo que provocó la protesta de las federaciones, especialmente las africanas, por el tema antes comentado de no tener derecho a una plaza fija y que causó la retirada de las quince federaciones que hasta ese momento componían la CAF, más Siria y Corea del Sur.

CASI SIN COPA

El 20 de marzo de 1966 se produce un inusual hecho, la copa Jules Rimet, que estaba flamantemente exhibida en una exposición de filatelia en el corazón de Londres, concretamente en el Westminster´s Central Hall, fue robada. Toda Scotland Yard y hasta Sherlock Holmes resucitado se puso en búsqueda del trofeo. No hay una pista fiable y sí las cartas de un tal Jackson pidiendo un rescate de quince mil libras en billetes usados de una y cinco libras firmadas, aunque luego, en otra carta rectifica, y dice que los quiere de cinco y diez. La pista da a parar a un hombre que trabajaba en los muelles, pero resultó que no era el culpable. Pasan los días y el desánimo se apodera de los ingleses, que empiezan a recordar que, en 1895, la copa originaria de la FA Cup había desaparecido y jamás volvió a saberse de ella. Pero una mañana, un perrito llamado Pickles de color blanco y con manchas negras, en compañía de su dueño David Corbett, encuentra algo tras un seto envuelto en papel de periódico. El dueño, al ver la insistencia de su perro, se acerca, coge el papel envuelto y ¡*voilà*!, aparece la copa. El hombre la entrega a Scotland Yard, recibe una recompensa de seis mil libras y el perrete es considerado héroe nacional, incluso recibe comida gratis para toda la vida de una marca de comidas para perros y sale en todos los diarios y televisiones del mundo, lo que deja de lado y olvidados a dos perros que habían sido célebres en su día: la perrita soviética Laika, que viajó al espacio, y al famoso Rin Tin Tin estadounidense. El ladrón nunca apareció e incluso Scotland Yard investigó por un tiempo a Corbett, pero nunca pudo reunir pruebas. Tras este curioso hecho, el Mundial comenzó el 11 de julio. Lo ganaría Inglaterra.

La creación de la Confederación Oceánica de Fútbol

En noviembre de 1966, se funda la llamada Oceania Football Confederation (OFC), la última de las seis confederaciones actuales. Ya la idea se había barajado en 1964 cuando Stanley Rous, Jim Bayutti (presidente de la Australian Soccer Federation) y Sid Guppy (presidente de la New Zealand Football Asocciation) pensaron que era hora de crear la confederación, aunque la cosa no fue fácil, ya que años atrás, en 1959, hubo desavenencias entre Australia y la FIFA. Estas desavenencias venían de la formación de una liga independiente en Nueva Gales del Sur que tenía visos de convertirse en el nuevo el Dorado, como lo había sido Colombia a finales de los años cuarenta y principios de los cincuenta, con la llegada de jugadores profesionales de Austria, Holanda o Israel. La FIFA instó a que la federación australiana pusiera fin a esta aventura, pero fue incapaz. Tanto es así que en Roma, en 1960, la FIFA expulsaría a Australia del organismo hasta que reestableciera el orden en su país en cuestiones futbolísticas, a pesar de que los dirigentes australianos se empecinaron en convencer de que aquello era en contra de su voluntad y que los inmigrantes llegados habían arribado al país para empezar una nueva vida profesional, en lo laboral, más allá del fútbol. La solución era complicada, pero, en 1962, la mayoría de los inmigrantes regresaron a sus países de origen, lo que propició un acercamiento entre australianos y la FIFA que terminó con la vuelta de los primeros y la culminación, en el ya citado 1966, de la creación de su propia confederación.

Los países integrantes serían, en un principio, Australia, Nueva Zelanda, la República de Fiyi y Papúa Nueva Guinea. En 1969, se adhiere Nueva Caledonia tras obtener autonomía en lo deportivo con respecto a Francia. Cuatro años más tarde, la confederación crearía un campeonato de selecciones que se llamaría Copa de las Naciones de la OFC, que, por entonces, se iría alternando con los llamados Juegos del Pacífico, instaurados en 1963, pero que excluían a Australia y a Nueva Zelanda. Estos Juegos del Pacífico, más tarde llamados Juegos del Pacífico Sur, habían presenciado hasta 1973 cuatro ediciones, la de 1963, 1966, 1969 y 1971, de las que la primera fue ganada en el torneo de fútbol por Nueva Caledonia al imponerse a la República de Fiyi. La edición de 1966 fue conseguida por Tahití, que venció 5-2 a Nueva Caledonia, la cual se resarció en 1969 al lograr su segundo oro con la revancha frente a los tahitianos. En los Juegos de 1971, Nueva Caledonia se hizo con su tercer entorchado al vencer a la sorprendente Nuevas Hébridas, nombre que llevó Vanuatu desde 1951 a 1980, por 7-1.

La primera edición de la Copa de las Naciones de la OFC se celebró en Nueva Zelanda y no contó con la participación de Australia. Nueva Zelanda no tuvo demasiados problemas para acabar primera, salvo un empate a uno contra Tahití, y disputó la final precisamente teniendo como adversarios a los tahitianos, y ganó. El siguiente campeonato se celebró ya en 1980 y, esta vez, sí que contó con los australianos. De hecho, Australia venció a Tahití en la final por 4-2.

En 1963, el Campeonato Sudamericano tuvo la sorpresa de la victoria de Bolivia, contra todo pronóstico, al ganar a Brasil en la última jornada.

Tras cuatro años, el torneo volvió a disputarse y, por primera vez, hubo una eliminatoria previa clasificatoria que se eligió por sorteo en la que fueron excluidas Uruguay, por ser la organizadora de la edición, y Venezuela, porque por primera vez iba a debutar en el campeonato. Las otras seis selecciones (Argentina, Bolivia, Chile, Colombia, Ecuador y Paraguay) serían sorteadas para elegir a las cuatro que disputarían la eliminatoria previa, puesto que las otras dos se clasificarían directamente. Argentina y Bolivia tuvieron esa suerte, y las otras cuatro se enfentaron por dos puestos a partido de ida y vuelta. Chile-Colombia y Ecuador-Paraguay fueron los emparejamientos, de los que se clasificaron los chilenos y los paraguayos. Ya en la ronda final, en sistema de liguilla como siempre, Uruguay consiguió el campeonato al ganar en el último partido decisivo a Argentina por 1-0. Hasta 1975 no se volvería a disputar el Campeonato Sudamericano, pero esta vez bajo la denominación de Copa América.

Italia y Brasil, camino de la cima

El fútbol argentino de finales de los sesenta vivió una época dorada con la aparición de dos equipos que causarían sensación. El Racing Club de Avellaneda y el Estudiantes de la Plata. El primero protagonizó un milagro futbolístico, ya que, en septiembre de 1965, el equipo iba último en la liga argentina. Pero la llegada del técnico Juan José Pizzutti, alias el Cabezón, dio un giro copernical al equipo, que cortó ese flujo de cambios y encajó unas piezas que estaban descuadradas en el puzle táctico. Colocó a Alfio Basile de central junto con Roberto Perfumo, y con Ruben Panadero Díaz, donde se reconvirtió en lateral izquierdo. Esto y una preparación física que puso en forma a los jugadores, que estaban sobrados de kilos, hicieron que, en tan solo catorce jornadas, el equipo pasara de ser último a quinto clasificado. Pero al año siguiente, con el equipo engrasado, se consiguió el título de liga, algo que no volvería a repetirse hasta el Torneo Apertura de 2001.

En 1967, jugó la Copa Libertadores, en la edición más extensa de la historia, con una primera y segunda fase, más la final. Llegó a la final en la que esperaba el Nacional de Montevideo. El partido de vuelta, tras empate a cero en la ida en el Estadio Presidente Perón, fue muy duro y violento, y debería haber acabado con varios expulsados. Sin embargo, el marcador no se movió y fue necesario un partido de desempate en el que el Racing Club ganó por 2-1. Pero el colofón fue la consecución de la Copa Intercontinental ante el Celtic de Jimmy Johnstone tras partido de desempate, 1-0, con gol de Juan Carlos Cárdenas. El Racing Club de Avellaneda se convirtió en el primer club argentino en ser el mejor del mundo.

El catenaccio de Helenio Herrera se implantó en Argentina y tuvo como máximo exponente al Estudiantes de la Plata, entrenado por Osvaldo Zubeldía. El club, conocido como Pincharrata, protagonizó la gesta de ganar tres Copas Libertadores consecutivas en 1968, 1969 y 1970, de llegar a otra final en 1971 y de ganar la Copa Intercontinental de 1968 ante el Manchester United FC de Charlton y Busby. Pero más allá de títulos, Zubeldía, cuando llegó en 1965, implantó un rigor espartano en un club en que los entrenamientos al borde de la extenuación se pusieron a la orden del día, e incluso les incluyó la llamada *pretemporada*, cuyo objetivo era la puesta a punto tanto física como tácticamente. Los resultados no llegaron enseguida, pero sí que, ya en 1967, consiguió ganar el recién instaurado Torneo Metropolitano tras vencer al Racing Club por 3 a 0 en la final. Este torneo estaba dividido en dos grupos cuyos dos primeros ganadores se clasificaban para las semifinales a único partido; lo que es

El Estudiantes de la Plata argentino, campeón de la Copa
Libertadores de 1968

el equivalente hoy en día al Torneo Apertura, pues la liga
argentina tiene dos fases: Apertura y Clausura.

La Copa Libertadores de 1968 la ganaron con
coraje, empuje y garra, además de talento. Estudiantes
se coronó frente al Palmeiras brasileño en partido de
desempate, y fue rey del mundo al ganar la Intercontinental
frente al mencionado Manchester United FC. La Copa
Libertadores de 1969 la ganó frente al Nacional de
Montevideo, mientras que, en la de 1970, venció al
máximo rival del Nacional, el Peñarol. Sin embargo
la Copa Intercontinental de 1969 contra el AC Milán
dejó un recuerdo triste por la dureza del partido, algo
que siempre se le achacó a Zubeldía, que propugnaba un
marcaje al hombre tan rígido que el arte de las patadas, las
zancadillas y los pisotones eran marca de la casa; lo que le
valió reproches desde Europa por el fútbol marrullero que
practicaba. El AC Milán se dio cuenta de ello en persona.
Aun así, a Estudiantes de la Plata y a Zubeldía se le debe
el honor de ser el primer equipo que ganó tres veces

consecutivas la Copa Libertadores, solo superado por las cuatro que el Independiente de Avellaneda conquistaría entre 1972 y 1975.

La Copa de Naciones de Europa de 1968, cuyo nombre cambió a Campeonato Europeo de Fútbol (UEFA European Football Championship) tuvo su fase final en Italia entre el 5 y el 10 de junio.

Las semifinales, celebradas ya en Italia, fueron curiosas, ya que tras el empate a cero entre italianos y soviéticos en la prórroga, el pase a la final se dio con una moneda a cara o cruz, y fueron los italianos los afortunados de poder disputarla. En la otra semifinal, Yugoslavia eliminó a los ingleses. La finalísima, el 8 de junio, dejó un final de partido que acabó en empate a uno en tiempo extra. Se pensó en decidir al campeón otra vez con el lanzamiento de la dichosa monedita, pero finalmente se convino disputar un partido de desempate dos días después, con victoria de los azzurri.

Los Juegos Olímpicos de 1968 viajaron a México, que había alcanzado un nivel de desarrollo notable en infraestructuras e instalaciones y ya había acogido los Juegos Centroamericanos y del Caribe en 1954 y los Juegos Panamericanos de 1955. Además, el COI ya llevaba tiempo pensando llevar los Juegos a algún país latinoamericano y creyó que ya era el momento. En México D.F. se recordará para siempre el famoso Black Power de los atletas estadounidenses Tommie Smith y John Carlos por los derechos civiles de la población negra del país.

En la modalidad futbolística, la clasificación para los Juegos dejó como recuerdo que los nipones consiguieron la mayor goleada de su historia al vencer 15-0 a Filipinas.

Ya en México, el torneo se dividió en cuatro grupos de cuatro selecciones, de los que las dos primeras pasarían a cuartos de final. A la final llegaron dos selecciones que estaban bajo la órbita soviética, fue ganada por los magiares con un apabullante 4-1 para los búlgaros.

La Copa CONCACAF de 1969 contó con seis selecciones participantes en la fase final tras una ronda preliminar en la que, por ejemplo, se descalificaron Honduras y El Salvador tras la llamada Guerra del Fútbol ocurrida en la fase de clasificación para el Mundial de 1970, como en breve os narraré. El ganador de esta edición sería Costa Rica, que en la última jornada empató con Guatemala a uno, que también llegaba con opciones, pero que tenía que vencer precisamente a los costarricenses para conseguir el título, algo que no pudo lograr.

En 1969 se creó la llamada Copa Interamericana, que enfrentaría al campeón de la Copa Libertadores y al de la Copa de Campeones de la CONCACAF. No se jugó todos los años y se disputó hasta 1998. En la primera edición, el Estudiantes de la Plata vencío al Toluca mexicano en partido de desempate, era ida y vuelta. La siguiente edición data de 1972, y el Nacional de Montevideo se impuso al Cruz Azul mexicano. Quizás la edición más sorprendente fue precisamente la última, en donde el Vasco da Gama, el primer y único equipo brasileño que la jugó, perdió ante el DC United de Estados Unidos. El Independiente de Avellaneda ha sido el club que más veces ha conquistado este torneo; tres, en 1973, 1974 y 1976.

México acogió la sede de 1970 para el Mundial de Fútbol, tan solo dos años después de los Juegos Olímpicos, hecho que indignó a los argentinos, que, por cuarta vez, habían presentado su candidatura y de nuevo fue desestimada por la FIFA, si bien ya habían sido elegidos para albergar el Mundial de 1978, pero ya se sabe, cuando hay prisa, lo demás no importa. La fase de clasificación contaría por primera vez con una plaza directa para África, si bien no pasó lo mismo con Asia, que tenía que compartirla con la recién creada OFC y en la que, además, participaría Rodesia, actual Zimbabue, excluida de la CAF en ese momento por el mismo problema que Sudáfrica, ya que solo jugaban jugadores blancos; aunque ya en 1969 el país permitió a la población negra poder vestir la camiseta de su selección.

Pero ocurrió uno de los hechos más tristes que se recuerdan en la historia del fútbol, y es que un partido fue el preludio de una guerra. Hablo del emparejamiento entre Honduras y El Salvador en un momento en el que ambos países tenía unas relaciones diplomáticas casi inexistentes, debido a que miles de salvadoreños, durante la década de los sesenta, habían emigrado (de manera ilegal la mayoría) a Honduras para trabajar en plantaciones agrícolas, y la población de acogida no veía con buenos ojos esta *invasión*. Pero en 1969 la situación se radicalizó debido a una reforma agraria en El Salvador que obligó a muchos campesinos a buscarse la vida fuera de su país, y Honduras seguía siendo el principal destino. El fútbol, por desgracia, acentuó este conflicto y sirvió de excusa para caldear el ambiente. Hubo numerosos disturbios en los dos encuentros que, encima, debieron enfrentarse de nuevo en partido de desempate en México el 26 de junio de 1969, donde ganó El Salvador por 3-2. Los salvadoreños afincados en Honduras lo celebraron a lo grande; era la primera vez que estaban muy cerca de clasificarse para un Mundial, pues faltaba otra ronda, pero esto fue tomado por los hondureños como una provocación, y estalló el conflicto debido a la violencia que los propios hondureños desplegaron contra sus vecinos en represalia. El Salvador respondió enviando a su ejército a Honduras y bombardeó el aeropuerto de Tegucigalpa. Menos mal que la guerra duraría cuatro días, ya que la Organización de Estados Americanos (OEA), creada en 1948, consiguió acabar con el conflicto, que podría haber tenido visos de ser a escala mundial. Por desgracia hubo miles de muertos y, aunque el fútbol no fue culpable de esto, se utilizó como excusa para hacer la guerra. El Salvador finalmente se impuso a Haití en la ronda final y fue al Mundial por primera vez en su historia.

Ya en México, el Mundial tuvo de todo. Sería la edición en la que las tarjetas amarilla y roja se usasen por primera vez para castigar las infracciones más graves, y también se permitirían dos sustituciones, lo que anteriormente solo el portero podía hacer por lesión. El tema de las sustituciones en la historia del fútbol es algo controvertido porque no se aplicó por igual en épocas y países. Normalmente, las confederaciones, cuando organizaban los torneos internacionales, convenían la necesidad de hacerlo o no y decidían bajo acuerdo. Por ejemplo, en el Campeonato Sudamericano, las sustituciones se hacían con total libertad desde que se implementó el torneo. La FIFA estuvo dividida en este aspecto, ya que muchas federaciones sí querían cambios y otras preferían el famoso dicho de «mejor se juega con diez que con once» en caso de lesión. El organismo internacional adoptaría una solución salomónica en los años cincuenta: el cambio por lesión del portero y la novedad de cualquier otro jugador lesionado, pero solo en la primera parte. Ya en el Mundial de 1970, los dos cambios podrían ser mediante lesión o no, y tanto valían si era un portero y un jugador o dos jugadores. Con respecto a las tarjetas, aunque en los anteriores había habido expulsados por juego violento, el Mundial de Inglaterra fue tan duro con algunos jugadores, en especial con Pelé, que se impuso la necesidad de las tarjetas; la amarilla como amonestación y la roja como expulsión.

Las dieciséis selecciones clasificadas también tuvieron la novedad de que el balón que se utilizara pasase a ser de color blanco y negro, con veinte hexágonos y doce pentágonos respectivamente, con lo que se reemplazaba a ese balón ya casi roñoso y marrón de dieciocho gajos que había estado presente desde 1930. El balón se denominaría Telstar y sería patrocinado por Adidas. La publicidad ya era parte del mundo futbolístico. El partido inaugural fue el México-Unión Soviética, que acabó con empate a cero y en el que el soviético Asatiani fue el primer amonestado en la historia de un Mundial, mientras que la primera sustitución también fue a cargo del equipo europeo. En el grupo 3 se asistió posiblemente a la mejor parada de un portero en la historia del fútbol, que ocurrió en el partido entre Brasil e Inglaterra. La jugada comienza por la banda derecha a cargo de Jairzinho, quien centra ante la llegada de Pelé al segundo palo y quien, tras un salto descomunal, consigue rematar de cabeza picando el balón hacia el suelo en un momento en el que el portero inglés, Gordon Banks (apodado el Chino por sus ojos rasgados), estaba en el primer palo y fue literalmente volando a defender al segundo tirándose por el balón, que, tras el bote, empezaba a elevarse, pero el portero consiguió desviarlo con la mano derecha e hizo que el esférico se perdiera por encima del larguero. Pelé llegaría a decir: «yo marqué un gol, pero Banks lo paró». Sin embargo, los ingleses perderían ante Brasil. Por fortuna, se clasificaron ambos a cuartos de final.

Tras la ronda de cuartos de final, las semifinales enfrentaron a Alemania Federal e Italia y a Uruguay contra Brasil. El partido entre los europeos es considerado, con permiso del Inglaterra-Hungría de 1953, como el partido del siglo para muchos y, sin duda, el mejor de la historia de los mundiales. La batalla épica entre dos colosos del fútbol mundial estuvo servida y pareció recordar las luchas entre germanos y romanos dos mil años atrás por la supremacía del mundo occidental. Jugado el 17 de junio en el Estadio Azteca, tuvo de todo: gran juego, emoción, goles, milagros, lesiones inoportunas, compañerismo a raudales y taquicardias para los aficionados de las dos selecciones. El partido

MARCOS UYÁ ESTEBAN

acabó con empate a 1. Habría prórroga, y esta fue un festival digno de la mejor actuación futbolística de todos los tiempos. Müller puso el dos a uno, pero Italia remontó para ponerse 2-3 con goles de Tarcisio Burgnich y Riva, aunque el infatigable Müller empató de nuevo.

A todo esto, el gran líder alemán Franz Beckenbauer se había lesionado el hombro y tuvo que jugar con el brazo en cabestrillo debido a que los dos cambios estaban ya agotados. La elegancia del Kaiser siguió patente a pesar de tener el brazo inutilizado, pues repartió juego en un momento cada vez más precario por el agotamiento físico y en donde la mayoría de los goles, si bien fueron conseguidos gracias al coraje y pundonor, también eran fruto de fallos en defensa y en rechaces. Sin embargo, a los germanos esto les sirvió de poco, ya que Rivera estableció el 4-3 definitivo para los italianos y consiguió el pase a la final. La otra semifinal dejó como recuerdo una sensacional jugada de Pelé en la cual, en vez de recibir y controlar el balón, lo deja pasar por debajo de las piernas engañando así al portero uruguayo, el gran Mazurkiewicz, que estaba al lado para intentar parar el contraataque brasileño. Sin embargo, el balón recogido por Pelé tras la jugada no acaba en gol por centímetros, ya que su disparo se marchó casi lamiendo la base del palo derecho. Es el otro *no gol* de Pele. La Canarinha se impuso por 3-1 a pesar de que Uruguay se adelantó en el marcador.

La final del Mundial de 1970 era la lucha por la supremacía mundial. Pelé venía de ganar el Mundial de 1958, en el que fue la estrella de Brasil con tan solo diecisiete años, y el de 1962, aunque apenas jugó por lesión. Sin embargo, tenía la espina del de 1966, ya que la selección no pasó de primera ronda y también tuvo que retirarse lesionado. En 1970, ya en plena madurez, era el momento de reivindicarse. Mientras tanto, el seleccionador italiano, Ferruccio Valcareggi, consciente del

Placa conmemorativa del partido entre Alemania Federal e
Italia de las semifinales de México 1970

poderío brasileño, puso un 4-4-2 defensivo con Mazzola
de enganche a la delantera para contrarrestar el empuje
brasileño, que, a pesar de tener un 4-2-4, tenía a una
pléyade de jugadores que perfectamente podían jugar
en el centro del campo, entre ellos Tostao, Rivelino y
Jairzinho (aunque partiesen de posiciones más adelanta-
das). El partido, también celebrado en el Estadio Azteca,
acabó con 4-1 a favor de la Canarinha. Los brasileños se
hincharon a jugar al fútbol a través de toques rápidos,
pases cortos y paredes con una superioridad técnica contra
la que Italia no pudo hacer nada. Brasil era campeona del
Mundo por tercera vez en su historia, Pelé seguía siendo
«O Rei» y México 1970 se convirtió en el mejor Mundial
de la historia.

8

La época del *fútbol total* y la globalización del deporte rey

El país de los tulipanes nunca había sido una potencia futbolística hasta los años sesenta. Solo había participado en dos mundiales (en los ya lejanos 1934 y 1938) en los que no pasó de octavos de final y, desde entonces, no se había asomado ni por equivocación a otro Mundial más. Ni siquiera en la Copa de Naciones de Europa, que se había disputado hasta 1968, había llegado a una fase final, y hay que remontarse casi a la prehistoria futbolística para desempolvar tres medallas de bronce consecutivas en los Juegos Olímpicos de 1908, 1912 y 1920. La cosa no pintaba nada bien, pero una serie de circunstancias pusieron en la órbita futbolística a una nación en la que estaban hartos de fabricar mantequilla y de mover molinos.

Holanda siempre estará ligada a uno de los futbolistas más emblemáticos de la historia (Johan Cruyff) y a un club (el Amsterdamsche Football Club Ajax o, simplemente, Ajax de Ámsterdam). El Ajax había conseguido algunos títulos en la liga de su país, que, a partir de 1956, se denominó, cuando ya se profesionalizó, Eredivisie. Pero en 1964, las cosas empezaron a cambiar para ir mejor aun. Cruyff, en ese año, había debutado de la mano del técnico inglés Vic Buckingham, principal valedor suyo y uno de los precursores del llamado *fútbol total*, que ya en los años treinta, si recordáis, había establecido sus primeras bases con el *Wunderteam* austriaco y después con la Hungría de Puskás. Pero sería la llegada del gran Rinus Michels lo que daría el viraje necesario para convertir al Ajax en una superpotencia en esto del fútbol. Si Buckingham desarrolló las primeras ideas de una nueva forma de concebir el fútbol, Michels no solo las perfeccionó, sino que rayó lo excelso.

Esta visión del fútbol no era totalmente nueva pero se adueñó de esta forma que siempre será recordada con el citado término de *fútbol total* (*totaalvoetbal* en holandés) y ligada al Ajax y a la selección holandesa. Michels había sido jugador del Ajax en los cincuenta y apenas tenía experiencia como entrenador cuando cogió las riendas de su exequipo. Sin embargo, instauró el llamado *pressing*, es decir, no dejar ni respirar al adversario y acosarlo sin tregua, como hacen algunos el sábado por la noche cuando salen a ligar, con el objetivo de recuperar el balón y atacar la portería contraria. Para ello, eran necesarias dos premisas muy básicas: condición física descomunal y una psicología muy desarrollada. Con eso, se conseguía que el rival, aparte de ponerse nervioso por lo que se le avecinaba, no tuviera apenas capacidad de reacción y se quedara sin espacios para mover la pelota; pero también había que estar cerca de los posibles receptores del balón, ya que, si el adversario superaba ese *pressing* y el cuero

Rinus Michels,
el gran artífice
del *fútbol total* y
padre del gran Ajax
holandés de Cruyff

llegaba a su destino, el sistema se vendría abajo y no habría servido de nada. Y cuestión fundamental es que, cuanto más cerca de la portería contraria para robar el balón, más fácil será poner en aprieto al contrincante.

Otro rasgo de este juego es que los laterales deben subir al ataque constantemente, lo que haría crear la llamada superioridad numérica, y que el balón se mueva rápido, para lo que se requiere un entrenamiento mental y desarrollo supino de la inteligencia en cuanto a ejecución y saber interpretar los espacios para sorprender al rival, lo que supone precisión, control y exquisita técnica de ejecución, amén de una constante movilidad en el juego, en especial en los desmarques. Esto haría que el jugador debiera anticiparse a la acción que iba a ejecutar observando la actitud de sus compañeros de equipo.

Con estas premisas, Michels cogió a un Ajax casi de la nada y lo transformó en un club con hambre de juego y de títulos. Éstos últimos no tardaron en llegar. En 1966, consigue su primera liga y, al año siguiente, liga y copa. En 1968, de nuevo la liga y la llamada Copa Intertoto, que, en aquel tiempo, era una competición casi de entretenimiento en los meses de verano hasta que cambió su formato como competición en 1995, al auspicio de la UEFA, cuyos tres ganadores de las tres finales de las que constaba el torneo se clasificaban para la Copa de la UEFA, la actual Europa League y la sucesora en 1971 de la Copa de Ferias. En 1969, llegaría a la final de la Copa de Europa, en la que perdieron con el AC Milán y, al año siguiente, repetiría liga y copa hasta que en 1971 empezaría a hacer historia de verdad, pues ganó la Copa de Europa ante la sorpresa de la competición en aquella edición, el Panathinaikos griego, entrenado entonces por Ferenc Puskás, con goles de Dick van Dijk y Arie Haan.

Pero si el sistema era innovador, Michels necesitaba grandes jugadores que lo ejecutasen. El más grande y fundamental no es otro que Cruyff, un superclase en esto del fútbol, delgaducho y sin casi músculo, pero con una calidad en sus botas digna de estudio. Aunque su posición natural era la de delantero, no era raro verlo bajar al medio del campo y coger el balón para empezar a regatear rivales, ya fuera por el centro o por las bandas. Tenía una velocidad y un cambio de ritmo sublimes, aparte de ser un maestro en el amague y el regate. Tampoco se quedaba atrás su visión de juego, siendo el perfecto ejecutor del sistema de su entrenador.

Pero Cruyff también llamaba la atención por su carácter inconformista. Hasta 1970 llevaba el número 9 a la espalda, pero en un encuentro ante el PSV Eindhoven, su compañero Mühren no encontraba su camiseta del número 7. Cruyff le dio la suya y en el cesto de las camisetas de los suplentes, cogió la del 14, y ya no se la volvería a quitar más. Esto era impensable en la época, ya que solamente se podía jugar con los dorsales del 1 al 11, pero

Johan Cruyff en sus inicios como futbolista

Cruyff hizo caso omiso a la Federación Holandesa y lo utilizó para siempre salvo cuando jugó en el FC Barcelona, ya que la normativa con respecto a los dorsales en España era inflexible e inquebrantable. Aún así popularizó su emblemático 14 en la selección holandesa y a Cruyff siempre se le ha conocido por ese distintivo.

Sin embargo, en 1971 Michels se fue al FC Barcelona, pero los títulos siguieron cayendo. Ya con el rumano Ştefan Kovács en el banquillo, el equipo holandés rehusó participar en la final de la Copa Intercontinental de 1971 como protesta tras el duro partido del año anterior entre Feyenoord y Estudiantes de la Plata, y que sería ganada por el Nacional de Montevideo frente al Panathinaikos. Pero al año siguiente hizo triplete, el Celtic ya lo había hecho en 1967, en 1972 al ganar la liga, la copa y la Copa de Europa tras vencer en la final al Inter de Milán. Como colofón a ese año ganó la Intercontinental frente al gran Independiente de Avellaneda. En 1973 ganó la liga y de nuevo la Copa de Europa —algo que ningún equipo hacía desde 1958 cuando el Real Madrid CF consiguió su tercer título— ante la Juventus, pero rehusó jugar la Copa Intercontinental de 1973 por problemas económicos, pese a sacar una buena suma de dinero tras la marcha de Cruyff al FC Barcelona en ese verano. Por su parte Kovács dejó el club para entrenar a la selección francesa. El ciclo triunfal del Ajax acabaría en Europa, siendo sustituido por el Bayen München, pero el *fútbol total* perduraría.

La Copa CONCACAF en los años setenta contó con el dominio de México, que se alzó victoriosa en las ediciones de 1971 y 1977. En la de 1973, disputada en Haití, la selección anfitriona dio la sorpresa al imponerse en una liguilla final a Trinidad y Tobago y a México. Los ochenta estuvieron marcados por alternancias, sin existir un dominador claro. La edición de 1981 fue ganada por Honduras, la de 1985 por Canadá, que además le sirvió para clasificarse por primera vez en su historia al Mundial de 1986, mientras que, en la de 1989, Costa Rica se llevó el gato al agua. A partir de los noventa, que se pasó a llamar Copa de Oro de la CONCACAF, el dominio ha sido por parte de Estados Unidos y México, salvo la edición del 2000, ganada por los canadienses. También se pasó del sistema de liguilla a enfrentamientos por ronda directa. Además, la sede del torneo se estableció en Estados Unidos.

El Campeonato Europeo de Fútbol de selecciones de 1972 tendría su fase final en Bélgica. En ella, la estrella del Alemania Federal-Bélgica sería Gerd Müller, un hombre bajito y con unas piernas descomunalmente anchas, pero con un remate de cabeza y de pies impresionante. Era un jugador de primer toque, no le hacía falta más, pues ese toque era para empujar el balón dentro de la red. Se ganó el apodo de Torpedo. Dos goles suyos hicieron que los alemanes se llevaran el partido y clasificarse para la final. La otra semifinal vio cómo los soviéticos se imponían a Hungría. La gran final mostró la superioridad y fiabilidad alemana que arrasó como un rodillo a los soviéticos, que se mostraron incapaces de superar a la inexpugnable defensa teutona con el leñero Hans-Georg Schwarzenbeck, de infame recuerdo para el Club Atlético de Madrid, y la exquisitez de Beckenbauer, con un centro de campo en el que destacaba Günter Netzer, creador de juego y con precisos y milimétricos pases largos que hacían las delicias del espectador y de los delanteros como Müller.

Tras la victoria alemana, precisamente los Juegos Olímpicos de 1972 se disputaron en Múnich (München), siempre recordados por aquel Septiembre Negro en el que varios terroristas palestinos, pertenecientes a una organización que llevaba por nombre el mismo Septiembre Negro, asesinaron a dos atletas israelíes y posteriormente ejecutaron a nueve rehenes tras un rescate fallido, en el que también falleció un oficial de policía alemán y cinco de los ocho miembros de la organización criminal. En cuanto a la modalidad de fútbol el oro fue para los polacos, con una generación de jugadores entre los que se encontraba Grzegorz Lato, que en un futuro daría de que hablar. Su victoria ante Hungría les hizo acreedores del dorado metal.

LOS TEMIBLES ONCE METROS

La Copa Asiática se disputó en 1972. Celebrada en Tailandia después de que Israel, en un principio la anfitriona, desistiera de organizarlo. Las semifinales dieron ganadoras a Irán frente a República Khmer y Corea del Sur ganó a Tailandia en una tanda de penaltis, que ya empezaban a implantarse por entonces, puesto que la FIFA, junto con la International Board, aprobaron esta forma de decidir al ganador tras una prórroga en junio de 1970. La final fue ganada, por segunda vez consecutiva, por Irán tras ganar a Corea del Sur.

Lo de la tanda de penaltis tiene una historia curiosa, ya que se documenta que la primera vez que se usó para dilucidar al ganador fue en un partido de la Copa de Yugoslavia de 1953, en el que el HNK Rijeka venció 4 a 3 en los penaltis y fue también normal su uso en la Copa de Italia a partir de 1958. En España se vio por primera vez en el prestigioso Torneo Ramón de Carranza de Cádiz de 1962, ganando en la tanda el FC Barcelona frente al Real Zaragoza, aunque se cree que el ejemplo más antiguo es de 1955 entre el Real Club Deportivo de la Coruña y el Vasco da Gama en un partido para homenajear al deportista Julián Cuenca el 26 de mayo de ese año. Como os decía, hasta 1970 no fue oficial que se ejecutasen los lanzamientos de penalti al final de la prórroga.

Ostracismo inglés

El Mundial de 1974 se disputó en Alemania Federal en un momento en el que en la población del país germano había desterrado al pasado nazi y la Segunda Guerra Mundial ya se consideraba muy lejana. Pero, a pocos días antes del comienzo, hubo cambio de presidente de la FIFA. Stanley Rous perdía las elecciones a favor del brasileño João Havelange, que auspiciaba un fútbol mucho más globalizado y había prometido, entre otras cosas, que el fútbol profesional llegaría a todos los rincones del planeta y a países en donde la tradición futbolística no era muy extendida, caso de los Estados Unidos, y que África y Asia contarían más para la participación de los mundiales. También impulsó la publicidad y la televisión con fines comerciales, con lo que los ingresos de la FIFA cuando organizara competiciones internacionales no derivarían ya de las entradas, sino de los derechos televisivos y de la publicidad de grandes marcas dentro y fuera del estadio en un mundo en el que la tecnología estaba cada vez más presente. La marca Adidas fue una de las principales beneficiadas, ya que contó con el respaldo del organismo internacional y fue la patrocinadora de las ropas deportivas de casi todas las selecciones de fútbol de la época.

La fase de clasificación en la zona europea estuvo marcada por un partido que sobresalió por encima de todos: el Inglaterra-Polonia del grupo 5, que se jugó en Wembley el 17 de octubre de 1973. Polonia llegaba con cuatro puntos e Inglaterra con tres, con lo que a los polacos les bastaba el empate y a los ingleses solo la victoria. El partido se calentó antes de comenzar cuando Brian Clough, técnico inglés que había entrado al Derby County, llamó clown ('payaso') al portero polaco Jan Tomaszewski, que —para qué nos vamos a engañar— con el pelaje característico de los años setenta, la nariz grande y redonda que poseía y con unos guantes negros que parecían más bien de pintor, dejados por su suegro, daba la sensación de que era pariente de Krusty el payaso. Pero los ingleses se llevaron un chasco, ya que Polonia empataría en Wembley con una actuación sobresaliente de Tomaszewski, que, entre que lo paró todo, que la defensa le salvó en alguna que otra ocasión y que los ingleses estuvieron fallones, llevó a su selección al Mundial. Inglaterra pasaba una época de vacas flojas y no volvería a la fase final de una competición internacional hasta 1980. El mítico seleccionador Alf Ramsey, campeón del mundo en 1966, fue cesado.

Se ha hablado incluso de una época oscura en el fútbol inglés, no solo auspiciada por los fracasos a nivel

Jan Tomaszewski, el portero que rompió las ilusiones inglesas. La fotografía corresponde al Mundial de 1974, en el partido que Polonia vence a Brasil por uno a cero en la lucha por el tercer puesto

de selección, sino también a nivel de clubes. Quizás esto es una exageración, aunque es cierto que, por ejemplo, en la Copa de Europa, habría que esperar hasta 1977 para ver de nuevo a un equipo inglés campeón: el Liverpool FC, que inauguraría una supuesta época dorada inglesa a nivel de clubes. Sin embargo, algunos entendidos no lo ven así, puesto que lo relacionan con la bajada de nivel de muchos equipos europeos, ya que el Nottingham Forest y el Aston Villa se sumarían al carro de las Copas de Europa, con dos y una respectivamente, entre finales de los setenta y principios de los ochenta por las cuatro que conseguiría el Liverpool FC. Además, el Leeds United FC llegaría a la final de la Copa de Europa de 1975; sin olvidar algún éxito anterior del propio Liverpool en la Copa de la UEFA, como los de 1973 y de 1976. Lo que pasa es que los ingleses, cabezones como siempre, se aferraban tácticamente al 4-2-4 y al fútbol directo sin demasiada técnica y sin elaboración del juego, y pensaron que, al ganar el Mundial de 1966, la hegemonía era de nuevo para ellos, algo que no ocurrió, y que no había de cambiar nada. Y así les va, al menos a nivel de selecciones, ya que los *pross* llevan desde ese año esperando ganar otro Mundial o inaugurar su palmarés en una Eurocopa de Naciones.

En cuanto al resto de grupos europeos, cabe destacar que el ganador del grupo 9 (la Unión Soviética) se disputaría la plaza con una selección de la CONMEBOL (que finalmente fue Chile) y que los soviéticos cayeron eliminados en un partido, el de vuelta, que es célebre por catalogarse como el partido de la vergüenza. Este, en el Estadio Nacional de Santiago el 21 de noviembre de 1973 en realidad no se disputó debido a que, poco antes (el 11 de septiembre), se había producido un golpe de Estado en el que el general Augusto Pinochet tomó las riendas del país y acabó con la vida del presidente Salvador Allende. La Unión Soviética, viendo la situación del país andino, decide no jugar el partido de vuelta, pero los chilenos y la propia FIFA intentan dar una sensación de normalidad cuando esta no existe y se juega el partido (¡sin los soviéticos!) en una pantomima que acabó con la asignación de un 2-0 como resultado. Hay que decir que, en África la afortunada fue Zaire, la primera selección del África negra de la historia que conseguiría tal hito. Australia también consiguió clasificarse por primera vez en un Mundial.

UN NUEVO *KAISER* Y LA EXÓTICA ZAIRE

El Mundial de 1974 se jugó entre el 13 de junio y el 7 de julio, con unas condiciones climatológicas, en ese comienzo de verano, horribles, pues llovía y había un tiempo impropio de la época. El mundo esperaba a ver qué tal se comportaba Zaire, la selección africana. Pero, por desgracia, pronto los prejuicios se cebaron con ella. Se les acusó de comer carne de mono, de traer hechiceros para hacer mal de ojo y mil historias más. Cierto es que la selección no tuvo ningún nivel, ya que acabó la primera fase con cero victorias, cero goles a favor y catorce en contra. Pero protagonizó la anécdota más impactante del Mundial en el partido que jugó contra Brasil. En una falta a favor de la Canarinha, antes de su ejecución, el lateral derecho de Zaire, Ilunga Mwepu, apareció como una exhalación para patear el balón y lo mandó casi a su país. En un principio, se creyó que la novata selección africana no conocía las reglas del juego y que pensaban que, al pitar el árbitro la falta, ya se podía disputar el balón, cuando en realidad la norma dice que, hasta que el equipo que ejecuta la falta no toque el balón, nadie puede hacerlo. El trasfondo es más complejo. Resulta que Mobutu, el dictador del país, había prometido recompensas a los jugadores de Zaire por disputar el Mundial. No cumplió ninguna y quizás el patadón de Ilinga Mwepu fue fruto de la frustración y no del desconocimiento de las reglas del juego.

En el grupo 3, Holanda empezó a carburar con su *fútbol total*, aunque también protagonizó la anécdota de traer a sus mujeres y novias al Mundial, aunque se alojasen en un hotel diferente; algo impensable hasta entonces, ya que se pensaba que el sexo debilitaba al futbolista antes del partido (mentira cochina). El seleccionador era Rinus Michels, que había cogido las riendas de Holanda y pensó que era mejor que los jugadores se desahogasen con sus mujeres y novias antes de que, a altas horas de la madrugada, buscaran placer por otros lugares y con diferentes compañías. Y le dio resultado, ya que fue primera de grupo.

En esta ocasión, las selecciones clasificadas no jugarían eliminatoria directa, sino una segunda ronda compuesta de dos grupos de cuatro en la que el primero de grupo jugaba directamente la final, y el segundo, el tercer y cuarto puesto. El tercer y cuarto puesto fue para los polacos, frente a Brasil, gracias a un gol de contraataque conseguido por Lato, el de la calva brillante.

La gran final, el 7 de julio, enfrentaba a dos concepciones de ver el fútbol muy diferente. Holanda tenía un fútbol más alegre y vistoso en el que lo más importante era la rápida circulación de balón, el *pressing* y que los jugadores fueran capaces de desenvolverse en cualquier posición. Además, contaban con Cruyff, el mejor jugador del mundo en aquel momento, un líder inquebrantable, y ganador del Balón de Oro de 1971 y 1973 (también conseguiría el de 1974). Enfrente, una Alemania Federal cuyo mariscal de campo era Beckenbauer, que obtuvo el Balón de Oro de 1972 y, más tarde, el de 1976. El orden defensivo y la táctica eran fundamentales en el Alemania Federal. Pero el partido empezó de manera curiosa en el Olympiastadion de Berlín. Holanda saca de centro, segundos después el balón lo coge Cruyff, que se va de todos los rivales germanos hasta penetrar en el área y es derribado por Uli Hoeness: penalti claro transformado por Neeskens en uno a cero a favor de Holanda (y ningún alemán había tocado el balón). No sabían si estaba inflado, desinflado, lleno de aire o con un sonajero dentro. Sin embargo, los alemanes, duros de mollera, poco a poco se sacudieron el dominio holandés y, en el minuto 25, empataron a raíz de otro penalti transformado por Paul Breitner, conocido como El Abisinio y seguidor del maoísmo. Alemania Federal se adelantó, al filo del descanso, en una jugada embarrullada que acabó en gol ejecutado por el de siempre, Müller, quien, en un complicado escorzo, consiguió alojar mansamente el balón en el fondo de la red. La segunda parte fue un quiero y no puedo por parte de Holanda y el marcador no se movió más. El fútbol fue para los holandeses, pero el título para los alemanes. Cruyff se quedó sin Mundial

Müller, Beckenbauer y el seleccionador alemán Schön tras
ganar la final del Mundial de 1974 a Holanda por dos a uno

y Alemania consiguió el segundo tras el de 1954. La
Copa del Mundo, entregada al capitán alemán Franz
Beckenbauer (el Kaiser alemán), ya no era la Copa Jules
Rimet, que fue dada a Brasil como propiedad tras conseguir su tercer Campeonato del Mundo en 1970, sino la
actual, hecha por el escultor italiano Silvio Gazzaniga, de
18 quilates, con un peso de unos seis kilos y con una base
de trece centímetros de diámetro con dos anillos concén-
tricos de malaquita. Representa a dos figuras humanas
que reciben y sostienen la Tierra.

EL BAYERN MÜNCHEN Y EL INDEPENDIENTE DE AVELLANEDA

Alemania Federal tenía como base a los jugadores del Bayern München, un equipo que, durante un trienio, sería el amo del fútbol europeo. A partir de 1964, con el ascenso a la Bundesliga, tuvo una época dorada que le llevó, entre otros títulos, a ganar la Recopa de Europa de 1967. Sin embargo, los setenta fueron triunfantes, a la vez que se construía un equipo casi imbatible, empezando por Sepp Maier, el mejor portero alemán de la historia, con grandes reflejos y agilidad, siguiendo por el ya citado Beckenbauer, Paul Breitner, que manejaba ambas piernas y que posteriormente se reconvirtió en centrocampista, el gran Müller y, en la última etapa de este gran Bayern, un jovencito llamado Karl-Heinz Rummenigge, delantero rápido, hábil y con olfato de gol. Pero sin duda, el artífice de los éxitos del club bávaro fue Udo Lattek, y que hizo, en torno a Beckenbauer, un equipo temible que sucedería al Ajax como dominador del fútbol europeo. En 1972 consiguió la liga, lo que le dio derecho a disputar la Copa de Europa del año siguiente, cayendo en cuartos frente al aún triunfante Ajax. Pero en las tres siguientes conquistaría la Copa de Europa. La primera, de infausto recuerdo para el Club Atlético de Madrid, en un partido de desempate que acabó a favor del conjunto bávaro. En 1975, sin Breitner, que se fue al Real Madrid CF, ganó a un sorprendente Leeds United FC y, al año siguiente, consiguió su tercer entorchado consecutivo al imponerse al Saint-Étienne francés, en un momento en el que el fútbol galo tendría unos años bastante fructíferos. También conseguiría la Copa Intercontinental de 1976 tras imponerse al Cruzeiro brasileño. A partir de 1977 la senda de triunfos se cortó. Beckenbauer se fue a América a jugar al Cosmos de Nueva York y en 1979 se retiró Maier, mientras que

Müller también se fue a Estados Unidos para fichar por el Fort Lauderlade Strikers.

Si el Bayern München dominó en Europa a mediados de los setenta, lo mismo se puede decir del Independiente de Avellaneda en América del Sur. La época dorada del club sucedería entre 1972 y 1975, aunque en los años sesenta también tuvo un momento mágico al ganar dos veces la Copa Libertadores en 1964 y 1965 y la liga de 1967. A principios de los setenta ganó el torneo Metropolitano en dos ocasiones, 1970 y 1971, pero sería en las competiciones internacionales donde aunaría sus mayores éxitos. Es el primer equipo que ganó cuatro veces seguidas la Copa Libertadores, entre 1972 y 1975. Independiente tenía a algunos jugadores clave de la época, entre ellos, el uruguayo Ricardo Pavoni, Daniel Bertoni, jovencísimo delantero en aquel momento, jugador de gran potencia y habilidad que se entendía a la perfección con otro de los grandes, Ricardo Enrique Bochini, conocido como el Bocha, cuya máxima virtud era la de asistente para realizar el último pase, dando lugar al término «pases bochinescos», referido a los pases milimétricos que este jugador daba al delantero para dejarlo solo en el mano a mano ante el portero. También conseguiría el título del Torneo Nacional de 1977. Respecto a la Copa Intercontinental, se alzó con el título en 1973, ante la Juventus FC, que había sustituido al Ajax, que por entonces era el Campeón de Europa.

En 1975 se volvió a disputar el Campeonato Sudamericano, ahora llamado Copa América, después de ocho años. Esta vez habría un nuevo formato y participarían las diez selecciones adscritas a la CONMEBOL. Se hicieron tres grupos de tres selecciones que jugarían una liguilla entre ellas a ida y vuelta, con lo que sería la primera vez que no habría una sede fija como hasta ahora siempre se había hecho. El primero de cada grupo pasaría a las semifinales junto con Uruguay, clasificado automáticamente por ser el campeón de la última edición. La final fue a doble partido entre Perú y Chile, haciendo necesario uno de desempate, puesto que ambos habían obtenido una victoria, en el que Perú se alzó con el título.

EL PENALTI MÁS FAMOSO DEL MUNDO

El Campeonato Europeo de Fútbol de 1976 tendría su fase final en Yugoslavia del 16 al 20 de junio. Ya en el país *plavi*, las dos semifinales fueron resueltas en la prórroga. Checoslovaquia hizo zumo para el desayuno con la Naranja Mecánica de Cruyff al vencer tres a uno, mientras que Alemania Federal pudo finalmente deshacerse de Yugoslavia en la prórroga. El tercer puesto fue para Holanda tras, también en la prórroga, vencer a Yugoslavia.

La gran final presentaba a la Alemania de Beckenbauer como la gran favorita ante una Checoslovaquia que había sido la sorpresa de esta edición. Los germanos tenían la oportunidad de encadenar un histórico triplete tras vencer en la edición de 1972 y el Mundial de 1974. El partido fue muy disputado. Sin embargo, tras ocasiones claras por ambas selecciones, el marcador llegó con empate a dos al final de la prórroga y llegaron a la tanda de penaltis. Y es aquí donde sale a relucir el nombre de Antonín Panenka. La tanda estaba discurriendo de manera normal hasta que Uli Hoeness falló su penalti lanzándolo tan arriba que por poco mata a un cuervo que pasaba por allí, y llegó la hora de la verdad. Si Panenka marcaba, Checoslovaquia era la nueva campeona de Europa. Coge carrerilla y con un suave toque eleva el balón que se cuela en el centro de la portería de Maier, que se había tirado a su lado izquierdo. Panenka accede al Olimpo de los dioses y deja a los germanos sin título. La forma de tirar el penalti, suave y picado en forma de vaselina, se bautizaría desde entonces como el Penalti a lo Panenka.

Los Juegos Olímpicos de 1976 se celebraron en Montreal, Canadá, elegida sede en 1970. Sin embargo, esta edición estuvo salpicada por el *boicot* presentado por los países africanos, que pidieron la exclusión de Nueva Zelanda por haber jugado un partido de rugby contra Sudáfrica, expulsada del COI por el tema político del *apartheid*. El organismo olímpico hizo caso omiso a las presiones y finalmente veintinueve países africanos no participaron en los Juegos como protesta. En cuanto al fútbol, dieciséis selecciones iban a disputar el torneo, pero la retirada de Nigeria, Ghana y Zambia, que habían obtenido su clasificación, lo dejó en solo trece. La final fue ganada por Alemania Oriental al vencer a Polonia.

El fútbol francés de finales de los setenta y primeros de los ochenta experimentó una bonanza especialmente en su liga, la Division 1 (Ligue 1 a partir del 2002) debido a dos futbolistas muy importantes de la época, Delio Onnis, futbolista italiano que se nacionalizó argentino, que jugó principalmente en el AS Mónaco y Tours FC, y Carlos Bianchi, también argentino, en su caso de nacimiento, apodado el Virrey, en el que protagonizaron un duelo de goleadores que acabó con el primero siendo el máximo goleador de la historia de la liga francesa, con 299 goles más cinco veces máximo goleador, tres veces consecutivas entre 1980 y 1982, y al segundo con un saldo de también cinco veces máximo goleador con dos clubes diferentes, Stade de Reims y París Saint-Germain, el primero en 1974, 1976 y 1977 y con el segundo en 1978 y 1979.

Pero la figura emergente sería un joven llamado Michel Platini, que había comenzado su carrera con el Nancy y estaba llamado a hacer grandes cosas en la selección francesa, de la que ya había sido su líder en los Juegos Olímpicos de Montreal, y en el fútbol mundial,

Delio Onnis en su etapa en
el AS Mónaco

especialmente en Italia con la Juventus FC, ya a partir de 1982. Antes había pasado por el AS Saint-Étienne, consiguiendo doblete de Liga y Copa de 1981 más la Copa de 1982, en un club cuya época dorada fue a finales de los años sesenta y mediados de los setenta, consiguiendo cuatro ligas entre 1967 y 1970 más tres ligas entre 1974 y 1976, seis copas de Francia entre 1962 y 1977 y tres supercopas de Francia consecutivas entre 1967 y 1969, sin olvidar que llegó a una final de la Copa de Europa, en 1976, perdiéndola ante el Bayern München. Contó con jugadores de la talla del argentino Osvaldo Piazza, Dominique Rocheteau o Salif Keïta, el primer jugador africano que triunfó en Europa, era de Malí, con una capacidad goleadora envidiable, 42 goles en la temporada 1970-1971 dan fe de ello.

UN RETIRO DORADO

Estados Unidos había empezado allá por principios del siglo XX muy fuerte en esto del fútbol y tuvo su recompensa en el primer Mundial, en donde quedó en tercer lugar, pero todo fue un espejismo ya progresivamente fue sufriendo un decaimiento de nivel del que aún no

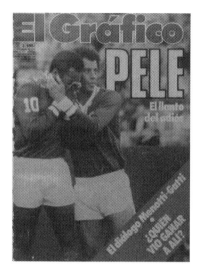

El retiro de Pelé en el
Cosmos de Nueva York

se había recuperado en los años setenta. Para fomentar un deporte que no estaba entre los más populares del país, la NASL, es decir, la North America Soccer League, creada en 1968, quiso impulsar el campeonato como destino para futbolistas europeos y sudamericanos que querían disputar sus últimos años como profesionales fuera de su ámbito, especialmente a partir de 1975, convirtiéndose la liga estadounidense en un cementerio de elefantes, pero que resultó efectiva ya que las audiencias televisivas se multiplicaron y los estadios se llenaron. Evidentemente contar con figuras de talla mundial como Pelé, Cruyff, Beckenbauer, Best, Eusébio, Müller o Chinaglia, engrandecieron y extendieron el fútbol entre los estadounidenses, teniendo al Cosmos de Nueva York como principal referente, que ganó los campeonatos de 1977, 1978, 1980 y 1982, contando en sus filas a los ya citados Pelé, Beckenbauer, Chinaglia y también con Carlos Alberto o Johan Neeskens. Sin embargo, a pesar de este florecimiento futbolístico, la NASL a partir de

1980 tuvo problemas económicos, ya que tras un final de década prometedora en cuanto a audiencia y publicidad, la gente empezó a ver menos el fútbol y preferían el baloncesto, fútbol americano o béisbol, y tanto las televisiones como los clubes comenzaron a sufrir pérdidas que se tornaron en irreparables. Tanto es así que muchos equipos dejaron de disputar la liga hasta que esta claudicó en 1985 debido a la falta de equipos, publicidad y de interés por parte de la población estadounidense. Hasta 1993 no se crearía una liga de nuevo, que sería conocida como la Major League Soccer, la MSL, que sigue en vigor hasta la actualidad.

LA SOMBRA DE LA SOSPECHA

El Mundial de 1978 se disputó en Argentina, que por fin había sido elegida sede después de que lo intentara inagotablemente en ediciones anteriores. Pero Argentina vivía en un momento político complicado, auspiciado por la dictadura impuesta por el teniente general Jorge Rafael Videla, que había protagonizado un golpe de Estado en 1976 al gobierno constitucional de María Estela Martínez de Perón y creado el llamado Ente Autárquico Mundial 78, que iba a supervisar la organización del evento, que finalmente costaría diez veces más de lo previsto y que sirvió de escaparate para la propaganda de la dictadura militar argentina.

Las dieciséis selecciones comenzaron su andadura el 1 de junio. Una anécdota proviene del grupo 3, en el Brasil-Suecia. En el minuto 90 de partido, hay un córner a favor de Brasil. Lo saca Dirceu por la derecha y Zico, la estrella emergente brasileña del momento, cabecea a la red. Hasta ahí todo normal, de no ser por el árbitro galés Clive Thomas, que no se le ocurre hacer otra cosa que mientras el balón está en juego hacia el área sueca, pitar el final del partido, invalidando el gol de Zico por considerarlo ya fuera de tiempo.

La segunda ronda, el grupo B, fue el grupo de la sospechas. En la tercera y última jornada llegaban Brasil y Argentina con tres puntos y Polonia con dos. La cosa estaba así, Brasil debía de ganar a Polonia, ya que si esta lo hacía, los polacos se clasificaban y podrían dejar fuera a Brasil si Argentina ganaba o empataba con Perú. Pero pasó algo que inició la sospecha y es que el partido entre Brasil y Polonia se jugaría a las 16:45 y el Argentina-Perú a las 19:15, es decir, que los argentinos sabrían el resultado del partido anterior y de ahí ya podrían hacer sus cábalas. Brasil ganó 3-1 y se clasificaba para la final a falta del partido posterior. Ahora bien, a Argentina no le bastaba con solo ganar, sino que debía de ganar como mínimo por cuatro goles más que su rival para acceder a la final. Y pasó que Argentina ganó 6-0, en un partido en el que el portero peruano, Ramón Quiroga, rosarino de nacimiento, parece ser que se dejó encajar ciertos goles, o que al menos pudo hacer algo más en alguno, fruto de haber sido sobornado. También se cuenta que el propio dictador Videla fue al vestuario argentino antes del partido y de paso visitó al peruano. Sea como fuere, Argentina se clasificó para la final y Brasil quedó fuera.

La final se disputó en el estadio Monumental de Buenos Aires el 25 de junio. Los argentinos calentaron el partido para intimidar a los holandeses, metiendo presión por dónde pudieron. El partido discurrió entre idas y venidas, pero daba la sensación de que Argentina controlaba el encuentro ante una Holanda en la que si hubiera estado Cruyff, que se negó a participar por diversos motivos, quizás las cosas hubieran sido diferentes. Tras empate a uno en los primeros noventa minutos, la prórroga fue pura suerte para los argentinos, que consiguieron dos goles en jugadas a trompicones y de rechace,

Lance del juego en la final del Mundial de 1978 entre
Argentina y Holanda

si bien la suerte claro que influye en el fútbol, que pusieron el definitivo 3-1 en el marcador.

El artífice de la victoria de Argentina, dejando temas políticos aparte fue, sin duda, César Luis Menotti, que ya había dejado fuera de la lista final a un joven imberbe llamado Diego Armando Maradona. Menotti, el Flaco, antepone al jugador ante el equipo porque cree que debe ser capaz de resolver los problemas dentro del terreno de juego para que beneficien al colectivo. La táctica es importante, sí, pero no lo es todo, ya que cualquier eventualidad en el partido da al traste con dicha táctica, con lo decide primar la técnica sobre esta. Menotti hizo famoso el término del «achique», que no es solo referido a achicar espacios, en donde los jugadores debían de ser solidarios, sino a utilizarlos para sobre todo hacer circular el balón, esto es, crear un espacio libre al que dirigir la pelota que debe de ocupar el jugador para recibirla, lo que traducido sería algo así como el pase al hueco. Por ello dota a la circulación del balón como algo fundamental, más que el correr. El esférico debe de correr, no el jugador.

La Copa de África de los años setenta, tuvo hasta cinco ediciones con cinco ganadores diferentes. En 1970 ganó Sudán, en 1972 se presenció la victoria de Congo, dos años más tarde Zaire se llevó el triunfo, en 1976 el turno le correspondió a Marruecos y en 1978 le tocó a Ghana.

La Copa América volvió a celebrarse en 1979. Los diez equipos participantes de la CONMEBOL se disputaron el título dividiéndose en tres grupos de tres en el que el primer clasificado pasaba a las semifinales en donde esperaría Perú, campeón de la edición anterior. Las semifinales se desarrollaron con la eliminación inesperada de Brasil frente a Paraguay y la clasificación de Chile al derrotar a Perú. La final entre chilenos y paraguayos acabó con una victoria cada uno, con lo que hubo que jugar partido de desempate, que finalizó con empate a cero. El campeón sería Paraguay por mejor diferencia de goles.

Los ochenta empezaron con el Campeonato Europeo de Fútbol de Selecciones, cuya fase final sería en Italia, en el que, por primera vez, participarían ocho selecciones en vez de cuatro. La fase final estuvo dividida en dos grupos de cuatro selecciones. La primera de cada grupo, copiando otros formatos de otras competiciones, pasaba a la final, y la segunda se jugaría el tercer puesto. El tercer y cuarto puesto fue para Checoslovaquia tras imponerse en la tanda de penaltis, por 9 a 8; una de las más largas que se recuerdan tras el fallo del italiano Fulvio Collovati.

La final, en el Stadio Olímpico de Roma, entre Alemania Federal y Bélgica, representaba a dos selecciones que, en teoría, habían tenido caminos muy opuestos.

Los alemanes llegaban por tercera vez consecutiva a la final después de vencer en 1972 y caer en penaltis en 1976, mientras que Bélgica era una pipiola en esto de las finales. Entre los alemanes destacaba Bernd Schuster (un chavalín con una calidad y visión de juego impresionante y más rubio que los integrantes de ABBA). Bélgica, que jugaba con rapidez, pases cortos y un fútbol directo de ataque, puso en aprietos a los germanos; aunque estos finalmente se impusieron.

Los Juegos Olímpicos de 1980 tuvieron como sede a Moscú. Allí pasó el famoso *boicot* de Estados Unidos por la presencia soviética en Afganistán, que arrastró a más de ochenta países, incluyendo China, Argentina, Japón o Alemania Federal. En cuanto al fútbol, pasó que con el *boicot*, la cosa se quedaba tiritando en cuanto a selecciones representadas, y fueron invitando a aquellas que habían sido eliminadas en la última ronda por los países que hacían el *boicot* o a las clasificadas justo después de estas. A la final, llegaron Checoslovaquia y Alemania Oriental, que acabó 1-0 para los primeros.

La Copa Asiática de 1980 se disputó en Kuwait y surcoreanos y kuwaitíes jugaron la gran final, favorable a los segundos, mientras que Irán consiguió la tercera plaza tras deshacerse fácilmente de Corea del Norte. La edición de 1984 coronó campeón por primera vez a Arabia Saudí tras vencer 2-0 a los chinos. En 1988 Los surcoreanos y los hijos del desierto, avanzaron a la final, siendo Arabia Saudí la ganadora por penaltis.

La Copa de África de 1980, celebrada en Nigeria, las Águilas Verdes se alzarían con el título al imponerse a Argelia. La edición de 1982, fue ganada por Ghana tras vencer a anfitriona Libia en la final en la tanda de penaltis. Zambia fue tercera tras derrotar en la final de consolación a Argelia. El argelino Rabah Madjer, que después jugaría en el FC Porto, fue elegido mejor jugador del campeonato.

Partido entre Arabia Saudí y China en la final de la Copa de
Asia de 1984

A partir de 1980, la Copa Intercontinental se celebraría en Tokio hasta el 2002, y pasaría a jugarse a partido
único en vez a ida y vuelta. La primera edición la disputaron el Nacional de Montevideo y el Nottingham
Forest FC inglés. Los charrúas consiguieron el primer
nuevo trofeo al vencer por 1-0. Los ochenta fueron de
claro dominio sudamericano, solamente roto por la
Juventus de Turín en 1985 y el AC Milán en 1989. El
Nacional de Montevideo repetiría en 1988.

LIVERPOOL FC: «NUNCA CAMINARÁS SOLO»

Sin embargo, el Liverpool inglés fue el dominador del
fútbol europeo de finales de los setenta y principios de
los ochenta. A partir de 1973, al ganar la liga y la Copa
de la UEFA, encadenó una década de grandes éxitos,
refrendados por la consecución de cuatro Copas de
Europa en 1977, 1978, 1981 y 1984, otra Copa de la
UEFA en 1976, más siete títulos de liga entre 1976 y

1984 y una Supercopa de Europa en 1977, sin olvidar la FA Cup de 1974. El impulsor de estos éxitos fue el escocés Bill Shankly, cuya filosofía, más allá del terreno de juego, era que un club debía de respetar a sus jugadores, al entrenador y a los seguidores, y que solamente debía de preocuparse de pagar los salarios. Pero si Shankly, un gran líder cuyo mérito fue inculcar un espíritu ganador a los suyos, hizo que el Liverpool FC empezara a codearse con los grandes de Europa, sería Bob Paisley, el que lo situase en la cumbre. Fue un entrenador inglés que se adaptó al fútbol del continente huyendo de los pases largos, pelotazos y balones «a la olla» que tanto caracterizaban al fútbol inglés, y aunque no significó que dejara de utilizarlos, impuso un sistema de juego en el que el equipo inglés debía de ser el dueño de la posesión, y así evitar y parar los contraataques del contrario. La versatilidad era una de sus armas, y también hizo posible que no solo el equipo parase las acciones ofensivas del contrario, sino que el fútbol de contraataque fuera una seña de identidad del Liverpool FC, en donde todavía se utilizaban los extremos. En estos años, el club inglés tuvo jugadores carismáticos, como Kevin Keegan, Balón de Oro en 1978 y 1979 ya con el Hamburgo SV y poseedor de unas cualidades innatas como la explosividad y la rapidez o Kenny Dalglish, posiblemente el mejor escocés de la historia, con permiso de Denis Law, Balón de Plata en 1983, de potentísimo disparo, rapidísimo y con una llegada brutal.

Tampoco hay que olvidarse de jugadores como el jovencito galés llamado Ian Rush, el mejor de la historia de su país, si Ryan Giggs y Gareth Bale están de acuerdo. El epílogo de este gran equipo llegó en 1985 en la final de la Copa de Europa contra la Juventus FC de Platini, más recordada por la Tragedia de Heysel, que dejó 39 muertos en una avalancha de aficionados, la mayoría italianos, cuando se encontraron sin escapatoria entre el muro de la grada y las vallas protectoras, a causa de que seguidores radicales del Liverpool tiraron objetos y se abalanzaron contra ellos, provocando un callejón sin salida. El Liverpool FC perdió la final, 1-0 gol de Platini de penalti, y los equipos ingleses, a raíz de este hecho, fueron sancionados por la UEFA cinco años sin poder disputar competiciones europeas. Era el auge del llamado *hooliganismo* inglés en el que hinchas radicales se ponen hasta arriba de alcohol y realizan actos vandálicos, peleas multitudinarias y utilizan la intimidación y la violencia como armas de ataque, frente a otros hinchas exaltados o simplemente con quien se les ponga por delante. Aun así esto no debe desmerecer el mérito de este gran equipo, que hizo historia en el fútbol inglés y en el europeo. En las entrañas de su Estadio de Anfield siempre retumbará el famoso «You'll never walk alone», es decir, 'nunca caminarás solo', que proviene de una canción compuesta en 1945 para un musical, llamado *Carousel*, en Broadway.

EL MUNDIAL DE LAS ANÉCDOTAS

El año de 1982 fue el del Mundial de España. España había dejado atrás la dictadura franquista y estaba completando la Transición, con lo que el evento tenía una trascendencia no solo deportiva, sino política, que serviría para catapultar a un país que ya se había apuntado a la senda democrática y del modernismo. Por primera vez, la fase final acogería a veinticuatro selecciones, en vez de dieciséis, lo que daba la posibilidad de que más equipos, *a priori* modestos, pudieran disputar el torneo.

El Mundial de España comenzó el 13 de junio con Naranjito como mascota. El formato de competición fue: seis grupos de cuatro selecciones y las dos primeras pasarían a una segunda fase de cuatro grupos, de tres selecciones cada uno, en los que la primera de grupo se clasificaría para semifinales. El partido inaugural fue

Balón del Mundial de España de 1982. Autor: Sailko.

Argentina-Bélgica, con la expectación de ver a Maradona en un Mundial. Pero se llevaron un chasco, ya que los belgas ganaron y Maradona apenas pudo tocar pelota tras un férreo marcaje de Gerets. Hungría, pese a ganar a El Salvador y protagonizar la mayor goleada de la historia de los mundiales, quedaría fuera en la primera fase. En la selección salvadoreña jugaba «Mágico» González, un tipo que hizo del fútbol una maravilla del arte. La lástima es que nació en un país en donde el fútbol, aunque era tradición, no está al nivel de los más grandes, y también su indisciplina era un hándicap, ya que, según él mismo decía, jugaba solo para divertirse y cuando quería. Y sí que lo hizo, pero su carácter anárquico quizás le impidió ser más de lo que fue. Aun así, es una leyenda viva del fútbol mundial.

Sellos fabricados en Rumanía conmemorando la celebración
del Mundial de España 1982

En el grupo 2, se produjo una de las mayores
vergüenzas de un Mundial. Fue en la última jornada
y Argelia, tras ganar en la primera a Alemania Federal,
tenía opciones de pasar a la segundar ronda, al igual que
alemanes y austriacos. Argelia juega antes contra Chile y
los africanos ganan y se sitúan con cuatro puntos. Esto
les hacía líderes a falta del Alemania Federal-Austria. Los
austriacos tenían cuatro puntos y los germanos dos. Si
Alemania Federal ganaba a Austria por una diferencia de
solo uno o dos goles, ambos equipos se clasificarían. Si era
por tres o más goles, los austriacos quedarían eliminados
a favor de Argelia. Si los alemanes empataban, quedaban
fuera.

El partido empezó bien; algo de tanteo (pero con
algunas jugadas) hasta que, en el minuto 11, Hrusbech

marca gol para Alemania Federal (1-0). Y he aquí el principio de la vergüenza, ya que el partido empezó a aletargarse sin que ninguna de las dos selecciones atacara, dedicándose a pasar la pelota. El 1-0 les valía a ambos para clasificarse. La cosa se pone peor en la segunda parte. No hay faltas peligrosas, apenas disparos a puerta, pases horizontales sin ninguna profundidad, etc. El público, en su mayoría españoles, empieza a darse cuenta de que hay *tongo*, una palabra que se refiere a hacer un amaño o *arreglo*; normalmente, si lo hay, con dinero de por medio. Los espectadores, indignadísimos, empezaron a gritar: ¡Argelia, Argelia!, pero el partido se acabó y, aunque Argelia recurrió a la FIFA, no sirvió de nada; las dos selecciones europeas pasaron a la siguiente ronda.

El grupo 4 encuadró a ingleses, franceses, checoslovacos y kuwaitíes. El partido entre Francia y Kuwait pasó a la historia por el paripé liado por un jeque kuwaití llamado Fahd al-Sabah, hermano del emir de Kuwait, y a la sazón presidente de la federación de su país, que protestó airadamente cuando Francia marcó el 4-1; con cierta razón, todo sea dicho, ya que alguien en la grada hizo sonar un silbato y los jugadores de Kuwait se pararon pensando que el árbitro, el soviético Stupar, había pitado algo y los franceses marcaron. Como no había sido el árbitro el causante, este no tuvo más remedio que dar el gol. Pero el jeque baja apresurado al campo y dice a los jugadores kuwaitíes que se retiren del terreno de juego ante el estupor general y convence al árbitro de que anule el gol. Ahora los franceses son los indignados. Finalmente se reanuda el partido y Francia, poco después mete el cuarto, que esta vez sí valió. Siempre me ha quedado la duda, si veis las imágenes, de qué demonios llevaba el jeque kuwaití en la maleta que traía consigo cuando bajó a protestar.

El grupo en el que jugaba España, que hizo un Mundial horrible, lo más trascendental fue el debut del norirlandés Whiteside como el jugador más joven que jamás haya debutado en un Mundial, con diecisiete años y cuarenta y un días. En el grupo 6, jugaba Brasil, entrenada por Tele Santana, que había reunido un equipazo y que apostó por un fútbol brillante, vistoso y espectacular, casi anárquico, pero que hizo disfrutar a propios y extraños. La cuestión era pasarlo bien en el campo y darle al fútbol un sentido colectivo jamás visto hasta entonces. Y al principio le fue bien en el Mundial, ya que consiguió ser primera de grupo tras golear a Escocia y a Nueva Zelanda tras vencer a la Unión Soviética.

La segunda ronda tuvo en el Grupo C, el Grupo de la Muerte que lo integraban Italia, Brasil y Argentina, su partido estrella entre italianos y brasileños. Aquí aparecería la figura de Paolo Rossi para desquiciar a los brasileños con un *hat-trick*. Brasil necesitaba el empate, e Italia ganar para pasar a las semifinales. Los brasileños jugaron un partido primoroso, pero cometieron muchos errores defensivos que fueron aprovechados por los italianos. El partido acabó 3-2 para los azzurri y la Brasil del «jogo bonito» eliminada.

Las semifinales enfrentaron a Italia y a Polonia. Los italianos se impusieron a doblete de Rossi, que seguía con la racha. Pero el partido entre alemanes y franceses tuvo de todo. Alemania Federal tenía a su estrella Karl-Heinz Rummenigge en el banquillo terminándose de recuperar de una lesión sufrida en primera ronda, y Francia contaba con Michel Platini en plena madurez. El partido tuvo sus idas y venidas y estuvo muy reñido. Pero, a los pocos minutos de empezar la segunda parte, sucedió una de las jugadas más controvertidas de los mundiales. Patrick Battiston, que acababa de ingresar en el terreno de juego, iba en la búsqueda de un balón vertical largo hasta que salió el portero Schumacher también a por él y hubo un choque entre ambos jugadores que se saldó con dos dientes volando y tres costillas rotas para

Paul Breitner, autor del gol alemán en la final del Mundial de España 1982. Aquí posa con la camiseta del Bayern München

el jugador francés. En realidad, Schumacher sí tenía la percepción de dónde estaba el balón; venía de frente, mientras que Battiston iba de espaldas. Sin embargo, no calculó la potencia de su salida y, al ir con la pierna derecha (concretamente con la rodilla levantada), impactó en la cara del pobre francés, que se desplomó en el suelo. Los galos querían comerse al alemán, que se alejó de la jugada para no meterse en mayores problemas. Battiston fue sustituido y el árbitro suizo Galler ni siquiera pitó falta. Con el 1-1, se llegó a la prórroga y los franceses llegaron aponerse con 3-1, pero los alemanes consiguieron empatar e ir a la tanda de penaltis. Allí, el resultado favoreció a los germanos cuando el francés Maxime Bossis falló el suyo. Alemania y el polémico Schumacher iban a la final.

El tercer puesto fue para una excelente selección polaca que venció 3-2 a una Francia debilitada y baja de moral por lo ocurrido en semifinales. En la gran final, el

11 de julio de 1982, se medían Alemania Federal e Italia. El partido acabó 3-1 a favor de los italianos y el alemán Paul Breitner se convirtió en el segundo jugador de la historia, detrás de Pelé, en marcar gol en dos finales de un Mundial. Italia sería campeona por tercera vez.

En la Copa América de 1983 las semifinales dejaron a Uruguay y a Brasil como finalistas. La final a doble partido vio la consagración de uno de los mejores jugadores charrúas de todos los tiempos, Enzo Francescoli, que acababa de fichar por el River Plate. Llamado el Príncipe, era un delantero con una exquisita técnica y toque de balón, con un gusto excelso en la forma de tratar el esférico. Francescoli, tras una etapa en Francia e Italia, volvería al River Plate ya en 1994 (hasta 1998) y ese considerado como uno de los ídolos del equipo *millonario*. Un señor dentro y fuera del campo. Uruguay venció a Brasil.

La fase de clasificación para el Campeonato Europeo de Fútbol de selecciones de 1984, que se celebraría en Francia, estuvo marcado por un partido: el España-Malta. Encuadrada en el grupo 7, su máximo rival era Holanda y, en la última jornada, Holanda ganó a Malta, a falta del partido de España-Malta, que se celebraría cuatro días después. Como solo la primera de grupo pasaba a la fase final, los españoles no solo tenían que ganar para clasificarse, sino que tenían que hacerlo por al menos once goles de diferencia, ya que, al empatar a puntos, un resultado menor favorecía por *golaveraje* a Holanda. Pero se produjo el milagro y España ganó 12-1 (la mayor goleada de su historia) frente a una Malta que se vio literalmente asediada por los españoles. Holanda, que ya contaba con una nueva hornada de jugadores Marco Van Basten, Frank Rijkaard y Ruud Gullit, tuvo que ver la fase final por televisión y conformarse con presenciar los últimos coletazos de Cruyff como jugador, que, a su vuelta al Ajax, se había inventado el llamado *penalti indirecto*, consistente en que, en vez de tirar el penalti, se pasaba el balón a un compañero y este tiraba a puerta o te devolvía el balón para disparar tú a portería y marcar.

Las ocho selecciones que jugaron la fase final quedaron encuadradas en dos grupos de cuatro. Tras la liguilla, los dos partidos de semifinales fueron vibrantes y emotivos. El Francia-Portugal necesitó de una prórroga para dilucidar al primer finalista. El tiempo extra acabó 3-2 para los franceses. En la otra semifinal, Dinamarca y España llegarían a los penaltis, y España pasó a la final después de que Elkjaer fallase el quinto y definitivo lanzamiento. La final, celebrada el 27 de junio en el Parc des Princes de París, fue ganada por Francia, que, en el minuto cincuenta y siete, se adelantó en el marcador tras una falta, inexistente, lanzada por la estrella francesa Michel Platini, que se coló debajo del cuerpo de Arconada, quien cometió el único fallo del torneo; por desgracia, se le recuerda más por esto que por sus memorables actuaciones. Francia alcanzó su primer título europeo y Platini, con permiso de Maradona, se convirtió en el mejor jugador del mundo y ganaría tres balones de oro consecutivos (1983, 1984 y 1985).

Los Juegos Olímpicos de 1984 se celebraron en Los Ángeles y presentaron para el fútbol algunos cambios. El COI quiso que los equipos participantes no fueran amateurs, sino profesionales, ya que veía cómo, en los últimos años, el fútbol en los Juegos se veía eclipsado por el Mundial. La FIFA no vio con buenos ojos esta decisión, con lo que llegaron a un acuerdo por el cual las confederaciones menos desarrolladas futbolísticamente, a excepción de la UEFA y la CONMEBOL, podrían presentar equipos profesionales, mientras que europeos y sudamericanos irían con escuadras juveniles cuyos participantes no hubieran disputado ningún partido de un Mundial. La finalísima la ganó Francia ante Brasil.

Camerún, la potencia africana del momento

La Copa de África vio el amanecer de Camerún como campeón por primera vez en su historia. Ya había disputado el Mundial de 1982 y comenzaría un periplo con el que duraría más de una década en la élite. La selección de 1984, que disputó (y ganó) la Copa de África, tenía como pilares a Thomas N´Kono y a Roger Milla. Este último había accedido a la élite bastante tarde y prolongaría su longeva carrera como futbolista hasta 1996, cuando ya contaba con cuarenta y cuatro castañas. Disputaría tres mundiales (aparte del de España, el de 1990 y 1994) y se convirtió en un referente para la selección africana por su forma de celebrar los goles al irse al córner a echarse un bailecito, algo que imitó medio mundo —hasta un servidor recuerda hacerlo en el patio del colegio— y causó furor en la época. Durante muchos años, jugó en Francia; entre otros equipos en el AS Mónaco o el SC Bastia. En 1986, Camerún quedó subcampeona de la Copa de África tras perder en la final con Egipto por penaltis, pero en 1988 la volvió a ganar otra vez. Si bien no se clasificó para el Mundial de 1986, sí lo hizo para el de 1990, y casi logra un hito histórico que hubiese quizás revolucionado del todo el fútbol africano si se hubiese clasificado para las semifinales. El Mundial lo ganó Alemania Federal.

9

El predominio de la táctica
sobre la técnica

LA MANO DE DIOS

Colombia era la designada para albergar el Mundial de
1986. El país cafetero tenía la ilusión de un niño por
Navidad al albergar tan importante acontecimiento. Pero
se enfrentó a dos problemas. La guerrilla colombiana,
las famosas FARC (Fuerzas Armadas Revolucionarias
de Colombia) y las exigencias logísticas imposibles de
cumplir que le impuso la FIFA, que nunca quedó claro
si tales exigencias eran para echar por tierra la elección de
la sede colombiana a la vista de los acontecimientos que
estaban sucediendo en el país sudamericano. Además,
la Federación Colombiana de Fútbol no podía asumir
los gastos que requerían el adaptarse a las condiciones
impuestas por el máximo organismo del fútbol. Tras
muchas deliberaciones, el país renunció a la organización
por problemas de seguridad y económicos. Finalmente

resultó elegido México, mientras que Estados Unidos lo sería para la edición de 1994.

El 31 de mayo dio comienzo a la fase final del Mundial. Las veinticuatro selecciones clasificadas se dividieron en seis grupos de cuatro, y se clasificarían esta vez dieciséis selecciones a una ronda de octavos de final, cambiando con respecto al formato del Mundial anterior. Esto implicaba que las dos primeras de grupo pasarían a la siguiente ronda más los cuatro mejores terceros. Tras la fase de grupos, el partido más importante de octavos fue el España-Dinamarca. Los daneses venían de hacer un extraordinario juego en la fase de grupos y se enfrentaban a una selección española que ya les había eliminado de las semifinales del europeo de 1984. Pero ese día el jugador español Emilio Butragueño, el Buitre, se consagró a nivel mundial, marcando un «póker» de goles frente a la Dinamita Roja.

Pero el partido más importante del Mundial fue Inglaterra-Argentina, y marca un hito en la historia de los mundiales y en la carrera de Diego Armando Maradona. Aún estaba reciente lo de la guerra de las Malvinas acaecida en 1982 entre ingleses y argentinos por la soberanía de aquellos territorios, y aunque el conflicto ya había finalizado, estaba todavía calentito. Ambos se consideraban vencedores de aquella guerra, aunque en realidad hoy en día ninguna de las dos tiene la soberanía efectiva, y el fútbol serviría para dirimir la contienda en el terreno de juego. Pero he aquí que entre un poco de suerte, chispa, ingenio y magia, Maradona se consagró como referente del fútbol mundial aquel día, tras quedarse fuera a última hora del Mundial de 1978 y acabar expulsado en España 1982. Era la hora de redimirse para el jugador por entonces del SSC Nápoles.

Sin duda había nacido para jugar al fútbol. Lo tenía todo, regate, remate, velocidad, control del balón, visión de juego, sentido táctico, una arrancada increíble. Hacía cosas con el balón casi imposibles y era un superdotado para los lanzamientos de falta, de donde sacaba las telarañas de las redes. Siempre tuvo problemas de peso, pero lo suplió con un pundonor y entrega inigualables. Sin embargo, la vida extradeportiva de Maradona fue tan intensa como dentro de la cancha. Drogas, litigios, declaraciones impertinentes o compañías no deseadas fueron parte de su existencia. Maradona puede gustar o no, pero es un fenómeno sociológico no solo en el fútbol sino en la calle, en especial en Argentina y en Nápoles, en esta última todavía se ven, servidor tuvo la oportunidad de hacerlo, retratos, grafitis y frases alusivas al genio argentino después de treinta años. También hay una iglesia, la maradoniana, que venera a Maradona como a un dios y tiene sus propios diez mandamientos que giran en torno a él. El partido entre ingleses y argentinos era de alto riesgo no solo por el conflicto armamentístico, sino por el posible enfrentamiento entre *hooligans* ingleses y los *barras bravas* argentinos, más cuando estaba muy reciente la tragedia de Heysel. El primer tiempo fue de tanteo pero en la segunda parte se desató el tornado de Maradona.

En el minuto 51, un mal despeje de la defensa inglesa hizo quedar el balón dividido entre el portero de los *pross*, Peter Shilton, y Maradona. Ambos saltaron y aunque el portero tenía ventaja, Maradona, con el puño pegado a la cabeza, golpeó el balón y se alojó en la portería. El árbitro dio gol pese a las protestas de los ingleses. Este gol se conocería como «la mano de Dios», ya que Maradona dijo posteriormente que Dios le había inspirado para hacer tal gesto. Pero por si quedaba alguna duda, en el minuto 55 se produjo la que según muchos fue la mejor jugada de todos los tiempos. Maradona coge el balón en mitad el campo, supera a cinco ingleses, con habilidad, velocidad y regate, y con la narración del periodista uruguayo Víctor Hugo Morales, impresionante

Maradona marcando el segundo gol argentino a Inglaterra en los cuartos de final del Mundial de México 1986, considerado el gol del siglo

e impactante, hasta le llamó «barrilete cósmico», bate a Shilton en un regate con su pierna izquierda y disparando con la misma, ante la salida de este. Era el gol del siglo. Sin embargo, los ingleses apretaron al final del partido y redujeron distancias por medio de Gary Lineker, gran jugador inglés y con un olfato tremendo de gol, no en vano sería el máximo goleador del Mundial.

Otro partido emotivo y uno de los mejores de la historia de los mundiales fue el Brasil-Francia. Estuvo lleno de alternativas con dos equipos que literalmente asediaron el área de su rival. Tras los noventa minutos, y con empate a 1, se llegó a la prórroga con una Francia con mejor físico pero incapaz de mover el marcador. La tanda de penaltis esperaba. En ella se produjo una situación rocambolesca cuando el francés Bruno Bellone disparó al poste y el rebote dio en la cabeza del portero brasileño, Carlos, con tal mala fortuna que la pelota acabó dentro

Maradona alzando la Copa del Mundo en el Estadio Azteca de México

de la portería. ¿Era gol? El árbitro rumano Igna lo dio, pero en aquel momento no había una ley específica ante ese tipo de situación. Posteriormente con la decisión de Igna se modificó cuándo era gol un penalti y cuándo no lo era, estableciéndose a grandes rasgos, que siempre que esté el balón en movimiento y no sea de nuevo tocado por el jugador o alguien del equipo que lo ejecuta, si entra en la portería, sea por rechace del poste o del portero, o bote extraño, es gol.

La final se disputaría el 29 de junio entre argentinos y alemanes. Argentina llegaba bajo la batuta de Carlos Salvador Bilardo, un técnico que se las tuvo tiesas con Menotti, de hecho en el mundo del fútbol argentino hay una corriente llamada menottista y otra bilardista, pero casi más provocada por sus rencillas personales que por sus diferentes planteamientos tácticos y sus respectivas metodologías de juego. Bilardo era mucho menos estético que Menotti en el sentido de que para él la táctica lo era todo, y primaba la disposición de sus jugadores en el terreno antes que su estilo o forma de juego. La seguridad y solidez defensiva eran fundamentales antes de organizar un ataque. A veces se le achacó ser demasiado defensivo, pero al contrario que Menotti, construía su equipo de atrás hacia adelante. Además Bilardo había sido un centrocampista defensivo, cuya labor era el marcaje y recuperación de balón antes que la llegada al área rival, por eso sus conocimientos futbolísticos los aplicó como entrenador y nunca se conoció a sus equipos por ser vistosos estéticamente con la pelota ni por practicar un fútbol alegre. Pero tenía la suerte de contar con Maradona. Enfrente estaba la fiabilidad de Alemania Federal, entrenada por Beckenbauer. Argentina fue por segunda vez campeona del Mundo y Maradona elevado a los altares.

En 1987 se disputó la Copa América con el formato habitual, tres grupos con tres selecciones cada uno y la primera se clasificaría a semifinales en dónde esperaría Uruguay, vigente campeona. Para las semifinales se clasificaron Argentina, Chile y la revelación, Colombia, que se impuso a Bolivia y Paraguay. La selección colombiana estaba ya entrenada por Francisco «Pacho» Maturana, seguidor del menottismo y que había reunido a una hornada de jugadores que darían de qué hablar en los años venideros: René Higuita y Carlos Valderrama.

René Higuita fue un portero excéntrico y moderno, capaz de lo mejor y de lo peor, con un gran juego de pies que hizo que, en parte, la FIFA modificase la regla, a partir de 1992, de que si un defensa le devolvía el balón al portero, este ya no podría cogerlo con las manos y debía de jugarlo con los pies, ya que incurriría en tiro libre indirecto, es decir, una falta en la que hay que tocar primero el balón antes de disparar. Pero Higuita se hizo famoso por hacer el «escorpión» en un partido amistoso en Wembley contra Inglaterra. Un centro dirigido a la portería hizo que el guardameta saltase como si fuera a hacer el pino de espaldas a la portería sin apoyar las manos, llegando a despejar el balón con la suela de sus botas. El otro jugador colombiano que marcó una época fue Carlos Valderrama famoso por su pelo a lo afro en versión rubia, pero un grandísimo centrocampista defensivo y creador de juego con una técnica exquisita y gran dominador del pase corto. Volviendo a la Copa América, las semifinales dejaron a Colombia eliminada tras perder con Chile en la prórroga y Uruguay sería, por segunda vez consecutiva, campeona de la Copa América.

A nivel de clubes, el año 1987 presenció la primera edición de la actual Liga de Campeones de la OFC, que se denominó Campeonato de Clubes de Oceanía, aunque no tendría la continuación necesaria, ya que no se volvería a disputar hasta 1999 si bien desde el 2005 es de forma anual. En 2007 se cambió el nombre por O-League hasta que en 2013 volvió a variar la denominación tomando el nombre que lleva hoy en día. El Auckland City de Nueva Zelanda es el club que más veces la ha ganado, nueve, la última en 2017.

ESTA VEZ, LA NARANJA MÉCANICA SE EXPRIME AL MÁXIMO

El Campeonato Europeo de Selecciones de 1988 tendría su fase final en Alemania Federal. Las semifinales enfrentaron a la Unión Soviética e Italia favorable para los primeros. La otra semifinal fue el partido de la venganza de los holandeses frente a los germanos tras perder la final del Mundial de 1974. Curiosamente, el seleccionador holandés era de nuevo Rinus Michels y los tulipanes contaban con una generación irrepetible de futbolistas y, por encima de todos, Marco van Basten. Van Basten, junto con el sueco Zlatan Ibrahimovic, sacó partido de su imponente altura para hacer un fútbol técnico y lleno de sentido común además de poseer un remate letal. Jugador del Ajax y del AC Milán, ganó los balones de oro de 1987 y 1992 y solo una lesión de tobillo le apartó del terreno de juego prematuramente. Holanda se tomó la venganza al ganar a los alemanes y disputaría la final. Ésta, celebrada el 25 de junio, fue claramente de color naranja al ganar a la URSS. Michels y su *fútbol total* triunfaron esta vez. El capitán, Ruud Gullit, dedicó el título a Nelson Mandela.

Pero a pesar de que los soviéticos perdieron la final, hay que destacar la labor de su seleccionador, el mítico Valery Lobanovsky, que también entrenó al Dínamo de Kiev durante casi dos décadas, con un método que se basaba en la disciplina, lo colectivo frente a lo individual, la presión y, por encima de todo, el juego mecanizado. En este último punto radica su influencia, puesto que los jugadores acababan jugando de memoria al aprender hasta la extenuación los movimientos que tenían que ejecutar en el terreno de juego. Lobanovsky era ingeniero matemático y fue el primero en solicitar ordenadores para analizar el juego de los rivales y de su propio equipo, empleando una base de datos en la cual metía los parámetros de cada jugador y sus estadísticas. Si alguno bajaba el nivel, ya fuera de manera específica o general, se le aplicaba un entrenamiento concreto para recuperar el área en la que había bajado. También fue uno de los entrenadores que más valoró la psicología del entrenador, que él mismo debía de aplicar, puesto que se veía como el líder el grupo y en la figura en la que toda la plantilla debía de girar.

UN MILÁN INMORTAL E INVENCIBLE

A finales de los ochenta, un equipo atemorizó a Europa y prácticamente al mundo entero: el AC Milán. El equipo venía de una década bastante sombría, auspiciada por el escándalo Totonero, una trama de apuestas clandestinas en la que estuvieron implicados jugadores, entrenadores y dirigentes de algunos clubes de la Serie A y de la Serie B. jugadores como Paolo Rossi fueron sancionados por dos años, y equipos como el propio AC Milán y la SS Lazio descendieron a la Serie B. A partir de 1986, empezó a fichar jugadores italianos de renombre como Roberto Donadoni, además de contar con una joven promesa que se quedaría toda su vida deportiva en el club milanista: Paolo Maldini. Pero sería ya en 1987 cuando se daría el definitivo toque de corneta bajo la batuta de Arrigo Sacchi, cuya filosofía futbolística fue revolucionaria para la época imponiendo la llamada defensa en zona, con un concepto de *pressing* colectivo para obligar al rival a dirigirse a los espacios en donde era más débil para robarle el balón, y desarrollar un juego ofensivo en donde la mezcla de pases cortos y largos, más los cambios de orientación, eran fundamentales. Para ello se necesitaba una circulación de balón muy rápida y un ritmo ofensivo muy intenso. Por si no fuera suficiente, mejoró la táctica del fuera de juego, ya implementada por Rinus Michels, en el que la defensa se adelantaba hasta casi el centro del campo, para dejar solo al pobre delantero sin opciones.

La llegada de Sacchi coincidió con el fichaje de los dos jugadores europeos del momento Van Basten y Gullit (que obtendría el Balón de Oro en 1988). En ese mismo año conquistó al *scudetto* italiano ante el SSC Nápoles de Maradona y jugaría la Copa de Europa de la temporada siguiente, además completada con la llegada de Frank Rijkaard. La empezó ganando con la recién instaurada Supercopa de Italia ante la Sampdoria, y conquistaría la Copa de Europa de 1989 derrotando en la final al Steaua de Bucarest. Poco después ganó la Supercopa de Europa al vencer al FC Barcelona y la Copa Intercontinental al Atlético Nacional colombiano.

En 1990 repitió triunfo en la Copa de Europa esta vez al imponerse al SL Benfica. Ese año volvería a ganar la Supercopa de Europa, frente a la UC Sampdoria, y de nuevo la Copa Intercontinental al Olimpia de Asunción. Sin embargo, en 1991, en el partido de vuelta de cuartos de final de la Copa de Europa contra el Olympique de Marsella en territorio francés, mientras el equipo *rossonero* iba perdiendo, se apagó la luz en el estadio en el minuto 88, y el AC Milán se retiró aun a pesar de que se solucionó el problema, con la idea que de que se suspendiera el partido y se organizase otro. Como no coló, la UEFA dio la eliminatoria por perdida al equipo milanista y le sancionó un año sin jugar en competición europea. Sacchi dimitiría al final de temporada para entrenar a la selección italiana, y el conjunto milanista pasó a ser entrenado por Fabio Capello, que poseía grandes dotes de mando y era un excelente motivador. Se pasaría de los inmortales de Sacchi a los invencibles de Capello, que en 1992 conseguiría un nuevo *scudetto* y en 1993 llevaría al equipo italiano a una nueva final de la Copa de Europa, aunque esta vez perdió ante el Olympique de Marsella. Sin embargo, se alzaría con un nuevo *scudetto*. El AC Milán se había renovado con jugadores como Jean Pierre Papin o Zvonimir Boban, pues el trío de holandeses dejó el equipo milanista en 1993, salvo Van Basten, aunque este ya estaba lesionado.

A finales de 1993, el AC Milán disputó la Copa Intercontinental al sustituir al Olympique de Marsella por temas de corrupción, pero perdió la final ante el São Paulo y también la Supercopa de Europa ante el Parma. En 1994 ganó el *scudetto* y la Copa de Europa derrotando al FC Barcelona entrenado por Johan Cruyff, el famoso Dream Team, que esa noche tuvo sus más horrendas pesadillas. A finales de ese año, una nueva Supercopa de Italia cayó en manos milanistas, pero perdió la Copa Intercontinental ante el Club Atlético Vélez Sarsfield. Ya en 1995, conquistó la Supercopa de Europa frente al Arsenal FC y se quedó a las puertas de ganar otra vez la

Arrigo Sacchi, el gran
valedor del A.C. Milán
de finales de los ochenta y
principios de los noventa

Copa de Europa al perder en la final contra el Ajax. Ahí
se acababa el ciclo de Capello y por ende, del AC Milán
que dominó el fútbol europeo desde 1988 a 1995.

En 1989 se celebró la Copa América en Brasil, y se
cambió de nuevo el formato, siendo esta vez dos grupos
de cinco selecciones, las dos primeras pasarían a la liguilla
final. En la fase final, Brasil fue muy superior a las demás
y fue campeona de esta edición tras vencer en la última
jornada a Uruguay. También en la CONMEBOL se creó
la llamada Recopa Sudamericana entre el Campeón de la
Copa Libertadores y la Supercopa Sudamericana, que se
había instaurado en el año anterior, la cual enfrentaba
a todos los equipos ganadores alguna vez de la Copa
Libertadores en eliminatorias directas a doble partido.
El ganador de la primera edición fue el Racing Club de
Avellaneda. La Supercopa Sudamericana dejó de disputarse en 1997, cuyo último ganador fue el River Plate. El
que se enfrentara al ganador de la Copa Libertadores en
la Recopa Sudamericana, que no se disputó entre 1999 y
2002, sería el ganador de la creada Copa Sudamericana

en 2002, cuyo primer campeón fue el Club Atlético San Lorenzo de Almagro.

Tampoco hay que olvidar la Copa CONMEBOL, que podría equipararse a la Copa de la UEFA, disputada por los equipos clasificados detrás de aquellos que accedían a jugar la Copa Libertadores. Estuvo en boga hasta 1999 y el Clube Atlético Mineiro la ganó dos veces. Luego fue reemplazada por la Copa Merconorte y la Copa Mercosur hasta que en el 2002 ambas se fusionaron dando lugar la citada Copa Sudamericana. Un batiburrillo interesante de la CONMEBOL, junto con la FIFA, en pos de crear más y más torneos.

El FIFA World Player y la Copa Confederaciones

En 1991 la FIFA estableció un premio individual, el llamado FIFA World Player of the Year, que distinguió al mejor jugador mundial según el organismo hasta el año 2009, y que era independiente del Balón de Oro. El primer ganador lo sería el alemán Lothar Matthäus. Durante los noventa, futbolistas como Van Basten, Romário o Ronaldo, dos veces (1996, 1997 y 2002) y Zidane (1998, 200 y 2003), lo ganarían. El criterio de selección era a través del voto de los capitanes y de los seleccionadores de los cinco continentes, que elegían a tres jugadores, con la condición de que no votasen a algún jugador de su propio país. A partir de 2016 el premio se cambió por el The Best FIFA Men´s Player, aunque hubo otro antecedente que ya os contaré, y actualmente lo ostenta el croata Luka Modrić.

Por otra parte, a finales de 1992 se creó la Copa FIFA Confederaciones o simplemente Copa Confederaciones, en el que participan actualmente los seis equipos campeones de las respectivas confederaciones, más el anfitrión y el vigente campeón. La primera y segunda edición tomó el nombre de Copa del Rey Fahd y se organizó en Arabia Saudí en 1992 y 1995. En la primera edición, Argentina, como campeona de la Copa América de 1991, fue la ganadora al imponerse a Arabia Saudí, aunque Japón ganara la Copa Asiática de 1992, y en la edición de 1995 venció Dinamarca (campeona de Europa en 1992) en la final a Argentina, que sería campeona de la Copa América de 1993. A partir de 1997 con el nombre actual de Copa Confederaciones, contaría con ocho selecciones, y en este caso, en vez de invitar a la campeona de la edición anterior, la FIFA invitó a la campeona de mundo del Mundial de 1994, Brasil, más la anfitriona y las seis selecciones campeonas de sus confederaciones. Las ediciones de 2001, 2005, 2009, 2013 y 2017 las organizó el país en donde al año siguiente se iba a celebrar el Mundial, salvo en 2003, que fue en Francia, ya que hasta ese momento se organizaba cada dos años. A partir de 2005 sería cada cuatro. Brasil es el país que la ha ganado más veces, tres, en 2005, 2009 y 2013.

En cuanto a la Copa de África, la edición de 1990 la conquistó Argelia, siendo sucedida en 1992 por Costa de Marfil, mientras que en 1994, la ganadora fue Nigeria.

LAS FRONTERAS SE ACABAN EN EL FÚTBOL

El final de 1995 estuvo sacudido por un *bombazo* que afectaría al fútbol en los años venideros. Es la conocida Ley Bosman. Jean-Marc Bosman era un delantero belga que quería fichar por un modesto club francés, el USL Dunkerque, pero su club de procedencia, el RFC Liège, se acogió al derecho de retener al jugador y pidió una gran cantidad de dinero al club francés, con lo que el asunto acabó en los tribunales. En ellos, y acogiéndose al artículo 48 del Tratado de Roma, se decía que: «se opone a la aplicación de las reglas dictadas por las asociaciones deportivas por las que un jugador de fútbol profesional procedente de un Estado miembro, cuando su contrato con un club expira, no puede ser empleado por otro club de un Estado miembro si este no ha entregado al club de origen una indemnización por traspaso, formación o promoción». No obstante, consiguió no solo fichar por el Dunkerque, sino que, a partir de entonces, cualquier jugador miembro de la Unión Europea (en aquel momento había quince países miembros y ese año se habían incorporado Austria, Finlandia y Suecia) podría fichar por cualquier club, siempre que fuese comunitario, sin que el de origen pusiese trabas y, además, al ser perteneciente a la UE, no ocuparía plaza de extranjero. Esto abrió la veda, que se iría ampliando con los años, para que los clubes con más presupuesto pudieran fichar jugadores comunitaros sin límite y jugadores extracomunitarios (hasta tres) en detrimento —eso sí— de los jugadores nacionales y de las canteras; pero, con el tiempo, se ha demostrado que una mezcla de extranjeros, comunitarios o no, y de la cantera a veces ha dado unos resultados deportivos excelentes: caso del FC Barcelona ya en el siglo XXI y, concretamente, desde el 2008.

También a finales de ese año se produjo un cambio en la entrega del Balón de Oro; hasta entonces solo era exclusivo para jugadores europeos que jugaban en Europa, pero se abrió a cualquier jugador de cualquier nacionalidad —eso sí, que militase en algún equipo europeo—. Lo ganaría ese año George Weah, que, en aquel momento, jugaba en el AC Milán y que procedía de Liberia, que, como potencia futbolística, no había sido nada en el mundo de la pelota, pero que la puso en la órbita del momento. Weah era un portento de la naturaleza: alto, rápido y con una agilidad casi sobrehumana, gran olfato de gol y rematador eficaz. Ya en el 2007, el Balón de Oro se abre a cualquier futbolista que juegue en cualquier equipo del mundo y, ese mismo año, se le daría un Balón de Oro honorífico a Maradona y, poco más tarde, a Pelé.

La Eurocopa de 1996 tendría como sede a Inglaterra, la cuna del fútbol moderno, y era el momento de que el fútbol inglés mostrara de nuevo su valor tras el fiasco de no clasificarse para el Mundial de Estados Unidos.

Contó por primera vez con la participación de dieciséis selecciones. Las semifinales fueron muy especulativas, en dónde el fútbol defensivo y rácano triunfó. Y en la final, entre la República Checa (Checoslovaquia había dejado de existir en 1993) y Alemania, se ponía en juego el famoso gol de oro consistente en que, en caso de que hubiese prórroga, el primer equipo que marcase se llevaba el partido. Y eso ocurrió, ya que en el minuto 94 Oliver Bierhoff anotó el gol del triunfo para los alemanes, y se convirtió en el héroe germano.

Los Juegos Olímpicos de ese año fueron en Atlanta, en Estados Unidos, dos años después del Mundial. Se hicieron famosos en lo extradeportivo porque fue el salto cualitativo de una canción de un dúo sevillano llamado Los del Río, que, con su canción *Macarena*, causaron furor en el país e incluso su canción fue utilizada por el entonces presidente estadounidense Bill Clintón para su campaña electoral de 1997. En cuanto al fútbol, la final coronó a Nigeria, que era la potencia africana del momento, tras vencer a Argentina.

La Copa de África de 1996 tuvo una alegría deportiva y extradeportiva: el regreso de Sudáfrica a una competición oficial tras el fin del *apartheid*. Y lo hizo por la puerta grande, porque no solo la edición se jugaba en el país, sino que se coronó como campeona de África. Como nota negativa, ocurrió la descalificación de Nigeria, que era la actual campeona y que tuvo que retirarse ante las presiones de su dictador Sani Abacha, que no permitió a Nigeria participar por motivos políticos y por la propia *seguridad* de la selección. El motivo de fondo era que los sudafricanos habían condenado el asesinato de nueve activistas en Nigeria y los ánimos estaban caldeados. En consecuencia, Nigeria fue sancionada y no podría jugar la edición de 1998, que fue ganada por Egipto, que sería la potencia africana en la siguiente década.

De la Copa Asiática de 1996 destacar el partidazo entre Arabia Saudí y China, favorable para los primeros. La final fue ganada por los propios saudíes por penaltis a Emiratos Árabes Unidos.

También se reanudó la Copa de las Naciones de la OFC, cuya última edición fue en 1980. Hasta 2008 se celebraría cada dos años y, después, pasó a cuatro. Esta de 1996 fue ganada por Australia tras vencer a doble partido a Tahití. En 1998 participó por primera vez la selección de las Islas Cook, pero se llevó un 16-0 por parte de Australia, que perdería la final con Nueva Zelanda. En la edición del 2000 Australia obtendría su revancha ante los neozelandeses, y en el 2002 fue Nueva Zelanda el que daría la vuelta de nuevo a la tortilla tras coronarse como reina de Oceanía.

La Copa América de 1997 se realizó en Bolivia, y la grata sorpresa fue la propia selección local, que llegaría a la final para perder con Brasil, campeona a la postre.

LOS GALLOS CACAREAN AL MUNDO

La Copa del Mundo de 1998 sería en Francia, elegida delante de Marruecos. Por primera vez participarían 32 selecciones. Se celebró entre el 10 de junio y el 12 de julio. Dos días antes, había sido elegido presidente de la FIFA el suizo Joseph Blatter tras imponerse en la votación al sueco Lennart Johansson. El mandato de Blatter, en líneas generales, no fue positivo para la FIFA, estuvo salpicado por varias acusaciones de corrupción. En la

El Adidas *Tricolore*, el balón utilizado para el Mundial de 1998

fase de grupos, en el F, la selección iraní, que contaba con Ali Daei, a la postre el máximo goleador histórico de selecciones nacionales con 109 tantos en 149 partidos internacionales, consiguió vencer a Estados Unidos en un partido marcado por la política internacional del momento en el que los estadounidenses tenían intereses económicos y comerciales en la zona.

Los octavos de final tuvieron el partido estrella entre Argentina e Inglaterra. Se recordarán dos cosas, la expulsión de Beckham tras caer en las provocaciones de Diego Simeone y el gol maradoniano de Owen, que es considerado uno de los mejores, por su potencia, habilidad y ejecución. Los argentinos ganaron por penaltis y los ingleses no pudieron tomarse la revancha con respecto a 1986. Ya en cuartos se produjo la sorpresa del Mundial, la eliminación de Alemania a manos de Croacia. La selección alemana, en la que Matthäus jugaba su quinto

Mundial, igualando la marca del portero mexicano Antonio Carbajal, cayó ante una nueva sangre fresca futbolística representada por Croacia, con Šuker, Boban y Robert Prosinečki a la cabeza que, en su primera participación en un Mundial, se colaba entre las cuatro mejores del mundo.

La final del Mundial se celebró el 12 de julio. En ella llegaron Brasil y Francia, la samba contra el cabaret francés. Pero en la víspera del partido, el delantero brasileño Ronaldo sufrió una serie de convulsiones que comprometieron su participación en la final, aunque llegó a tiempo y partió en el equipo titular. Sin embargo, este contratiempo condicionó el partido que fue claramente francés. Además, ante su público, se jugó en el Stade de France, el juego de los galos era mucho más vertical y disfrutó de numerosas ocasiones. Pero el héroe fue Zidane, que marcó dos goles en sendos remates de cabeza a la salida de un córner. Tácticamente Francia estaba superando a Brasil, en especial en el centro del campo y los laterales. En el minuto 90, Petit estableció el 3-0 definitivo. Los franceses, la selección del gallo, se proclamaban campeones del Mundo. El tercer puesto lo fue para Croacia, que puso el descaro y las ganas de agradar en un fútbol en el que salvo algunos chispazos, estaba imbuido dentro de un posicionamiento táctico dedicado para defender y destruir los ataques antes que pensar en el juego ofensivo y en las ocasiones de gol.

El mejor club del siglo XX

En 1992, la Copa de Europa se sustituyó por el actual formato de Liga de Campeones, y durante el paso de los años, se han hecho reformas en la máxima competición continental con el objetivo de hacerla más accesible e igualada. En vez de ser solo eliminatorias directas, se

instauran las fases de grupos y también las eliminatorias previas para aquellos equipos campeones de ligas
consideradas menores o para equipos que aunque no
son campeones de liga, si quedan entre los tres o cuatro
primeros, puedan participar. En 1998 el Real Madrid CF,
ganaba su séptima Copa de Europa, la Champions, tras
imponerse a la Juventus FC, algo que vuelve a realizar ya
en el siglo XXI, en el 2000 y en el 2002. El 11 de diciembre de 2000, el equipo blanco fue galardonado como el
Club del siglo de la FIFA otorgado por la revista bimes-
tral *FIFA World Magazine*, tras una elección en la que se
impuso muy claramente con 83 votos frente a los 19 del
segundo clasificado, el Manchester United FC. También
se aprovechó ese día para entregar el trofeo al Jugador
del siglo de la FIFA que recayó, compartido, en Pelé y
Maradona. Volviendo al Real Madrid CF, el equipo tuvo
una edad de oro en el cambio de siglo.

Con él se inicia el período que dará paso a los llamados Galácticos, esto es fichajes de relumbrón que, por otro
parte, cambiarían la perspectiva de mercado a la hora de
contratar jugadores, encareciéndose bastante. Figo en el
2000, Zidane en el 2001, Ronaldo en el 2002 y Beckham
en el 2003 dan fe de ello. Con Vicente del Bosque en el
banquillo, esta política de fichajes, junto con el intentar
favorecer a la cantera para que jugadores de las categorías inferiores llegasen al primer equipo, de ahí habían
salido Raúl González, Guti o Iker Casillas, daría paso a
la llamada frase de «Zidanes y Pavones». Sin embargo,
esto tuvo un efecto boomerang, ya que tras conseguir la
Copa de Europa en el 2000 contra el Valencia CF, la del
2002 contra el Bayer Leverkusen, más dos ligas (2001
y 2003), una Supercopa de Europa (2002) y una Copa
Intercontinental (2002), el modelo se agotó. Si es cierto
que el Real Madrid CF se había convertido en referencia para todo el planeta, las numerosas giras, el desgaste
de los partidos y la enrarecida marcha de Vicente del

Bosque junto con el capitán Fernando Hierro, hicieron que a partir de 2004 el club pasase tres años de sequía, con bailes de entrenadores y fichajes fallidos hasta que el presidente Florentino Pérez dimitió, aunque volvería en el 2009. Habría que esperar casi una década para que volviera a comandar el panorama europeo y mundial.

En 1999 se jugó la última edición de la Recopa de Europa entre la SS Lazio y el RCD Mallorca, favorable para el equipo italiano. Destacar de esta competición que jamás ningún equipo consiguió revalidar el título la temporada siguiente y quien ahora lo posee en propiedad es la propia Lazio al ganar en esta última ocasión. El FC Barcelona ha sido el que más veces ha conseguido este trofeo, cuatro, en 1979, 1982, 1989 y 1997. La causa de su desaparición tuvo que ver con el establecimiento de la Liga de Campeones y a sus posteriores remodelaciones ampliando el cupo de equipos, lo que hacía que muchos campeones de copa, al acabar segundos en sus respectivas ligas, entraran a jugar directamente la máxima competición continental, dejando de lado la Recopa. Esto hizo que el interés por el torneo descendiese y apenas contase con equipos de renombre, por tanto, se decidió su supresión en 1999 y fusionarlo con la Copa de la UEFA, esto es, que aquellos clubes que ganasen la copa de su país, pero no hubieran clasificado para la Champions jugasen el torneo, que a partir de 2009 se denominaría la UEFA Europa League. El Sevilla FC es el equipo que más veces la ha ganado, cinco, entre 2006 y 20016.

Una nueva edición de la Copa América se disputó ese año en Paraguay. En esta ocasión, Japón fue invitado a jugar el torneo y quedaron eliminados a las primeras de cambio. En cuartos de final se vivió un enésimo Brasil-Argentina, favorable a los primeros. Brasileños y charrúas llegaron a la final que a posteriori venció la Canarinha.

10

El siglo XXI: la era de las estrellas

LOS GALLOS REPITEN CACAREO

La Eurocopa del año 2000 se celebraría conjuntamente en Bélgica y Holanda, y la final la disputarían Francia e Italia, que es una de las grandes rivalidades de este deporte. Al ser países vecinos, es normal que se acentúe. Durante muchos años, en general, los italianos dominaron a los franceses hasta 1982, año en el que se produjo el cambio que duraría hasta 2006, con el que el equipo galo no perdería ni un solo partido contra los italianos. En este caso, se jugaban ser campeones de Europa a nivel de selecciones. El partido en sí, no tuvo una gran calidad, pero sí mucha emoción. Tras empatar a uno, el partido se fue a la prórroga y David Trezeguet consiguió el gol de oro para los franceses, que se convertían, después de haber sido campeones del Mundo, en campeones europeos, emulando a la Alemania Federal de Beckenbauer, aunque al revés, ya que los germanos habían sido campeones de Europa en 1972 y luego del Mundo en 1974.

Los Juegos Olímpicos del año 2000 por primera vez se celebraron en Australia, concretamente en Sídney. En la modalidad futbolística, con los koalas frotándose las patas para ver los partidos, la final olímpica fue entre España y Camerún. España se adelantó 2-0, pero la excesiva confianza y relajación hicieron que los Leones Indomables empatasen en cinco minutos. La prórroga dio paso a los penaltis y Camerún ganó la tanda.

Camerún había tenido su época dorada en los ochenta y a principios de los noventa, y a comienzos del siglo XXI había resurgido de sus cenizas. En la Copa de África del año 2000, ya en la fase final, el juego camerunés no fue brillante y tuvo la suerte de quedar primera de grupo. Los cuartos de final fueron contra Argelia, con victoria de los Leones Indomables. En las semifinales, Camerún aplastó a Túnez, y en la final se impuso por penaltis a Nigeria. Pero Camerún no se conformó con eso, además de la ya sumada medalla de oro conseguida en los Juegos Olímpicos, en la Copa de África de 2002 (meses antes del Mundial que se iba a disputar en Corea del Sur y Japón) defenderían título, y esta vez sí que logró un juego más brillante que en la vez anterior. En la final batió a Senegal en los penaltis, que en el 2002 también estaba en la cresta de la ola del fútbol africano. El epílogo de oro de este equipo fue llegar al año siguiente a la final de la Copa Confederaciones, aunque cayó derrotada por Francia en la prórroga.

La Copa Asiática del 2000, tras una clasificación en la que se vieron goleadas como el 0-19 de China a Guam, la mayor goleada jamás conseguida por los chinos en su historia, tuvo a Líbano como debutante, pero no pudo hacer nada en la primera ronda tras quedar última de su grupo. La gran final fue ganada por los nipones a Arabia Saudí. Japón repetiría título en el 2004 al vencer a China y también el 2011 tras imponerse a Australia en la prórroga. Entre medias, Irak se impuso en la edición de 2007.

También es necesario reseñar que en este año 2000 comenzó la edición del primer Campeonato Mundial de Clubes, con el objetivo de ir sustituyendo a la Copa Intercontinental, cuya última edición se disputaría en el 2004 entre el FC Porto y el Once Caldas colombiano, ganada por el equipo luso en la tanda de penaltis. La edición del 2000 la ganó el Corinthians y entre el 2001 y 2004 no se disputó, para luego volver a reaparecer en el 2005, y cambiar el nombre al año siguiente por el de Copa Mundial de Clubes de la FIFA. Hasta el 2018 el Real Madrid CF y el FC Barcelona han sido los clubes que lo han ganado más veces, cuatro y tres respectivamente. La sede se cambia bianualmente, ahora en la actualidad se disputa en Emiratos Árabes Unidos y, por regla general, suelen participar los seis campeones de la máxima competición internacional de su confederación más el país campeón de liga del que lo organiza.

En el 2001, la Copa América tuvo algunos incidentes. En primer lugar Canadá, que a última hora había sido invitada debido a que la Copa CONCACAF del 2001 se había aplazado para el año siguiente, alegó su retirada al desconvocar a los jugadores y que ya no les daba tiempo a volver ser convocados. Pero la sorpresa fue Argentina, en la que algunos de sus jugadores recibieron amenazas de muerte ya en Colombia, la sede, con lo que la AFA decidió que la Albiceleste finalmente no participase por falta de seguridad. Costa Rica y Honduras reemplazaron a ambas selecciones. En el torneo, en cuartos, saltó la liebre, que fue Honduras al eliminar a Brasil. Colombia y México llegaron a la final, ganada por los primeros.

Esos señores de negro

El Mundial del 2002 se iba a celebrar por primera vez en tierras asiáticas. La FIFA propuso las sedes de Corea del Sur y de Japón para potenciar el fútbol en una zona, la del Extremo Oriente, que además contaba con una economía muy avanzada y con uno de los grandes países industrializados del mundo, la propia Japón. Sin embargo, ambos países no tenían unas relaciones políticas excelentes, a causa, décadas atrás, de la invasión japonesa a la península coreana en la Segunda Guerra Mundial, pero sí es cierto que sus relaciones habían mejorado bastante. El inconveniente es que ambas sedes estaban separadas por mar y, como en aquellos lugares no había pasión por el fútbol, casi todos los estadios de este Mundial fueron construidos pocos años antes de su celebración. No obstante, la organización estuvo bien, pero el transcurrir del evento, como ahora veremos, estuvo salpicado de incidentes. En la fase de clasificación queda destacar la goleada de Australia al 31-0 a Samoa Americana, pero en la repesca contra Uruguay fue derrotada por los charrúas, que consiguieron ir a la fase final del Mundial.

El 31 de mayo dio comienzo el partido inaugural entre Francia y Senegal, con derrota francesa. En el grupo D, la sorpresa fue una de las anfitrionas, Corea del Sur, que acabó primera tras vencer a Portugal en el último partido y que a la postre quedó eliminada, si bien el arbitraje del argentino Ángel Sánchez tuvo alguna polémica al expulsar rigurosamente a João Pinto. En el grupo E, en el Alemania-Camerún, se produjo el récord de tarjetas en un Mundial hasta ese momento (un total de 16 amarillas y dos rojas por parte del árbitro español López Nieto), en un partido en el que los alemanes finalmente ganaron.

En los octavos de final, el partido estrella y más polémico fue el Corea del Sur-Italia, con un arbitraje lamentable del ecuatoriano Byron Moreno. Ya a Italia le habían anulado cuatro goles, dos contra Croacia y dos contra México en la primera fase, con lo que los azzurri venían calentitos. Pero los ánimos se encresparon cuando el *trencilla* ecuatoriano expulsó a Francesco Totti por doble amarilla al pensar que había simulado un penalti, que en realidad lo fue como una casa, tras haber pitado un penalti, muy discutido, anteriormente a favor de Corea del Sur, que fue parado por el portero italiano Buffón. Corea del Sur, sin embargo, finalmente ganó con gol de oro.

Los cuartos de final vivieron el esperpéntico Corea del Sur-España con el horroroso arbitraje del egipcio Gamal Al-Ghandour y su asistente Michael Ragoonath de Trinidad y Tobago. Dos goles anulados a Rubén Baraja y a Fernando Morientes, más jugadas dudosas que siempre caían a favor de los surcoreanos, encendieron la llama de la ira a los jugadores españoles que, encima, veían cómo eran eliminados de la tanda de penaltis.

Trece años después, se demostró que los encuentros de los surcoreanos con italianos y españoles estuvieron amañados con el objetivo de que la selección anfitriona llegara lo más lejos posible en un Mundial en el que la asistencia de público era muy baja.

Por fortuna, a Japón no le pasó lo mismo, ya que en el país nipón la gente estuvo más implicada en ir a los estadios de fútbol.

Las semifinales catapultaron a Brasil y a Alemania a la gran final, tras vencer ambas a Turquía y Corea del Sur respectivamente. La suerte surcoreana se acabó en semifinales, y además, perdiendo el tercer puesto ante los turcos, en el partido en el que el delantero otomano Hakan Şükür consiguió el gol más rápido de la historia de los mundiales. Tardó solo once segundos en marcar.

La final fue entre dos estilos de juego muy diferentes. Brasil tenía un medio del campo y una delantera temible y Alemania tenía un centro del campo de contención y poco creativo. Pero por encima de todos estaba Ronaldo. El llamado Fenómeno o Extraterrestre tenía una velocidad, potencia y arrancada descomunales, amén de una calidad técnica de definición de cara a la portería como muy pocas se han visto. Pero en su carrera tuvo dos problemas: las lesiones y el sobrepeso, también debido al hipotiroidismo que sufría en sus últimos años. Sin embargo, llegaba al Mundial pletórico de forma tras superar varias lesiones en el tendón rotuliano, que lo apartó más de un año del terreno de juego. Fue el héroe de la final anotando los dos goles además de ganar el Balón de Oro al final de año (ya había ganado otro en 1997). Brasil se convertía en pentacampeona del mundo. La final fue pitada el árbitro italiano Pierluigi Collina, famoso por ser el mejor árbitro del mundo en aquel momento y uno de los mejores de la historia.

También en el 2002 se creó la Liga de Campeones de la AFC, cuyo precedente se remonta a 1967 con el Campeonato Asiático de Clubes, que se celebró hasta 1971 y que tuvo al Maccabi Tel Aviv FC israelí como campeón en dos ocasiones (1969 y 1971). Durante catorce años, no se volvió a celebrar debido a la falta de profesionalismo e interés, hasta que ya en 1985 comenzó el denominado Campeonato de Clubes de Asia, ya sin equipos israelíes, puesto que Israel estaba por entonces en la OFC y, después, ingresaría en la UEFA. No hubo un predominio preponderante de ningún club, salvo que tres equipos consiguieron ganar el torneo dos veces consecutivas: el Thai Farmers Bank FC tailandés, en 1994 y 1995; el FC Pohang Steelers surcoreano, en 1997 y 1998, y el Suwon Samsung Bluewings FC (también surcoreano), en 2001 y 2002. Al crearse la mencionada Liga de Campeones, salvo el Al-Ittihad CSA saudí (ganador de las ediciones de 2004 y 2005), ningún equipo asiático ha repetido título. El actual campeón es el Kashima Antlers japonés.

La Copa de África de 2004 presenció cómo la anfitriona, Túnez, ganó por primera vez en su historia el torneo al vencer en la final a Marruecos.

TRIUNFO DEL FÚTBOL RÁCANO

La Eurocopa del 2004 se celebraría en Portugal, que finalmente fue elegida por delante de España. Ya en la fase final, la selección griega daría la sorpresa con un fútbol defensivo y de contraataque —eso sí, utilizando a su favor las jugadas de estrategia en los córners—, consiguió el hito de acceder a cuartos.

Ya en cuartos, la sorpresa la daría de nuevo Grecia al eliminar a la Francia de Zidane, haciendo lo que mejor saben, una jugada de estrategia. La bomba había estallado en Portugal y los griegos eran los causantes de prender la mecha. En semifinales, Grecia siguió haciendo historia al derrotar a la República Checa con gol de Traianos Dellas en la prórroga, llamado gol de plata al anotar en el último minuto de la primera parte. El gol de plata era que, si en la primera parte de la prórroga algún equipo metía un gol, habría que esperar a que los quince minutos reglamentarios se disputasen y, en el que caso de que el otro equipo no empatara (al menos) el encuentro se daría por finalizado. Mientras tanto, Portugal se deshizo de Holanda con goles de un jovencito llamado Cristiano Ronaldo y de Maniche. Pero en la final, en el Estadio Da Luz de Lisboa, la sorpresa se produjo. Los griegos, con un fútbol rácano, ramplón y escaso, ganaron a los portgueses por 1-0 con gol de Charisteas a la salida de un córner mal defendido por los lusos. El antifútbol había ganado.

Los Juegos Olímpicos de 2004 fueron celebrados en Atenas, la cuna del Olimpismo antiguo y moderno. Ante la presencia de los dioses griegos, la final la ganó Argentina ante Paraguay.

También se celebró la Copa América del 2004 en Perú. Costa Rica y México fueron invitados. Argentinos y brasileños llegaron a la gran final, que tuvo que decidirse en la tanda de penaltis, favorable a la Canarinha. Adriano Leite fue el máximo goleador con siete tantos.

En Oceanía, La Copa de las Naciones de 2004 dejó como ganadora a Australia, que venció a las Islas Salomón, la sorpresa del evento. En 2006, Australia abandonaría la OFC y se uniría a la AFC. En la edición del 2008, Nueva Zelanda se impuso en una liguilla a Nueva Caledonia, a Fiyi y a Vanuatu; en 2012. Tahití ganó uno a cero en la final a Nueva Caledonia, y, en el 2016, los neozelandeses conquistaron el título en la tanda de penaltis ante Papúa Nueva Guinea.

LOS FARAONES TOMAN ÁFRICA

A comienzos del 2006, la Copa de África presenció la aparición de una nueva dinastía africana, la de los egipcios. Como sabéis, fue el primer país africano en jugar un Mundial (el de 1934) y también se convirtió en asidua en los Juegos Olímpicos, en especial en la primera mitad del siglo XX. En la Copa de África fue campeona en las dos primeras ediciones (1957 y 1959) y en la de 1986. Además, a nivel de clubes, en la Liga de Campeones de la CAF, también establecería una tiranía futbolística con el Al-Ahly, que consiguió el título en 2001, 2005, 2006 y 2008, más otros dos en la siguiente década (2012 y 2013), si bien el ya citado TP Englebert de la República Democrática del Congo la había ganado en 2009, 2010 y 2015. La edición de 2006 se celebró en el país de los

Faraones, cuyo proceso clasificatorio también era para la Copa del Mundo de 2006, donde la primera de cada grupo no solo disputaría la Copa de África, sino que iría al Mundial. La segunda y tercera solo tenían derecho a jugar el torneo continental. Egipto se impuso en su grupo y después se deshizo en cuartos de la República Democrática del Congo; en semifinales, de Senegal, y, en la final, de Costa de Marfil por penaltis.

En la edición del 2008, los Faraones ganaron la final contra Camerún por 1-0, con gol de Mohamed Aboutrika, que quedó como segundo máximo goleador de la competición detrás del camerunés Etoó. Y en el 2010, el equipo consiguió su tercer entorchado consecutivo en la edición disputada en Angola. En esta ocasión, Egipto ganó todos los partidos que disputó. En semifinales, venció 4-0 a Argelia y, en la final, pudo ganar por la mínima a Ghana. Egipto no contaba con estrellas de renombre mundial, pero sí con buenos jugadores como Ahmed Hassan, que tiene el récord de internacionalidades con 184 veces; el portero Essam El Hadary, aún en activo y conocido como África Buffón; Abdel Zaher El Sakka, defensa expeditivo y contundente. Tras este tricampeonato consecutivo, Egipto no logró clasificarse para la edición de 2012 en un momento en el que el país estaba convulso por la situación política del momento, tras la revolución egipcia del 2011 y con el derrocamiento del presidente Hosni Mubarak —de manera pacífica, eso sí— que culminó con el golpe de Estado en el 2013, ya violento, en el que el presidente Mohamed Morsi se vio obligado a dejar el cargo. Entre medias, el 1 de febrero de 2012, había ocurrido la tragedia en el Estadio Port Said en un encuentro correspondiente a la liga egipcia entre el Al-Masry el Al-Ahly (que acabó con setenta y cuatro muertos), cuyo origen fue más político que futbolístico, ya que el equipo local era partidario de la llamada Primavera Árabe (una serie de manifestaciones en defensa de las libertades y derechos civiles que ocurrieron en el mundo árabe entre 2010 y 2013), mientras que el visitante defendía al derrocado Mubarak. Esto trajo al fútbol egipcio consecuencias dramáticas. Durante dos años, la liga de su país fue suspendida y la selección de Egipto no levantaría cabeza, puesto que quedó eliminada de la fase de clasificación de la Copa de África de 2013 y lo mismo le sucedería en el 2015.

Italia cantó la traviata

El Mundial del 2006 se celebró en Alemania. El país germano había ganado en la elección a Sudáfrica por un solo voto a pesar de que era la favorita por el tema de la rotación continental y porque África llevaba años luchando por acoger una edición. Los alemanes ganaron porque el presidente de la UEFA, el sueco Lennart Johansson, apoyó la ampliación del cupo de plazas para el Mundial de la confederación asiática, que finalmente se concedió aumentándolo de cuatro a cinco, y esto atrajo a los representantes asiáticos en pos de votar a Alemania en vez de a Sudáfrica. Sin embargo, los sudafricanos acogerían el Mundial del 2010. Aun así, cuando se destaparon los casos de corrupción de la FIFA en el 2015, se vio que pudo haber amaño en la elección de país europeo, como ya os explicaré en su momento.

En otro orden de cosas, la clasificación vio por fin el pase de Australia ante Uruguay. En esta ocasión, los *socceroos* consiguieron el pase en los penaltis tras varios intentos frustrados: con Escocia en 1986, Argentina en 1994, Irán en 1998 y la propia Uruguay en el 2002.

Ya en el país de las cervezas, el cambio más notable es que, tras la nefasta experiencia arbitral del anterior Mundial, el trío arbitral estaría compuesto por integrantes del mismo país y no de diferentes nacionalidades, como hasta entonces se venía haciendo.

En el Grupo B, ingleses y suecos pasaron a la segunda fase, a octavos, y el sueco Marcus Allbäck tuvo el honor de marcar el gol número 2000 en la fase final de un Mundial contra los ingleses. El 1000 lo había marcado allá por 1978 el holandés Resenbrink a Escocia. En el grupo F, en el partido de Brasil contra Japón, Ronaldo se convirtió, con 14 goles, en el goleador histórico de los mundiales, superando al francés Just Fontaine e igualando al alemán Müller.

En octavos de final, el Portugal-Holanda fue favorable para los lusos, aunque ambos las dieron de todos los colores, acabando el partido con 9 tarjetas amarillas y dos rojas para los lusos, y de 7 amarillas y también dos rojas para los holandeses, superando el árbitro ruso Valentin Ivanov el récord de amonestaciones del anterior Mundial marcado por el español López Nieto.

Las semifinales dejaron un partido para la historia con el Alemania-Italia. La última vez que se vieron fue en España 82, cuando los azzurri se proclamaron campeones del Mundo. El partido fue muy parejo, sin un claro dominador y con ocasiones en ambas áreas. Los noventa minutos dejaron paso a la prórroga, y cuando todo parecía abocado a los penaltis, en el minuto 118, Fabio Grosso, con un tiro cruzado que describía una parábola imposible de atajar por el portero alemán Lehmann, puso el 1-0. A falta de dos minutos, Italia aprovechó la ocasión para poner el 2-0 definitivo, obra de Alessandro Del Piero.

La finalísima, entre las dos potencias del fútbol europeo, la otra era Francia, y con permiso de Alemania, se disputó en el Olympiastadion de Berlín. Ambos equipos basaban su juego en la solidez defensiva. Pero el héroe y villano, a la vez, de la final fue Zidane. Primeramente, anotó un penalti a lo Panenka a los siete minutos de juego, pero después, cuando el partido acabó 1-1 tras los noventa minutos, ya en la prórroga, le propició un cabezazo en el pecho al italiano Materazzi, aunque previamente parece ser que hubo provocación de este evocando a algún familiar del francés. El francés fue expulsado en el que sería su último partido como internacional y como futbolista profesional, ya que había anunciado su retirada. Mal fin para un jugador técnicamente exquisito y que perfeccionó la llamada *roulette* o *ruleta marsellesa*, un regate consistente en pisar el balón con un pie y recogerlo con el otro mientras se da un giro de trescientos sesenta grados para, así, dejar al jugador atrás. «Mágico» González y Maradona ya lo hacían, pero el francés lo hacía sublime y siempre se asocia ese regate a él. Los penaltis dieron el título a Italia por 5-3. El decisivo, lanzado por el héroe de las semifinales: Fabio Grosso. En el 2007, el torneo de la Copa América se celebró en Venezuela. En la finalísima, Brasil consiguió su octavo título tras ganar 3-0 a Argentina.

EL NACIMIENTO DEL TIKI-TAKA

La Eurocopa del 2008 se disputaría en Austria y en Suiza. Al igual que en la edición del 2000, dos países conjuntos la organizaron, algo que empezaba a ponerse de moda, ya que para esta edición hubo otras candidaturas de dos o más países que finalmente no resultaron elegidas, caso de Grecia y Turquía, de Escocia y República de Irlanda o de Croacia y Bosnia-Herzegovina. La clasificación estuvo compuesta por siete grupos, de los que los dos primeros pasaban a la fase final. España empezó mal la clasificación, pero enderezó su rumbo a partir del 1-3 conseguido en Dinamarca, y la selección española empezó a practicar el llamado Tiki-Taka, consistente en una evolución del *fútbol total* con pases cortos y precisos con el objetivo de llegar a la portería contraria, además de en una búsqueda constante del espacio y de que el balón esté siempre en movimiento. La posesión de la pelota y su mantenimiento era la clave. La diferencia con respecto al *fútbol total* holandés es que este se basaba en el poderío físico, mientras que en la versión española primaban las habilidades técnicas y así, cuando se perdía el balón, los jugadores, que no tenían desgaste físico, podían presionar de manera más eficiente. El juego colectivo es la clave y, para ello, todos deben desarrollar un buen toque de balón y tener una buena coordinación a la hora de buscar espacios. España venía de un momento convulso auspiciado por la polémica exclusión del jugador del Real Madrid CF Raúl González, que había sido el capitán y el alma de la selección durante diez años. Luis Aragonés, el seleccionador, apostó por savia nueva e integró una generación de futbolistas de estatura bajita, pero con un toque de balón descomunal como Xavi Hernández, Andrés Iniesta, Santi Cazorla, Cesc Fábregas o David Silva. La prueba de oro sería en Austria y Suiza. Y la superaría.

Tras traspasar la barrera de cuartos de final, en la semifinal, España barrió a los rusos con un fútbol brillante, en especial en la segunda parte. La final, en el Estadio Ersnt Happel de Viena, coronó a España como campeona de Europa —algo que no sucedía desde 1964— gracias a un gol de Fernando Torres en el primer tiempo. Alemania intentó reaccionar sin fortuna estrellándose una y otra vez ante la defensa española. El Tiki-Taka había triunfado, pero quedaba aún mucho más.

Los Juegos Olímpicos de 2008 se celebraron en Pekín. La capital china fue elegida en 2001, pero, aunque nunca estuvo en duda su elección, sí que tuvo algunos problemas en relación a la altísima contaminación atmosférica y a la violación de algunos derechos humanos relacionados con el régimen ideológico chino.

En cuanto al fútbol, Argentina ganó el oro olímpico tras ganar a Nigeria. Argentina contó con una gran selección con Leo Messi, que poco a poco empezaba a hacer leyenda en esto del fútbol.

Entre vuvuzela y vuvuzela, España campeona del mundo

El Mundial del 2010 se celebraría en Sudáfrica. Por primera vez, se daba el Mundial a un país africano en pos de desarrollar el deporte rey en el continente más desfavorecido. También era un premio para un país en el que, durante casi treinta años, se había sufrido el *apartheid*.

Ya en el continente africano, el Mundial comenzó el 11 de junio entre Sudáfrica y México, en el grupo A, que terminó con empate a uno. En los octavos de final, emergió un protagonista extradeportivo, el conocido Pulpo Paul. Este octópodo de acuario ya se había hecho algo famoso en la Eurocopa del 2008 al saber predecir los resultados de los partidos mediante una técnica simple pero a la vez complicada. Los pulpos no distinguen colores, pero sí contrastes. La forma era sencilla. En el fondo del acuario se le ponían dos cajas con sus respectivas tapas. En cada caja había comida, normalmente bivalvos, y una bandera, correspondiente a las selecciones que jugaban el partido. Si el pulpo elegía una caja y extraía la comida de dentro, se supone que ese equipo ganaría el partido. Al principio la cosa no pasaría a mayores, pero cuando el animalito comenzó a acertar quién ganaba los partidos, se armó un revuelo extraordinario, tanto que el octópodo se convirtió mundialmente en una estrella. De hecho, no falló ni un solo pronóstico, y todo el mundo quería hacerse con él. Sin embargo, después del Mundial, *retiraron* al pulpo y moriría poco después, el 26 de octubre de 2010, simplemente porque los pulpos no suelen vivir más de tres años. Tiene una calle en la localidad italiana de Marina di Campo, en la isla de Elba y Carballino (muy famoso por la fiesta del pulpo), en Galicia, lo nombró Amigo Predilecto.

Y el partido de cuartos que podría haber dado por fin la consagración de África, y más cuando el Mundial se jugaba en su continente, fue el Ghana-Uruguay. Pero no pudo ser. El partido acabó empatado en los noventa minutos, y se llegó a la prórroga. En el último minuto de la misma, el uruguayo Luis Suárez rechaza un clamoroso penalti al detener con las manos un remate de Adiyiah que se colaba inexorablemente en la portería uruguaya. Penalti y roja para el jugador charrúa. Ghana tenía la posibilidad de marcar el penalti y un equipo africano acceder por primera vez a semifinales en toda su historia. Pero no lo consiguió, ya que Asamoah Gyan, el encargado de ejecutarlo, estrelló el balón en el larguero. La tanda dictaría sentencia, y la dictó a favor de Uruguay, que eliminó a los africanos con un penalti a lo Panenka del jugador trotamundos Abreu, que tiene el récord Guinness en la actualidad por ser el futbolista que en más clubes ha estado, un total de 26, a lo largo de su carrera futbolística. Los ghaneses lloraban desconsoladamente, en especial Gyan, que nunca olvidaría este partido. El fútbol es así de injusto, pero esto forma parte del juego.

Las semifinales enfrentaron a España contra Alemania. Fue un partido muy igualado, si bien dio la sensación de que España tenía el ritmo de partido y el control del juego. El gol de la victoria española vino de un córner sacado por Xavi Hernández, rematado de cabeza por Carles Puyol, que se elevó al cielo para conectar un testarazo inapelable. España jugaría por primera vez la final de la Copa del Mundo.

La gran final, disputada el 11 de julio, vio a una España que fue la que puso el fútbol frente a una Holanda que renunció a su esencia futbolística en pos de practicar el antifútbol, con patadas, agarrones, lucha encarnizada en el cuerpo a cuerpo y artes marrulleras (en especial Van Bommel) con tal de parar a los españoles, superiores técnicamente. Tampoco es que la actuación arbitral estuviera a la altura. El *trencilla* inglés Horward Webb fue muy permisivo con el juego violento y brusco holandés. Aun así, España puso el juego y Holanda las oportunidades. El partido llegó a la prórroga, España intentaba poner su juego y Holanda seguía en sus trece hasta que John Heitinga fue expulsado por doble amarilla. El partido se encaminaba a los penaltis cuando, en el minuto 116, Andrés Iniesta consiguió batir al portero Maarlen Stekelenburg. España era campeona del mundo por primera vez en su historia y Holanda perdía su tercera final, justamente, por no poner en boga sus valores fútbolísticos, muy parecidos a los de España.

También fue el Mundial de las famosas vuvuzelas, un instrumento parecido a una trompeta larga o corneta de plástico que causaba un ruido a veces estridente y que estuvo presente en todo el Mundial. Más de uno acabó con la vuvuzela de turno estampándosela en la cabeza de quien producía el desagradable sonido debido al molesto ruido parecido al zumbido de una abeja pero amplificado a lo grande. De hecho, las televisiones quisieron prohibir su uso porque perjudicaba la retransmisión de partidos. Al menos quedó el *Waka Waka* de Shakira.

Messi y Cristiano Ronaldo

A finales del 2010, Leo Messi ganó su segundo Balón de Oro, pero en esta ocasión ya no era el trofeo otorgado por la revista *France Football*, sino que se había fusionado con el FIFA World Player, dando lugar al FIFA Balón de Oro, con la inclusión de seleccionadores y capitanes de selección que también emitían el voto, al igual que los

Leo Messi, para muchos el mejor jugador de la historia del fútbol

periodistas especializados de cada país. Esto duró hasta el 2015, en el que desacuerdos entre la propia FIFA y la revista francesa separaron de nuevo el premio, instaurándose el The Best FIFA Men's Player, sucesor del FIFA World Player, y que la publicación francesa controlase de nuevo el Balón de Oro. El FIFA Balón de Oro, solo fue ganado por dos jugadores, Leo Messi en 2010, 2011, 2012 y 2015, y Cristiano Ronaldo en 2013 y 2014. Sin embargo, el jugador luso ya había ganado el Balón de Oro de 2008 y lo volvería a ganar en el 2016 y 2017.

A Leo Messi y Cristiano Ronaldo todo el mundo los conoce y se ha discutido hasta la saciedad cuál es mejor, pero aparte de ser dos futbolistas totalmente diferentes, casi todo el planeta coincide que Messi, que juega en el FC Barcelona, es más completo y que es un jugador total. Sabe pasar, golear, asistir, regatear, organizar el juego, tiene una arrancada explosiva, deja sentados a sus rivales, es especialista a balón parado, inteligente a la hora de crear espacios, generoso y con una técnica inigualable. No hay jugador como él, salvo, según muchos, Maradona, pero con la salvedad de que Messi ha mantenido el mismo nivel durante muchos años.

Cristiano Ronaldo es diferente, es más explosivo y basa su juego en su fortaleza física privilegiada. Si Messi nació con el don de jugar al fútbol, Cristiano Ronaldo se lo ha ganado a base de sacrificio. Tiene un salto de cabeza descomunal, un cañón en su pierna derecha, veloz como pocos, pero le falta, en mi opinión, ser más organizador de equipo y algo más de calidad, claro está, si le comparamos con Messi, aunque es muy superior a la media. Siempre ha mantenido un gran idilio con el gol y es un depredador del área, un *killer* en toda regla, especialmente demostrado en su etapa en el Real Madrid CF.

EL PEP TEAM

Ya en los noventa, el club catalán había pasado una etapa gloriosa de la mano de Johan Cruyff como entrenador al ganar cuatro ligas consecutivas (1991, 1992, 1993 y 1994), una Copa de Europa (1992), una Recopa de Europa (1989), una Supercopa de Europa (1992), una Copa del Rey (1990) y tres Supercopas de España (1991, 1992 y 1994). Había implantado un sistema 3-4-3, esto es tres centrales y un medio del campo poblado y a la vez creativo, influencia de Rinus Michels, en el que de los tres delanteros, dos jugarían por banda favoreciendo la llegada de los centrocampistas ofensivos. Este sistema de juego fue recogido por uno de los integrantes de aquel equipo de los noventa denominado Dream Team, Pep Guardiola. Sin embargo, no conviene olvidar la figura antecesora de Guardiola, Frank Rijkaard, que en los años 2005 y 2006 llevó al FC Barcelona a la senda de los éxitos con dos ligas, dos Supercopas de España y una Champions en 2006. Pero la llegada de Guardiola en el

2008 revolucionó no solo al fútbol español sino Mundial, ya que muchos consideran que el Tiki-Taka viene de los fundamentos de Guardiola, si bien hay que matizar que quizás lo que realmente hizo fue perfeccionarlos, ya que la selección española ganó la Eurocopa del 2008 usando ese juego justo antes de la llegada de Guardiola. El entrenador catalán, mejoró el 4-3-3 de Rijkaard, enfocándolo en un estilo en el que debía de predominar la presión al rival de manera agresiva pero disciplinada y de manera colectiva. Puso a Messi de «nueve falso», con amplia libertad de movimientos que favoreció su juego, ya que podía arrancar desde tres cuartos y así hacer gala de su excepcional regate. Pero la clave era la posesión del balón y en eso Guardiola tenía a Xavi Hernández como su principal arma. Xavi vivía con el balón cosido a los pies y nadie se lo quitaba. Contaba con otro mago, Andrés Iniesta, que también era conocido por tener escondido el balón en los pies y no estar exento de técnica, y era netamente más ofensivo que Xavi.

Sin embargo una pieza clave sería la de Sergio Busquets, centrocampista defensivo, encargado de destruir el ataque rival y ser el primero en dar el primer pase hacia la portería contraria, normalmente a Xavi, que manejaba los hilos del equipo. Guardiola apostó por la cantera y la dosificación de la plantilla para dar minutos a todos sus jugadores y poder estar frescos durante la exigente temporada cargada de partidos. En la última temporada en el club, Guardiola volvió al 3-4-3 de Cruyff en ocasiones influenciado por la llegada de Cesc Fábregas, jugador que ocupaba el centro del campo. El FC Barcelona ganó dos Ligas de Campeones, en 2009 y 2011, ambas frente al Manchester United FC, tres ligas (2009, 2010 y 2011), dos Copas del Rey (2009 y 2012), tres Supercopas de España (2009, 2010 y 2011), dos Supercopas de Europa (2009 y 2011) y dos Mundiales de Clubes (2009 y 2011). El FC Barcelona es el único club del mundo que ha conseguido un sextete, es decir, Liga, Copa, Supercopa de España, Liga de Campeones, Supercopa de Europa y Mundialito en el 2009.

La Copa América de 2011, con sede en Argentina, iba a contar con Japón y México como invitadas, pero los nipones rechazaron jugar debido al terremoto que sufrió el país ese año y a la crisis nuclear de Fukushima. Costa Rica ocupó su lugar. En lo meramente futbolístico, la final fue conquistada por los charrúas, con doblete de Diego Forlán y gol de Suárez, ante una Paraguay que no tuvo opción.

El principio del 2012 contó con una nueva edición de la Copa de África. Celebrada en Gabón y Guinea Ecuatorial, la gran sorpresa fue Zambia, que por primera vez en su historia ganaría la Copa de África tras superar desde la tanda de penaltis a Costa de Marfil. La estrella de Costa de Marfil, Didier Drogba, se quedaba sin título. Drogba, jugador del Chelsea FC, y que ganaría la Champions del 2012, había protagonizado un hecho curioso en el 2005 tras conseguir la clasificación del Mundial de 2006 ante Sudán, en el que al finalizar el partido, y con todo el país frente al televisor, pidió que la guerra civil que asolaba su país acabase. Y la declaración surtió efecto, ya que los dirigentes acordaron el alto el fuego y comenzaron a hacer los preparativos para llegar a un acuerdo de paz. El fútbol, gracias a Drogba, paró una guerra en esta ocasión.

LA TRIPLE CORONA ESPAÑOLA

La Eurocopa de 2012 se celebró en Polonia y Ucrania. Sin embargo, ninguno de los dos países había organizado nunca un evento como este y las infraestrututras eran limitadas. Además, en Polonia hubo una fuerte crisis en el fútbol por la detención de sesenta árbitros del país,

Selección española celebrando la victoria de la Eurocopa del 2012.

acusados de corrupción, que a punto estuvieron de costarle a la propia selección polaca el poder participar en competiciones internacionales. Finalmente, y tras la inspección de la UEFA y de la FIFA, ambas naciones estuvieron dispuestas para acoger el evento.

El 8 de junio dio comienzo a la Eurocopa con el empate a uno entre Polonia y Grecia.

La final, entre España e Italia, no tuvo color. Los españoles fueron un huracán. España jugó con un 4-3-3, con Fábregas de falso nueve conectando con la delantera formada por Iniesta y Silva. Italia jugó con un Andrea Pirlo demasiado retrasado y Danielle de Rossi estuvo enfocado en tareas defensivas. El seleccionador italiano, Cesare Prandelli, confiaba en el contraataque y en sus dos delanteros Cassano y Balotelli. Pero España, confiada en su posesión y control del balón, se hizo dueño del partido e Italia hizo aguas por todas partes. España se convirtió en la única selección del planeta en ganar

Eurocopa-Mundial-Eurocopa, un triplete histórico que tardará muchos años en ser igualado o superado.

Los Juegos Olímpicos de 2012 fueron en Londres. Reino Unido participó por primera vez desde 1972, aunque no contó con futbolistas escoceses ni norirlandeses al existir desacuerdos en la participación en el evento entre estas federaciones. El Reino Unido llegó a cuartos de final, pero fue eliminada de la lucha de las medallas por Japón en los penaltis. En la final, México sería oro al ganar a Brasil.

África volvió a tener una nueva edición de su Copa, esta vez en Sudáfrica. Aunque Libia iba a ser en un principio la organizadora, la guerra que asoló al país en 2011, y que acabó con la salida del poder de Muamar el Gadafi, originó el cambio de sede. Burkina Faso llegó a la final y cayó por la mínima ante Nigeria (1-0).

Alemania deja con la miel en los labios a Messi

Brasil y Colombia se disputaron la candidatura del Mundial del 2014, quedando solo Brasil en la carrera por ser la sede. Ya en tierras sudamericanas, en el grupo B, se vio la debacle de España, tras caer estrepitosamente por 5-1 ante Holanda, que se cobró la revancha de la final del Mundial anterior. España no levantó cabeza en su partido ante Chile, 2-0, y la campeona del Mundo quedó eliminada a las primeras de cambio.

Las semifinales verían el partido más dramático de la historia de los mundiales. El Brasil-Alemania. En el estadio Mineirão de Belo Horizonte, nadie esperaba lo que iba a suceder a continuación. Y lo que ocurrió fue un despliegue alemán por tierra, mar y aire. A la media hora de partido el resultado iba 0-5 a favor de los europeos, lo nunca visto, además de que Miroslav Klose se había convertido en el máximo anotador de la historia de los mundiales, al conseguir su decimosexto tanto. Es cierto que a Brasil le faltaba Neymar por lesión y Thiago Silva, su capitán, por acumulación de tarjetas. No es menos cierto que los jugadores brasileños sentían mucha presión por jugar en casa y que no se repitiera el maracanazo de 1950, pero lo que sucedió aquí fue el mineirazo, ya que el partido acabaría 1-7 a favor de los teutones, lo que provocó la indignación de los hinchas brasileños y que el seleccionador de la Canarinha, el portugués Scolari, presentase su dimisión más rápido que la pole en Fórmula 1. En la otra semifinal, Argentina clasificó para la gran final tras vencer a Holanda en penaltis. El tercer puesto entre Brasil y Holanda, presentó a la selección local acongojada y hundida, y los holandeses aprovecharon la ocasión para ganar y asegurarse la tercera plaza.

El 12 de julio se disputó la final entre alemanes y argentinos, reeditando las de 1986 y 1990, que habían finalizado con un triunfo para cada una. El partido fue un toma y daca, teniendo Argentina las mejores ocasiones, y eso que Leo Messi no estaba en su mejor momento, ya que arrastraba problemas gástricos. Aun así, fue necesaria la prórroga, y en el minuto 113, Mario Götze consiguió el tanto alemán que sirvió para que los germanos ganasen su cuarto Campeonato del Mundo.

El año 2015 dio comienzo con la Copa de África. Marruecos iba a ser la sede, pero la CAF la cambió por miedo a la propagación de la epidemia de ébola, y finalmente Guinea Ecuatorial fue la encargada de albergar esta edición. Ya hablando de la competición propiamente dicha, sería Costa de Marfil, quien se alzase con el trofeo, al ganar por penaltis a Ghana.

La Copa América de 2015 en Chile, contó con Jamaica, tras su excepcional resultado en la Copa de Oro de la CONCACAF, como invitada, tras la renuncias de Japón y China. Sin embargo, los jamaicanos tuvieron un pobre papel al perder los tres partidos de su grupo y quedar fuera de los cuartos. Argentina caería en la final ante Chile, en los penaltis por 4-1, en donde el único gol anotado desde el punto de castigo fue obra de Leo Messi, que veía cómo la Copa América se le escapaba de sus manos ante una correosa y difícil selección chilena.

La Copa de Asia se celebró en Australia. La fase de clasificación venía desde la edición de 2007 dando una plaza a través de la competición Copa Desafío de la AFC, para potenciar el fútbol asiático, que se celebraba bianualmente desde 2006. En esta ocasión la Copa Desafío del 2012 y la del 2014 sirvieron de clasificación para la Copa de Asia de 2015. Corea del Norte, ganadora del 2012 y Palestina, en el 2014, obtuvieron su plaza. El resto de clasificados, lo consiguieron a través de la fase de clasificación tradicional. Palestina fue la selección debutante, que había sido reconocida por la FIFA en 1998. Australia fue la campeona ante Corea del Sur en la prórroga. En la edición de 2019 por primera vez Catar se proclamó campeona al vencer a Japón.

La FIFA se mete en problemas

A finales de 2015, un escándalo sacudió los cimientos de la FIFA. En realidad, fueron dos, que, aunque no estaban conectados entre sí, dejaron en entredicho al órgano más importante del deporte rey. Conocido como *FIFA Gate*, en primer lugar, una parte de ese escándalo (llevado por el FBI) tiene que ver con el soborno realizado a dirigentes de la FIFA por haber recibido dinero negro, y luego blanqueado, para que ciertas firmas y cadenas de televisión tuvieran el monopolio de las retransmisiones y publicidad de torneos celebrados en todo el continente americano (en especial la Copa América). Este caso involucró a cuarenta y siete dirigentes de la FIFA, la CONMEBOL, la CONCACAF y de algunas federaciones latinoamericanas. Muchos fueron detenidos, otros están en busca y captura y alguno todavía se encuentra en paradero desconocido. Algunos de ellos están acusados de cohecho, fraude y blanqueo de dinero. La otra parte del escándalo tiene que ver con la elección de las sedes de los Mundiales de 2018 y 2022, aunque también se sospecha que, en la elección de Alemania en 2006 y de Sudáfrica en el 2010, hubo amaño. Asimismo, se realizó una investigación concerniente a los nefastos arbitrajes que se sucedieron en el Mundial de Corea y Japón del 2002, en el que particularmente fueron perjudicadas Italia y España, cuya casualidad hizo que fueran después las ganadoras de los dos siguientes mundiales (en 2006 y 2010). La elección de Alemania, como os conté, fue debida a la ampliación de plazas para la confederación asiática, con lo que los representantes asiáticos votaron a Alemania, ya que dicha ampliación fue promovida desde la UEFA en detrimento de Sudáfrica, la otra candidata, y parece ser que compraron la abstención del neozelandés Dempsey (que había votado por la candidatura de Inglaterra) para que no votase la de Sudáfrica, aunque no está demostrado si recibió alguna suma de dinero por ello. En cambio, la elección de Sudáfrica en el 2010 estuvo llena de sospechas: Sudáfrica competía con Marruecos como sede, y parece ser que Marruecos había ganado la votación, pero antes de que esta se publicase, Sudáfrica había pagado con sobornos el cambio de algunos votos y, así, poder ser elegida.

En cuanto a la candidatura de Rusia, en 2018, y Catar, en el 2022, elegidas conjuntamente aplicando la política de rotación de la FIFA con respecto a la disputa de los mundiales, tuvo sus críticas (en especial desde la FA inglesa), ya que posiblemente el gobierno del presidente ruso Vladimir Putin había sobornado a algunos miembros de la FIFA para que votasen la candidatura rusa. Lo mismo sucedería con la elección de Catar para el 2022, realizada a la par que la de Rusia, en la que se cree, aunque eso está pendiente de juicio, que también otros miembros de la FIFA habrían recibido cantidades cercanas al millón de dólares para favorecer la candidatura asiática. De momento, Catar será la sede en el 2022, pero no se sabe cuándo exactamente, ya que quieren hacer el Mundial en invierno; algo inviable, puesto que habría que parar la competición de las grandes ligas y eso es casi imposible. Sea como fuere, estos casos de corrupción trajeron algunas renuncias interesantes. Las más importantes fueron las de Joseph Blatter, presidente de la FIFA que en 2016 sería sustituido por el italiano Gianni Infantino, o la de Michel Platiní, presidente de la UEFA.

PORTUGAL DA LA SORPRESA

La Eurocopa del 2016 se celebró en Francia, que derrotó a Turquía en la votación para la sede, y contó por primera vez con la participación de veinticuatro selecciones. En la ronda de clasificación, Gibraltar hizo su debut como selección nacional después de que la UEFA lo admitiera como miembro de pleno derecho en 2013.

Ya en el país galo, hubo seis grupos de cuatro selecciones en donde las dos primeras se clasificaban y también las cuatro mejores terceras. Por primera vez hubo ronda de octavos de final.

Los cuartos de final vieron el vibrante partido entre franceses e islandeses, y aunque acabó a favor de los primeros, la garra y entrega de los segundos fue encomiable. Islandia jamás había participado en un fase final de Mundial o Eurocopa, y en esto del fútbol no era nadie, pero dio la sorpresa, junto a Gales, en esta Eurocopa. Pero los galeses fueron más allá y eliminaron en cuartos a Bélgica. La final, Francia-Portugal, tenía claro favoritismo galo, no solo por jugar en casa, sino por el fútbol mostrado. Pero este deporte es caprichoso, y Portugal, ante más de 75 000 espectadores reunidos en el Stade de France, consiguió hacerse con su primera Eurocopa, pese a la lesión de Cristiano Ronaldo, con un solitario gol de Éder ya en la prórroga. Quizás no era la selección que más lo mereciese, pero sí que sacó máximo rendimiento a su limitado juego y a la excesiva dependencia que tenían de Cristiano Ronaldo.

Los Juegos Olímpicos de 2016 se celebraron en Río de Janeiro. Brasil organizaba de nuevo un evento deportivo tan solo dos años después, cuando acogió el Mundial del 2014. En el terreno futbolístico, la Brasil de Neymar se convertiría en la campeona olímpica al vencer a Alemania en la final por penaltis en el estadio Maracaná.

También se disputó en el 2016 la Copa América, coincidiendo con el centenario de la primera edición, celebrada allá por el lejano 1916. De hecho, se le llamó Copa América Centenario. Además, se contó con dieciséis selecciones, ya que asistieron países de la CONCACAF. La Argentina de Messi llegó de nuevo a la final, pero lo mismo hizo Chile; y la historia se volvió a repetir trágicamente para la Albiceleste, ya que de nuevo se quedaba con la miel en los labios en el punto fatídico de penalti. Esta vez, Messi falló su lanzamiento y los chilenos ganaron la tanda tras quedar el encuentro. Chile era campeón por segunda vez, y de manera consecutiva.

OTRA TRAGEDIA AÉREA

El 28 de noviembre de 2016, un vuelo de la compañía aérea venezolana LaMia, que llevaba entre otras personas al equipo de fútbol brasileño Chapecoense, se estrelló en Cerro Gordo, en Colombia, cuando el citado club brasileño se encontraba de camino a Medellín para jugar la final de la Copa Sudamericana ante el Atlético Nacional. Parece ser que el avión iba con exceso de equipaje y pasajeros y, sobre todo, corto de combustible. Todos los futbolistas del equipo brasileño fallecieron salvo los lesionados o no convocados. En total, el número de fallecidos ascendió a 71. Entre los gestos después del accidente, el propio Atlético Nacional, con la aprobación posterior de la CONMEBOL, pidió que el título de la Copa Sudamericana fuera para el Chapecoense, y así fue otorgado. El club brasileño se clasificó directamente para la edición de la Copa Libertadores del 2017. Hubo homenajes en recuerdo de los fallecidos en otros partidos alrededor del mundo, en especial de Sudamérica.

La Copa de África de 2017, en Gabón, tras la renuncia de Libia al no poder encauzar su situación política y social, y destacó la vuelta de Egipto, que llegaría a la final. Burkina Faso tuvo una actuación destacada y llegó a semifinales, pero el título lo conseguiría, por quinta vez, Camerún ante los Faraones por 2-1.

En el 2018, el Real Madrid CF ganó la decimotercera Copa de Europa, y tercera consecutiva, algo que ningún equipo había hecho antes tras instaurarse en 1992 el formato actual de la Liga de Campeones. El equipo blanco había ganado también la edición de 2014, frente al Club Atlético de Madrid. En el 2015, lo hizo el FC Barcelona, consiguiendo un triplete, ese año, de la mano de Luis Enrique, quien ahora es seleccionador español. Sin embargo, el mérito del Real Madrid CF, fue gracias a las individualidades, en especial la de Cristiano Ronaldo, y a la gestión no tanto deportiva pero sí de la plantilla, en cuanto a cohesión grupal, de Zidane, entrenador desde 2016, más la suerte en algunos momentos clave, esto también es parte del fútbol, sobre todo en Champions, que han hecho que el club merengue siga siendo el rey de Europa.

LAS NOVEDADES DEL 2018

El Mundial de Rusia del 2018 contó con un avance muy notorio en cuanto a la tecnología con la implantación del llamado VAR; es decir, el Video Assistant Referee (o en español, videoarbitraje), en donde, en una sala, uno o varios jueces están pendientes del partido y tienen acceso a la repetición de las jugadas. Cuando una de estas es polémica y el árbitro no lo ve o no considera oportuno pitar nada, estos jueces avisan al árbitro de lo ocurrido para que él mismo, viendo repetidas las imágenes, tome una decisión final o la reconsidere. A veces también el propio árbitro, cuando no tiene un veredicto claro, puede solicitar la revisión del VAR. Solo se usa en cuatro acciones: goles, penaltis, expulsiones por tarjeta roja directa y si el amonestado con amarilla es el jugador correcto. El objetivo de este uso es evitar, en la medida de lo posible, aquellos errores humanos que pueden cambiar el resultado del partido.

El Mundial del 2018 comenzó con el Rusia-Arabia Saudí, favorable a los primeros por 5-0. En el Grupo F, saltó la sorpresa del Mundial, la eliminación alemana en primera ronda, algo que jamás le había pasado a la selección teutona desde 1938, que además venía siendo la campeona del Mundial de 2014. Y fue eliminada por Corea del Sur, en un partido en el que los germanos se estrellaron una vez y otra contra la defensa surcoreana. En los instantes finales, Corea del Sur aprovechó dos contraataques para tumbar a los alemanes. El resultado, 2-0.

Croacia, por primera vez en su historia, se plantaba en una final de un Mundial ante Francia. Francia ya había sido campeona en 1998 y recientemente finalista en la Eurocopa de 2016. Celebrada el 15 de julio en el Estadio Olímpico Luzhnikí, el peso del partido lo llevó Croacia con más posesión del balón, pero la pegada fue francesa. A los croatas se les veía cansados después de disputar tres prórrogas en los partidos de octavos, cuartos y semifinales, y lo pagaron en la segunda parte. La pareja de mediocentros croata, Modrić, flamante Balón de Oro del 2018, y Rakitić no pudieron con el empuje francés, mucho más frescos físicamente, y Francia se impuso 4-2 en una final que habría que ver que hubiese pasado si los croatas no hubieran llegado agotados.

A partir de septiembre de 2018, la UEFA puso en marcha la llamada Liga de las Naciones, un formato nuevo de partidos oficiales que sirve también como fase de clasificación para la Eurocopa del 2020, que se celebrará en doce sedes diferentes. El formato de dicha liga se divide en cuatro divisiones (A, B, C, y D) que las integran selecciones según el coeficiente UEFA, basado en el coeficiente calculado por la participación de los clubes de un país en la Liga de Campeones y en la Europa League; en la división A, se encontrarán las selecciones de mejor coeficiente y, en el D, las de peor. Además, las encuadradas en la división A tendrían la oportunidad de clasificarse directamente para la Eurocopa del 2020 si quedaban primeras dentro de los cuatro grupos, de tres selecciones, que componían dicha división. La última descendería a la división B.

River Plate, campeón de la Copa Libertadores

La edición del 2018 de la Copa Libertadores fue la primera, después de casi sesenta años, en el que el super-clásico del fútbol argentino, el Boca-River, se jugase en el contexto de una final. El Boca Juniors había elimi-nado al Palmeiras brasileño en semifinales, mientras que el River se deshizo del Gremio. Pero, por desgracia, la final pasó a la historia no por lo futbolístico, sino por los incidentes ocurridos en la previa del partido de vuelta que iba a disputarse en el Estadio Monumental. Algunos aficionados del River atacaron con piedras, palos, objetos arrojadizos, botellas y otros objetos más contundentes al autobús en donde iban sentados los jugadores del Boca, pero el problema es que la actuación de la policía no mejoró las cosas, puesto que la utilización de los gases lacrimógenos, lejos de paliar la situación, la empeoró más debido a que muchos jugadores del Boca fueron afectados. E incluso el conductor del bus sufrió un desmayo. Al final, hubo treinta detenidos en los graves incidentes. La CONMEBOL postergó el partido pero, como los incidentes y disturbios se seguían produciendo, se acordó su celebración al día siguiente.

Sin embargo, la situación no estaba garantizada, con lo que finalmente la CONMEBOL suspendió el encuentro de manera indefinida. Una de las condiciones sería disputarlo fuera del país, ya que la situación no era la mejor para hacerlo en suelo argentino. Además, el estadio del River sería clausurado por dos partidos y el Boca intentó que la Unidad Disciplinaria del país lo reconociese como ganador del torneo por descalificación del rival, cosa que no ocurrió. El 29 de noviembre se refrendó que el partido de vuelta fuese disputado en el Estadio Santiago Bernabéu de Madrid, el día 9 de diciembre. Afortunadamente, se celebró sin incidentes. En él, el River se impuso en la prórroga (no se contaban los goles en campo contrario por no jugar en la cancha del River) tras el empate en los noventa minutos. A partir de entonces, se decidió la final sería a único partido y en terreno neutral. River Plate ganaba su cuarta Copa Libertadores, después de haberlo conseguido en 1986, 1996 y 2015.

11

Las mujeres también juegan al fútbol

Por fortuna, aunque aún queda mucho camino por recorrer, está normalizado ver a las mujeres jugar al fútbol. Sin embargo, la gente cree que es un fenómeno relativamente reciente; pero, como la historia suele poner las cosas en su sitio, muy pocos sabréis que el fútbol femenino existió casi desde el principio de los tiempos, y que sus orígenes son tan remotos como el masculino. La primera evidencia gráfica que se conoce proviene de la antigua China, en la que, como recordaréis, en la época de los Han se jugaba al *Tsu Chu*, y en ella se muestra unos frescos en el que aparecen dos mujeres practicando este deporte. Incluso podemos ir más atrás, a la época neolítica, en donde probablemente, aunque no está demostrado, en las pinturas rupestres de algunas cuevas de África aparecen lo que podrían ser figuras femeninas, junto con masculinas, practicando una especie de juego cuyo protagonista era parecido a un esférico. Aun así, habría que dar un buen salto en la línea temporal y trasladarse al siglo XVIII, en el que se tiene constancia de que en Escocia, en particular en Inverness, ya las mujeres jugaban sus pachangas, enfrentándose solteras contra casadas de manera anual frente a la atenta mirada de sus maridos, y había unas rivalidades de aúpa. Se utilizaban todo tipo de artimañas en el partido: desde tirones de pelo, arañar con las uñas, bocados, etc. No sabremos si se quitaban los tacones para estampárselos en la cara de la oponente, pero debió de ser divertido presenciar alguna tangana en este tipo de partidos, en los que el buen juego no era el protagonista, pero el entretenimiento estaba garantizado. En 1863, año en el que nace el fútbol moderno y la Football Association (FA), muchos piensan que la adecuación de las reglas de juego, con el propósito de hacerlo menos violento, fue en previsión para dar cabida a las mujeres.

Ya a finales del siglo XIX, concretamente en 1892, se tiene constancia del primer partido entre mujeres de manera oficial, ocurrido en Glasgow y organizado por la Asociación Escocesa de Fútbol. Pero la FIFA no lo reconoce como tal, a diferencia del acaecido el 23 de marzo de 1895 en Londres, que enfrentó a dos combinados (norte y sur de Londres) pertenecientes al British Ladies Football Club, fundando un año antes. Recogido por el periódico inglés *The Guardian*, el resultado fue de 7-1 favorable a las del norte, quienes tenían como estrellas a Nettie Honeyball y a la portera miss Graham; en realidad era la sufragista escocesa Helen Matthews, que parece ser que tenía grandes aptitudes en esto de parar, blocar y rechazar balones, y que fue elogiada y vitoreada por su impecable actuación. Cabe destacar que el fútbol entre las mujeres levantaba ya pasiones, puesto que el periódico inglés corroboró que la asistencia a este encuentro, disputado en

el Crouch End Athletic Ground, fue de diez mil personas, intrigadas en ver cómo unas mujeres, ataviadas con
unas faldas incomodísimas, le daban patadas al balón y se
defendían practicando un deporte evidentemente masculino. Por desgracia, periódicos como el *Bristol Mercury* o
el *Daily Post* de Gales pensaron que el fútbol era cosa de
hombres y que las mujeres no debían practicarlo, ya que
era inadecuado para su sexo.

LAS PRIMERAS FUTBOLISTAS Y EL BRITISH LADIES FOOTBALL CLUB

El fútbol femenino deberá siempre estar ligado a Nettie
Honeyball, una activista de los derechos de la mujer
que llegó a proclamar su derecho a jugar al fútbol. Pero,
en realidad, ese nombre era un pseudónimo, y el
nombre real nunca se supo, aunque se piensa que pudo
llamarse Mary Hutson. Por desgracia, no se sabe mucho
de su vida, pero sí que fundó, en 1894, o tal vez el 1
de enero de 1895, el British Ladies Football Club, cuya
patrocinadora fue *lady* Florence Dixie, una escocesa que,
además de ser aristócrata, era corresponsal de guerra,
viajera, escritora y feminista, y aparte se convertiría en
la primera presidenta del club. Pero Honeyball destacó
por buscar, sin descanso, a mujeres dispuestas a jugar en
el recién creado club y puso anuncios por todas las calles
de Londres para su propósito. Finalmente, hasta treinta
mujeres acudieron a la llamada y se formó una plantilla
realmente competitiva, que en ese mismo año jugarían,
aunque fuera entre ellas, al fútbol. Como os dije, contaba
con *miss* Graham, que ya anteriormente, en 1881, había
propuesto crear una selección nacional femenina tras ver
que los hombres ya empezaban a disputar partidos internacionales, en especial escoceses e ingleses. El problema
es que era una fecha muy temprana para plantearse este

tipo de cuestiones, pero parece ser que hubo un partido, de dudosa veracidad, entre selecciones femeninas de Escocia e Inglaterra celebrado el 9 de mayo de 1881 en el Easter Road Stadium de Edimburgo, en el que *miss* Graham defendió la portería escocesa. Su equipo no se llamó Escocia propiamente dicho, sino *mrs* Graham´s XI. El día 20 de ese mismo mes, se repitió el encuentro; pero se le conoce como la primera invasión al campo y lanzamiento de objetos de que se tiene constancia por parte de mujeres también, y este hecho fue aprovechado por los sectores más conservadores para lanzar piedras en el tejado del fútbol femenino, argumentando, en un ejercicio de cierta demagogia, que las mujeres no podían practicar este deporte porque era peligroso no solo para su integridad física, sino por la posibilidad de que hubiese altercados como el descrito anterior-mente —como si no los hubiera por parte del fútbol masculino—. Todo esto derivó en que, en Escocia, la práctica del fútbol femenino fuese prohibida, lo que obligó a *miss* Graham a irse a Inglaterra y a encontrarse más tarde con Honeyball.

El British Ladies FC estuvo en liza durante más de dos años, en los que se registra que jugó más de cien partidos, pero, por desgracia, cada vez contaron con menos apoyo y muchas de sus jugadoras, entre lesiones y entre que dependían económicamente de sus maridos y de que estos le dieran permiso para jugar al fútbol, tenían dificultades para jugar. Por ello, los partidos cada vez eran más difíciles de disputar. Además, el equipo pasó por dificultades financieras, de tal modo que no podían ni siquiera pagarse la estancia en los hoteles, y la falta de equipos femeninos con los que poder jugar hizo que, antes de acabar el siglo XIX, el club prácticamente desa-pareciera, quedándose en el olvido. Solo siguió jugando *miss* Graham con su equipo *escocés* y parece que estuvo en activo hasta el 1900 y que contó con la anécdota de que, en una gira por la localidad escocesa de Irvine, la guardameta acabó el partido con un ojo morado debido a la violencia del mismo.

EL FÚTBOL FEMENINO EN LA GRAN GUERRA Y EN LOS AÑOS VEINTE

Las mujeres dejaron de practicar el fútbol durante los primeros años del siglo xx. La práctica femenina entró en un gran bache que, paradójicamente hablando, finalizó con el estallido de la Primera Guerra Mundial en 1914. Esto hizo que los hombres acudiesen al campo de batalla y dejaron las fábricas vacías, que fueron ocupadas por las mujeres. A pesar de que echaban más horas que un reloj y de que muchas mujeres habían dejado el hogar con apenas catorce años, encontraron en el trabajo, duro por otra parte, la posibilidad de tener tiempo libre sin la atenta mirada de padres, novios y futuros maridos. Así pues, cuando, tras las inagotables jornadas maratonianas de trabajo, las mujeres podían descansar, invirtieron su tiempo libre en practicar deportes; entre ellos el fútbol, junto con el baile y la natación (las preferidas por ellas). En el caso futbolístico, empezaron las primeras rivalidades, naciendo en las fábricas y desarrollándose finalmente en pueblos y ciudades. Se cuenta que en la Navidad de 1917 y, al día siguiente, en el llamado Boxing Day —de gran tradición británica, dedicado a la realización de donaciones y regalos a los más desfavorecidos— hubo partidos entre dos fábricas de Preston, en Lancashire, con el registro de diez mil espectadores, de los cuales uno de los dos equipos sería leyenda del fútbol femenino, como después os contaré. Pero el partido estrella de aquellos días fue entre un combinado inglés y otro irlandés, celebrado en el Grosvenor Park de Belfast, que, para muchos, es catalogado como el primer encuentro internacional entre selecciones femeninas, si bien no está oficialmente tildado como tal. Hubo una afluencia de público de veinte mil espectadores. Las jugadoras irlandesas provenían principalmente de dos equipos, The Lurgan Blues y The Belfast Whites, mientras que el seleccionado inglés provenía de numerosos equipos de localidades diferentes. Por desgracia, no se conoce el resultado del encuentro. Aun así, se sabe que, hasta la fecha, fue el partido con más calidad técnica jugado hasta entonces.

También en ese año se constata la creación del quizás primer torneo de la historia, el denominado The Munitionettes´ Cup en referencia a las fábricas de munición. La primera edición contó como equipo ganador al Blyth Spartians, que derrotó a las chicas del Bolclow Vaughan por 5-0 en Middlesbrough el 18 de mayo de 1918 ante veintidós mil espectadores. Al año siguiente, las ganadoras fueron la que conformaban el equipo del astillero de Palmer. que vencieron por 1-0 a las del Christopher Brownde Hartlepool en St. James Park de Newcastle el 22 de marzo de 1919.

En el transcurso de la contienda, e incluso antes, las mujeres se unieron cada vez más para jugar al fútbol. Ya en la Rusia zarista, en 1911, se había creado un equipo femenino en la ciudad de Pushkin, cerca de Moscú, al que le siguieron el equipo de la Escuela Comercial y un conglomerado de jugadoras bajo la llamada *liga* de Petrovsky Razumovsky. El primer partido que se recuerda fue entre el Pushkin y las jugadoras de la liga, celebrado en agosto de 1911, con el resultado de 5-1 a favor de las primeras. En Francia, la pionera fue Madame Milliat, más conocida como Alice Milliat, una gran defensora de los derechos de las mujeres y que hizo todo lo posible para que estas participasen en los Juegos Olímpicos, si bien ya lo hicieron en la edición de 1900 en la modalidad de golf, críquet y tenis, e instó al COI a que cada vez más hubiese más representación femenina en los deportes, aunque no consiguió que lo hicieran en el atletismo hasta 1928. En 1911, fundó un club de fútbol, el Fémina Sports, y seis años más tarde creó la Fédération des Sociétés Féminines Sportives de France, la FSFSF, en la que ella misma fue la presidenta. En 1921, también sería la principal impulsora de la Fédération Sportive Féminine Internationale, creada en Montecarlo y con sede en París, encargada de supervisar los eventos deportivos femeninos internacionales. De hecho, creo una especie de Juegos Atléticos u *olimpiadas femeninas* que tuvieron cuatro ediciones, París (1922), Göteborg (1926), Praga (1930) y Londres (1934), a modo de reivindicación ante la discriminación sufrida en los Juegos Olímpicos. En lo que respecta al fútbol, la FSFSF impulsó un torneo llamado Le Championnat de France de Football Féminin (FSFSF), que perduraría hasta 1932. En 1919 y 1920, el torneo solo se circunscribió a la ciudad de París, pero después no solo se extendió por el resto de Francia, sino que también se hicieron giras europeas en Inglaterra a cargo del Fémina Sports y de una selección francesa que ganó en Plymouth (1-2) y que empató con Éxeter y Falmouth. Durante las catorce temporadas que duró el torneo, el Fémina Sport lo ganó en once ocasiones, con lo que estableció una tiranía futbolística en el país galo. Los otros ganadores fueron el L´En Avant, en 1920 y 1921, y Les Sportives, en 1922. Por desgracia, y debido a la falta de apoyo, el fútbol se retiró en 1933 de los deportes organizados por la FSFSF, aunque al final de ese año se crea la Ligue de Paris de Football Féminin, que organiza un campeonato de liga compuesto por diez equipos que duraría hasta 1937. Ya una vez empezada la Segunda Guerra Mundial e instaurado el gobierno provisional de Vichy, este prohibió la práctica del fútbol femenino en una orden emitida el 27 de marzo de 1941.

En España, hasta los años veinte el deporte femenino no va a asentarse en el país. Los denominados felices años veinte fueron una época en la que, después de la Gran Guerra, muchas mujeres quisieron valer sus derechos sufragistas y, como medio de difusión, utilizaron el deporte para conseguir el propósito. Ya en 1895, el periódico *La Vanguardia* había recogido en su crónica el famoso partido de fútbol del British Ladies FC, pero aquello quedó un poco en saco roto. Además, esta década fue buena para el devenir de las mujeres en los Juegos Olímpicos, ya que, en la edición de 1924, se incorporaron deportes como la natación o la esgrima. En el deporte del balompié, ya hubo una iniciativa en 1921 por parte de la FSFSF francesa de estimular el deporte femenino, y concretamente el fútbol, en Madrid, con exhibiciones futbolísticas que, sin embargo, no llegaron a causar el efecto deseado. Aun así, la prensa catalana del momento, en la que destacan periódicos como la *Jornada Deportiva* o el *L´Esport* Catalá, instaban a la práctica del deporte femenino y a que los propios círculos de mujeres, en la medida de sus posibilidades, proyectasen y expandiesen todo tipo de deportes. No obstante, se tiene noticia de que en 1914 ya existía un equipo de fútbol femenino en Barcelona, el Spanish Girls Club, típico nombre inglés que, como ya sabéis, era normal adoptar en la época. Este se enfrentó con los equipos de Montserrat y de Giralda en unos partidos benéficos para la lucha contra la tuberculosis en el campo del RCD Español. Sin embargo, la iniciativa tuvo poco éxito y ni siquiera las de su propio género la apoyaron. Por si fuera poco, en 1921 —ahora os hablaré de ello—, la FA prohibió la práctica del fútbol femenino en Inglaterra y aquello cayó como un jarro de agua fría en España, en donde se debatía la conveniencia de si las mujeres debían de jugar o no al fútbol, aunque más bien casi toda la prensa se posicionaba en contra. Aun así, y con estas dificultades, en 1923 se celebraría en Barcelona un partido internacional entre un equipo francés y británico con motivo de la fiesta deportiva de los periodistas. Las reacciones no se hicieron esperar y *El País* calificó el fútbol femenino como el menos femenino de todos los deportes, haciendo gala y acopio de un proteccionismo exacerbado hacia la mujer, diciendo lo que tenía o no que hacer, invitando a que practicaran otros deportes menos rudos y no estropeasen su belleza física.

Por fortuna, en el contexto de la II República, en donde las mujeres consiguieron el derecho al voto y a poder divorciarse, pudieron practicar muchos más deportes fuera del conservadurismo y del qué dirán; pero, en lo que atañe al fútbol, apenas hubo cambios dignos de resaltar, ya que se consideraba varonil y había aún mucho prejuicio masculino en cuanto a ver con buenos ojos a que las señoritas patearan la pelota. De todas formas, el fútbol siguió siendo un medio para la lucha por la igualdad y para la democratización, pero deportes como el hockey sobre hierba, el baloncesto o el balonmano se llevarían la palma en cuanto a práctica y movilización social y se convirtieron casi en un espectáculo de masas. Por desgracia, el fútbol femenino no fue visto como tal y, aunque se permitió su práctica, fue más como mercantilización en pos del disfrute del hombre que como reivindicación. No obstante, en estos años, hubo equipos femeninos como el Levante, el Valencia, el Club España y el Atlético de Madrid que hicieron varias giras no solo en España, sino en países como Brasil, Chile, Perú, Argentina o México. En 1934, Ana María Martínez Sega fue la primera mujer directiva de la historia del fútbol español en formar parte de la Junta Directiva del FC Barcelona. Con la Guerra Civil y la llegada del franquismo, el fútbol femenino tendría un retroceso importante. Habría que esperar a la democracia para que resurgiese.

La leyenda del Dick, Kerr´s Ladies Football Team

Quizás el equipo más famoso de los inicios del fútbol femenino fue el Dick, Kerr´s Ladies FC, que nació en 1917 en Preston, Inglaterra, proveniente de una fábrica dedicada a la construcción de locomotoras y tranvías, pero que, en aquel tiempo, se dedicaba, debido a la Gran Guerra, a producir municiones. Como las mujeres tuvieron que incorporarse para sustituir a los hombres, sus ratos libres los dedicaban, como ya os dije, a hacer deporte. En 1917, durante un período en el cual la producción estaba bajo mínimos —se acercaba el fin de la guerra—, al tener más tiempo libre, las mujeres empezaron a jugar asiduamente al fútbol, en especial después del almuerzo y a la hora del té. Como aquello cada vez atrajo más y más público, las chicas de la fábrica, bajo el auspicio del administrador de la misma, Alfred Frankland, formaron un equipo que se enfrentó en la citada Navidad de 1917, bautizado como Dick, Kerr´s Ladies FC contra el equipo de la fábrica Arundel Coulthard. El resultado: 4-0 a favor de las primeras. A partir de entonces, este nuevo equipo empezó a jugar algunos partidillos con el propósito de recaudar fondos para los heridos de guerra y se les asignó a las jugadoras un sueldo de diez chelines por parte de la fábrica para cubrir sus gastos.

En 1920, jugó un partido contra el famoso Fémina Sports de Alice Milliat, como consecuencia de un torneo celebrado en Francia. Poco después, en ese mismo año, otro torneo se celebró en Reino Unido, y la gira para el Dick, Kerr´s Ladies acabó con otro partido contra el citado Fémina Sports, con victoria para el equipo galo por 2-1 en el partido disputado en el Stamford Bridge de Londres. A finales de 1920, otra vez fueron a Francia y jugaron cuatro partidos con el resultado de tres empates

Dick, Kerr´s Ladies FC en Estados Unidos en 1922

y una derrota. Sin embargo, en el Boxing Day de 1920, se registró una de las mayores afluencias que se recuerdan en la historia de un partido femenino, que las enfrentó contra el St. Helen´s Ladies. Se dice que acudieron más de cincuenta mil espectadores —muchos se quedaron fuera—, en un partido celebrado en el Goodison Park de Liverpool. Habría que esperar a los Juegos Olímpicos de Londres 2012 para ver un partido con mayor número de espectadores, que fue el que enfrentó a las selecciones de Gran Bretaña y Brasil. Además, una de las novedades más importantes es que las mujeres del club empezaron a jugar en pantalones cortos y camisetas de manga larga, al igual que los hombres.

Por desgracia, cuando todo empezaba a ir sobre ruedas en esto del fútbol femenino, llegó el varapalo. El 6 de diciembre de 1921, la FA —como siempre los ingleses muy suyos—, se sacó de la chistera que las mujeres no podían jugar al fútbol con la excusa paternalista de que era inadecuado para ellas y de que físicamente no podían ser capaces de jugarlo. El trasfondo se debe a que el fútbol femenino estaba cogiendo carrerilla y amenazaba la incipiente popularidad del fútbol masculino. Además, instaba a que los clubes miembros de la FA rechazaran el uso de las instalaciones para acoger partidos del sexo femenino. Esta decisión supuso un mazazo para las mujeres inglesas. Sin embargo, no toda la gente apoyó la decisión, e incluso algunos dirigentes del fútbol escocés se ofrecieron como apoyo a las jóvenes que querían practicar este deporte. Pero el retroceso fue patente y, además, la prohibición tenía una vigencia de cincuenta años. Esto supuso que las mujeres, en el terreno futbolístico, quedasen relegadas a un plano marginal y que los partidos que se celebrarían posteriormente serían casi en la penumbra, en campos con pequeña capacidad y faltos de recursos.

Afortunadamente, esto no amilanó a las chicas del Dick, Kerr´s Ladies, que siguieron jugando su fútbol a pesar de la prohibición y que protagonizaron una gira en 1922 por América del Norte; aunque no pudieron jugar en Canadá, ya que la Canadian Soccer Association prohibió que tocaran el esférico en el país. En Estados Unidos, la cosa fue diferente. Jugaron hasta nueve encuentros con equipos formados por hombres, algunos internacionales, por los Estados Unidos, en campos en donde la afluencia de público variaba entre cuatro y diez mil espectadores. Cuatro años más tarde, el equipo cambió de nombre, pasó a llamarse Preston Ladies FC, y siguió jugando partidos en los años treinta con más de cinco mil personas de media viendo sus regates, goles y jugadas. En ese mismo año de 1922, con motivo de, aunque clandestinamente, seguir impulsando el fútbol femenino, se creó el The English Ladies´ Football Association Challenge Cup bajo el auspicio de la recién formada English Ladies´ Football Association. En ella, participaron veinticuatro equipos y fue ganador el Stoke Ladies al vencer en la final al Doncaster y al Bentley Ladies por 3-1 el 24 de junio. Ya en 1937, las chicas del Preston Ladies disputaron un partido contra el equipo femenino de Edimburgo y les metieron una buena paliza (5-1), convirtiéndose de manera *oficiosa*

English Ladies' Football Association

en las campeonas del mundo, ya que el encuentro se circunscribió dentro de una competición llamada Championship of Great Britain at the World. En 1938, repitieron el mismo resultado (5-1), pero en 1939 perdieron contra las de Edimburgo por 5-2. Hasta 1965, el equipo permaneció activo, y se cuenta que disputó un total de 828 partidos, ganando 758, empatando 46 y perdiendo solo 24.

UNA LARGA TRAVESÍA EN EL DESIERTO

La prohibición de la FA de que las mujeres jugaran al fútbol no afectó solo al país anglosajón, sino al resto de lugares en donde ya la práctica por parte de las féminas había arraigado. Entonces, a partir de esa fecha, muchos equipos femeninos fueron paulatinamente desapareciendo, hasta tal punto de que, en vísperas de la Segunda Guerra Mundial, apenas existían decenas de equipos que en la oscuridad seguían practicando el deporte rey.

Afortunadamente, a partir de 1945, coincidiendo con el fin de la Segunda Guerra Mundial, hay ciertos atisbos y cambios culturales y de mentalidad con respecto a la visión del fútbol ligado a las mujeres. Con el fin de la contienda y la paz, muchas jóvenes empezaron a sentir impulsos de formar parte en actividades lúdicas y deportivas, aunque es cierto que tampoco sintieron, salvo algunos casos, un gran interés por darle patadas al balón. Sin embargo, en lugares tan dispares como Costa Rica, las mujeres de allí habían creado cinco equipos para impulsar la participación del fútbol femenino en los creados Juegos Panamericanos, cuya primera edición fue en 1951 en Buenos Aires; pero se toparon con la realidad, y es que los médicos argentinos, muy poco profesionales, rechazaron cualquier participación en los juegos aludiendo causas tan cogidas por los pelos como la falta de físico, el miedo a que se hicieran daño o que no era deporte para señoritas. En Estados Unidos, que como ya sabéis de sobra, nunca se interesó por el fútbol salvo en los primeros momentos, resulta que la FIFA se enteró de que unas veinte mil jóvenes jugaban al fútbol en las escuelas secundarias; pero, en vez de apoyar la iniciativa, no le interesó la propuesta y admitió que no tenían competencia sobre ello y que, por tanto, no daba ningún tipo de asesoramiento a la United States Soccer Federation sobre qué hacer al respecto. Dejaba el futuro del fútbol femenino a los médicos —ya habéis visto como se las gastaban, al menos los argentinos—, y a los docentes. Tal hecho indignó al gobierno de los Estados Unidos, que sacó una ley que decía que ninguna escuela recibiría ayuda económica si dicha escuela discriminaba a la mujer.

Pero en los años cincuenta, al menos en Europa, las cosas fueron cambiando a mejor muy poco a poco. Ya en 1955, en Alemania Federal, se discutió la posibilidad de que el fútbol femenino fuera incluido y, aunque finalmente se decantaron por el no, el tema ya estaba ahí. Por otra parte, las propias mujeres empezaron por sí mismas a organizar sus campeonatos. Dos años después de la creación de la Copa de Europa en el ámbito masculino, ellas, a través de la Asociación Internacional Femenina de Fútbol que se fundó para la ocasión, organizaron el primer campeonato de Europa de clubes femeninos, ganado por el Manchester Corinthians inglés, aunque habría que esperar ya hasta el 2001 para que se disputase oficialmente. Ya en los años sesenta, y en especial en Dinamarca, en las dos Alemanias, Holanda, Checoslovaquia, Noruega, Suecia, Escocia o Austria, se empezaron a formar equipos y competiciones. Sin embargo, en la Unión Soviética la cosa no era tan fácil, e incluso su ministro de salud hizo unas declaraciones impactantes argumentando que las mujeres no podían jugar al fútbol, puesto que podría favorecer la aparición de varices y la posibilidad de tener lesiones en los órganos sexuales. Ya el colmo fue cuando dijo que el parar y controlar el balón con el pecho podría causar graves daños en las glándulas mamarias.

En 1969 se creó la Federación Europea e Internacional de Fútbol Femenino (FIEFF), que contó con apoyos, como el de la empresa de los famosos aperitivos Martini y Rossi, con el objetivo de crear un Campeonato del Mundo, aunque no fuera reconocido por la FIFA, en Italia al año siguiente; campeonato que ganaría la selección danesa. En 1971, se repitió el experimento, esta vez en México, en el que la selección inglesa femenina incluyó a algunas jugadoras de tan solo trece, catorce y quince años. Dinamarca ganó de nuevo en la final a la selección anfitriona por 3-0 con *hat-trick* de Susane Augustesen, que contaba con solo quince primaveras. Habría que esperar hasta 1981 para ver otra edición no oficial en Taiwán, ganada esta vez por Alemania Federal.

SE CREAN LOS PRIMEROS CAMPEONATOS Y LIGAS NACIONALES

Y en los años setenta se produce el primer despegue del fútbol femenino. A pesar de que la FIFA seguía sin mojarse en el asunto, cada vez más mujeres lo practicaban y más equipos se formaban. En 1971, la FA por fin levantó la prohibición tras cumplirse los cincuenta años propuestos de sanción y propició la creación de un torneo, la Women's FA Cup, cuyo primer ganador fue el Southampton; el Arsenal Women FC es el club que más veces lo ha conquistado: catorce (la última en 2016). En ese mismo año, la UEFA estuvo de acuerdo en que las asociaciones nacionales se hicieran cargo del desarrollo del fútbol femenino.

También se crea la Asociación de Fútbol Femenino en Asia, en la que se integraron países como Hong Kong, Taiwán y Malasia. Más tarde, daría paso a la Asian Ladies' Football Confederation (ALFC), que en 1975 organizó, sin el permiso de la FIFA, un campeonato asiático de selecciones en el que participaron Australia, Malasia, Nueva Zelanda (a la postre la ganadora), Singapur, Tailandia y Hong Kong con el propósito de crear una especie de FIFA, pero solo de mujeres; es decir, una Federación Internacional de Fútbol Femenino (FIFF). La FIFA se negó rotundamente argumentando que no podía aceptar la creación de una organización paralela en ningún ámbito del fútbol. Aun así, se disputó en 1977 un segundo campeonato ganado por Taiwán y, a partir de entonces —como después os contaré—, se celebrará hasta la actualidad.

En Europa, en Alemania Federal, sus dieciséis asociaciones regionales permitieron que se organizaran campeonatos para mujeres a partir de 1972; pero hasta diez años más tarde no se compondría su selección nacional tras ganar la Copa del Mundo de Taiwán de

1981. En 1990, con la caída del Muro de Berlín, se crearía la Frauen-Bundelisga, cuyo título lo ha ganado el FFC Frankfurt siete veces. En Suecia, las cosas habían avanzado bastante, ya que, desde 1973, el país tenía su campeonato nacional, uno de los mejores del mundo y cuyo primer ganador fue el Öxabäck IF, que consiguió seis títulos hasta 1988, cuando el campeonato se denominó, a partir de entonces, *damallsvenskan*, cuyo campeón actual es el Piteå IF. En 2002, la jugadora Hanna Ljungberg, del Umeå IK, tuvo el honor de conseguir la mayor cifra de goles en una temporada: treinta y nueve. En Noruega, a las mujeres se les enseñaba el fútbol en los colegios, y en 1984 se creó la Toppserien, que presenció el dominio del Asker Fotball en los años ochenta y principios de los noventa; aunque a partir del 2012 ese dominio corresponde al Lillestrøm SK o LSK Kvinner FK, que es el actual campeón de la liga. En España, habría que esperar hasta los años setenta para ver el primer campeonato oficial de mujeres, concretamente en 1971, cuyo campeón fue el Club Deportivo Fuengirola. Hubo que esperar hasta 1988 para que se inaugurase la Liga Nacional Femenina, hoy en día Primera División Femenina, en la que el Athletic Club de Bilbao ha sido el equipo que más veces la ha conquistado (cinco), mientras que, en la actualidad, el campeón es el Club Atlético de Madrid. El Levante CD y FC Barcelona han conseguido el título en cuatro ocasiones. Sonia Bermúdez, del FC Barcelona, ha sido la mujer que ha conseguido ser máxima goleadora en cuatro ocasiones consecutivas, de 2012 a 2015.

En Sudamerica, en 1975, el fútbol femenino fue permitido en Brasil y, en 1983, se creó la Taça Brasil de Futebol Feminino, de la que hubo otra edición en 1989 para sustituirse por el Torneio Nacional de 1990 y 1991. Tras unos años en los que se celebraron competiciones sin mucho éxito, en 2007 se creó la Copa do Brasil

Nadezhda Bosikova

de Futebol Feminino, antecedente del Campeonato Brasileiro de Futebol Feminino del 2013, que ha tenido a cinco ganadores diferentes; el último fue el Santos FC. Argentina creó el Campeonato de Fútbol Femenino en 1991, que hasta el 2000 se celebraría de manera anual, que pasó, al igual que su homólogo masculino, a un Torneo Apertura y a un Torneo Clausura hasta el 2015, momento en el que, de nuevo, se volvió al sistema anual. Boca Juniors lo ha ganado en veintitrés ocasiones. En Uruguay, el fútbol femenino es más reciente y hasta 1997 no tuvo su propio campeonato. El Rampla Juniors FC es el club que más veces lo ha ganado: nueve (la última en 2008).

Mientras tanto, en la Unión Soviética, a pesar de que el fútbol era casi prohibido, no fue óbice para que, a primeros de los setenta, se celebrase la Copa Valentina Tereshkova en la localidad de Dnepropetrovsk en honor a la primera cosmonauta que voló al espacio. Pero, en esa misma época, el Comité del Estado para el Deporte de la URSS prohibió no solo el fútbol, sino otros deportes como el boxeo, la lucha o la halterofilia por

Olga Letyushova

considerarlos *masculinos*. Habría que esperar a finales de los años ochenta, con la *perestroika* o apertura económica, para levantar la prohibición, y en 1987 se creó el primer torneo regional hasta que, en 1989, se fundó la Asociación de Fútbol femenino y, en 1990, se instaura el primer campeonato oficial femenino, ganado por el Niva de Kiev. Cuando la Unión Soviética desaparece en 1991, al año siguiente se inaugura el Campeonato Femenino de Fútbol de Rusia, cuyo ganador fue el Interros Moskva. El Energiya Voronezh fue el dominador en los años noventa, mientras que, en la actualidad, es el Zvezda Perm con seis títulos entre 2007 y 2017. Futbolistas como Nadezhda Bosikova y Olga Letyushova son leyendas en el fútbol ruso y cada una han conseguido ser seis veces máxima goleadora de su liga, incluso compartiendo el trofeo en el año 2000.

En los Estados Unidos, en 1972, se propuso una enmienda en la Constitución por la que se permitía un acceso equitativo a la educación deportiva tanto para hombres como para mujeres. Esto hizo que, al contrario que en la vertiente masculina, el fútbol femenino se popularizase en el país. En el año 2000, se creó una liga, llamada Women´s United Soccer Association, vigente hasta el 2003, que fue suspendida por falta de público y poca audiencia en las televisiones. En 2009, se creó otra liga, la Women´s Professional Soccer, que fue sustituida en 2012 por la actual National Women´s Soccer League. El North Carolina Courage es el actual campeón, y la jugadora australiana Samantha Kerr es la máxima goleadora histórica de la competición, con cincuenta y cinco goles en noventa y cuatro partidos. Como en poco veréis, la selección nacional de Estados Unidos es una de las mejores del mundo, sino la mejor.

EL IMPULSO DEFINITIVO

Los ochenta fueron claves para que, por fin, el fútbol femenino fuera reconocido mundialmente. Por fin la FIFA tomaría en serio a las mujeres gracias al auspicio de la citada ALFC, e incluso se instó a celebrar una Copa del Mundo femenina, idea que ya había surgido en 1977. Sin embargo, en 1984, la UEFA organizaría una Eurocopa femenina que empezaría en 1982 y que finalizaría en 1984. Ya hubo un par de precedentes: el primero en 1969 y el segundo en 1979, celebrados ambos en Italia, y en los que fue ganador de la primera edición el país anfitrión y Dinamarca en la segunda, que ya contó con doce selecciones. El torneo, que finalizaría en 1984 tras una fase de clasificación, contó con cuatro equipos nacionales: Suecia, Inglaterra, Italia y Dinamarca. Si bien la asistencia de público fue minúscula (apenas se superaron los cinco mil espectadores por partido), esta fue suficiente para dar alas al proyecto europeo. Las suecas se impondrían en una final a doble partido a Inglaterra en la tanda de penaltis (4-3) tras quedar empate a uno en la eliminatoria global. La sueca Pia Sundhage fue la goleadora del torneo con cuatro tantos.

Sin embargo, en 1986, la futbolista noruega Elle Wille acusó a la federación de su país de que estaba poniendo trabas al desarrollo del fútbol femenino. Esto causó una protesta social de la cual los dirigentes noruegos tomaron nota y, en el congreso de la FIFA (celebrado en México ese mismo año), el delegado noruego convenció al organismo mundial de que ya era hora de prestar la debida atención al fútbol femenino. El tirón de orejas causó efecto, ya que la FIFA, a partir de 1987, empezó a interesarse por organizar competiciones internacionales. Hubo un simulacro celebrado en 1987 en Taiwán, en donde una selección A del país anfitrión venció a la llamada selección de California. Al año siguiente, en China, se organizó un primer Mundial no oficial durante once días y participaron doce selecciones. La afluencia fue grande, ya que hubo una asistencia media de veinte mil personas. Pero la primera edición oficial fue también en China, en 1991, con una fase de clasificación en la que se clasificaron doce selecciones: cinco de Europa (Dinamarca, Alemania, Italia, Noruega y Suecia), tres de Asia (China, Japón y China Taipei), una de Norteamérica (Estados Unidos), otra de África (Nigeria), otra de Sudamérica (Brasil) y, finalmente, otra de Oceanía (Nueva Zelanda). Hubo una fase de tres grupos de cuatro selecciones, cuartos de final, semifinales y final. Estados Unidos fue la primera campeona del mundo al vencer en la final a Noruega por 2-1, con doblete de Michelle Akers, que, a la postre, fue la máxima goleadora del torneo con diez dianas. Akers tiene el honor de ser posiblemente la mejor jugadora de la historia del fútbol femenino; de hecho, fue elegida mejor jugadora del siglo XX por parte de la FIFA, junto con la china Sun Wen, y consiguió 105 tantos con la selección de su país, solo por detrás de otra de las grandes, Mia Hamm, que consiguió la impresionante cifra de 158 goles.

El primer Mundial femenino, fue un soplo de aire fresco tras el fiasco de la versión masculina de Italia 1990. Es cierto que las mujeres eran menos robustas físicamente, pero realizaron un fútbol de ataque y, encima, eran más benevolentes con las oponentes y con el árbitro; es decir, no protestaban tanto. En un principio, los partidos serían pitados por hombres, pero, a partir de 1994, la FIFA estableció que, en los partidos de mujeres, los árbitros también debían de ser féminas. Esto ocurrió por primera vez en el Mundial celebrado en 1999 en los Estados Unidos, en el que, en todos los partidos, el *trencilla* fue mujer.

Mientras tanto, la Eurocopa femenina seguía su curso. La edición de 1987 presenció la victoria de Noruega frente a Suecia (2-1), y dos años más tarde Alemania Federal se proclamó campeona al vencer a Noruega por 4-1 y empezaría a establecer una tiranía europea al proclamarse hasta ocho veces campeona de Europa, salvo en 1993, que fue para Noruega y en la última edición en 2017, ganada por Holanda. La selección alemana femenina a lo largo de su historia ha tenido grandes jugadoras, caso de Birgit Prinz, máxima goleadora de la selección con 128 dianas y elegida tres veces jugadora del año de la FIFA (2003, 2004 y 2005), más cinco veces segunda; la portera Nadine Angerer, jugadora del año en 2013 y mejor portera del Campeonato del Mundo del 2007, o, actualmente, Alexandra Popp.

En Asia, se siguió celebrando el campeonato asiático tras las ediciones de 1975 y 1977, conocido como AFC Women´s Asian Cup. La selección que se ha alzado con el título más veces ha sido China, campeona en ocho ocasiones, siete de ellas consecutivas entre 1986 y 1999. Sin embargo, hoy en día, China no es la potencia del continente, pues ha sido sustituida por Japón, ganadora de las ediciones de 2014 y 2018. Corea del Norte y Taiwán, conocida también como China Taipei, han conseguido el título en tres ocasiones. De la selección china, destacó la figura de Sun Wen, que, como ya os dije, fue declarada mejora jugadora del siglo xx, junto con Michelle Akers, y que es la máxima goleadora de la historia de la selección china con ciento seis goles. Tampoco hay que olvidarse de Pu Wei, doscientas veintinueve veces internacional entre 1997 y 2014, o de Han Duan, segunda en el *ranking* goleador de la selección con ciento un tantos. En Oceanía, en 1983 se celebró el primer campeonato de selecciones del continente, la actual OFC Women´s Nations Cup, cuyo dominador ha sido Nueva Zelanda en seis ocasiones (1983, 1991, 2007, 2010, 2014, 2018) y que se ha convertido en la principal potencia futbolística del momento. Australia, en tres ocasiones, y China Taipei, en dos (fue invitada en esas dos ocasiones), son las otras ganadoras del torneo. Ria Percival y Abby Erceg son las jugadoras, por parte de Nueva Zelanda, que más internacionalidades han obtenido: 135 y 132 partidos respectivamente.

En 1991, se empezó a disputar tanto la Copa de África para mujeres como la Copa América femenina y la Copa CONCACAF. En África, la eclosión del fútbol masculino a finales de los ochenta y principios de los noventa animó a que las mujeres se sumasen a la iniciativa. Sin embargo, el desigual desarrollo en el continente ha hecho que muchas selecciones femeninas tengan apenas una presencia testimonial en las grandes competiciones. La gran dominadora del torneo ha sido Nigeria, que lo ha ganado once de las trece ediciones disputadas. La única selección que ha podido disputarle el trono ha sido Guinea Ecuatorial, que se proclamó campeona de África en 2008 y 2012. A partir de 1998, el torneo se celebra cada dos años y, a pesar de la tiranía futbolística de Nigeria, cuenta con selecciones importantes como Ghana, Camerún o Sudáfrica. La anécdota más importante de la historia del torneo ocurrió en el año 2000 en la final entre Nigeria y Sudáfrica, cuando el segundo gol nigeriano —que no lo fue— se concedió como válido. Los hinchas sudafricanos empezaron a tirar botellas y otros objetos al campo y, a pesar de que el partido intentó reiniciarse hasta tres veces, finalmente se le otorgó el título a Nigeria. La selección de Nigeria, conocida como las Súper Águilas, tiene actualmente a jugadoras como Faith Ikidi, que juega en el Piteå IF sueco, o la portera Tochukwu Oluehi.

Si Nigeria ha sido la gran dominadora en África, lo mismo se puede decir de Brasil en América del Sur, que, desde que comenzó a disputarse el torneo, lo ha ganado siete de las ocho veces; salvo la edición de 2006, conquistada por Argentina. Se juega mediante un sistema de liguilla en el que generalmente se establece una primera fase con dos grupos y una fase final de un único grupo. Desde el 2006, se juega cada cuatro años. La selección brasileña cuenta con la que seguramente, aunque es pronto para decirlo, será la mejor jugadora del siglo XXI, Marta Vieira da Silva, que perfectamente podría ser llamada la Pelé femenina al haber sido cinco veces consecutivas, de 2006 a 2010, jugadora del año de la FIFA y que, actualmente, es la ganadora del premio The Best FIFA Women's Player. Además, es la máxima goleadora, con 15 tantos, de la historia de los mundiales femeninos. Es una jugadora con un cambio de ritmo brutal, endiablada, rápida, creativa y con una gran capacidad goleadora, a pesar de que no juega de delantero centro. Pero, sobre todo, es una líder a la que le falta conseguir un Mundial. En cuanto a la Copa CONCACAF, el dominio absoluto ha correspondido a los Estados Unidos, vencedora de todas ediciones salvo la de 1998, en la que no participó, y la de 2010. Ambas fueron ganadas por Canadá.

Hasta 1996, no se permitió a las mujeres participar en el fútbol en los Juegos Olímpicos. En Atlanta, se celebró la primera competición, que, a diferencia de la parte masculina, no tenía restricciones de edad y que podían jugar profesionales. Contó con ocho selecciones y la ganadora fue Estados Unidos, que batió en la final por dos a uno a China. Noruega se alzó con el oro olímpico en el 2000 en la prórroga al vencer a los Estados Unidos por 3-2. A partir de entonces, las estadounidenses ganarían tres Juegos Olímpicos consecutivos (2004, 2008 y 2012) y el testigo lo cogería Alemania en la edición de 2016. Brasil ha llegado a dos finales (2004 y 2008), perdiendo ambas con Estados Unidos. La brasileña Formiga es la única mujer que ha participado en todos los Juegos Olímpicos disputados hasta la fecha y tiene, además, el récord de internacionalidades de su país (167). En los Juegos Panamericanos, hasta 1999 no hubo competición de mujeres, y Brasil ha conquistado el oro en tres ocasiones (2003, 2007 y 2015). También hay unos Juegos Asiáticos, desde 1990, en los que juegan mujeres; China y Corea del Norte comparten el número de ocasiones en las que han conseguido la medalla de oro (tres), aunque la actual campeona es Japón.

En cuanto al Mundial, la historia del mismo ha dejado entrever que no hay una dominadora clara. Noruega se alzo con el título en 1995 tras vencer a Alemania, que después conseguiría ser campeona mundial en las ediciones de 2003 y 2007. Actualmente, la campeona del mundo es Estados Unidos, que conquistó la edición de 2015 (también la de 1999) al vencer a Japón por 5-2 en la final. De nuevo, la brasileña Formiga y la japonesa Humare Sada son las jugadoras que más veces han jugado un Campeonato del Mundo (seis) y la mayor goleada de los mundiales la consiguió Alemania al vencer a Argentina 11-0 en la fase de grupos de la edición del 2007.

No conviene olvidar otros torneos internacionales de rango menor de selecciones, como la Copa Algarve, una especie de mini-Mundial anual que se celebra desde

1994 y que Estados Unidos lo ha ganado en diez ocasiones. También está la Copa Chipre, cuya última ganadora es España; la Copa SheBelieves, que se empezó a disputar en 2016; la Copa de Istria, y el torneo de la Cuatro Naciones, que desde 1998 se celebra en China (país anfitrión con siete entorchados) y Estados Unidos (con seis), que, además, son los grandes dominadores del torneo.

En lo que respecta a competiciones entre clubes, cabe destacar que, a partir de la temporada 2001-2002, se instauró en Europa la UEFA Women´s Champions League, en la que el Olympique Lyonnais francés es el club que más veces se ha alzado con el trofeo (cinco) y es, además, el actual campeón de la competición. La alemana Anja Mittag es la máxima goleadora de la historia con cincuenta y un goles, aunque la noruega Ada Hegerberg, con cuarenta y dos tantos y flamante Balón de Oro femenino del 2018, posiblemente la acabe superando. En Sudamérica, también se celebra una competición internacional a nivel de clubes, conocida como la Copa Libertadores Femenina, cuya primera edición es del 2009. El São José Esporte Clube de Brasil es el equipo que más veces la ha ganado, tres (en 2011, 2013 y 2014), seguido del Santos FC con dos (en 2009 y 2010).

Por último, en lo referente a las tácticas, durante los primeros años, en especial los ochenta y los noventa, el estilo de juego se parecía muy poco al masculino, pero poco a poco, y no por imitar a los hombres, se entablaron sistemas de juego. Noruega fue una de las pioneras, pues usó el trabajo en equipo, los pases largos y las transiciones al ataque rápidas. Sin embargo, han copiado lo *malo* de los hombres en cuanto al miedo a perder con la imposición de sistemas netamente defensivos, con lo que incluso países como China llegaron a jugar con un 6-2-2. Esto ha repercutido en la caída del promedio de goles por partido y los resultados han pasado de convertirse

Sarina Wiegman,
Autor: Ampatebt.
Retocada por Danyele.

en grandes goleadas a victorias por la mínima. Al menos, una cosa buena ha habido, y es que el paso de los años ha hecho florecer un gran número de entrenadoras y seleccionadoras mujeres, ya que, al principio, los equipos eran entrenados por hombres. Cabe destacar las figuras de la citada Pia Sundhage, entrenadora nacional de la selección de Suecia —aunque también lo fue de los Estados Unidos—, que consiguió dos oros olímpicos en 2008 y 2012, o la alemana Silvia Neid, seleccionadora alemana entre 2005 y 2016 con un Campeonato del Mundo en 2007 y un oro olímpico en 2016. En la actualidad, destaca la labor de Sarina Wiegman en la selección holandesa.

Bibliografía

AA.VV. *Fútbol femenino: una diferencia positiva.* Simposio Mujer y Fútbol. Pamplona: Instituto Navarro de Deporte y Juventud, 2002.

ALABARCES, Pablo. *Historia mínima del fútbol en América Latina.* Madrid: Turner, 2018.

ARIAS, Inocencio. *Mis Mundiales: del gol de Zarra al triunfo de la Roja.* Barcelona: Plaza y Janés, 2014.

ARROITA, Juan G. y CABRERA, Andrés. *Las 100 mejores historias del fútbol: historias inéditas.* Madrid: Oberon, 2017.

ARROITA, Juan G. *Mentiras y tópicos del fútbol: mitos, leyendas y clichés que rodean al fútbol.* Madrid: T&B, 2014.

BALAGUÉ, Guillem. *Barça: la historia ilustrada del FC Barcelona.* Barcelona: Blume, 2014.

Ball, Phil. *Tormenta blanca: La historia del Real Madrid (1902-2015)*. Madrid: T&B, 2015.

Burns, Jimmy. *De Riotinto a la Roja: un viaje por el fútbol español 1887-2012*. Barcelona: Contra, 2013.

Bueno Álvarez, J. A., y Mateo, Miguel Ángel. *Historia del fútbol: enciclopedia para disfrutar de un deporte y sentir una pasión*. Madrid: Edaf, 2010.

Carreño, Eduardo. «El deporte en el campo diplomático: el caso de la Copa Mundial de la FIFA Sudáfrica 2010». En: *Estudios Políticos 41*, 2012; 170-188.

Chaves, Iván. *Esquemas ofensivos y defensivos en el fútbol moderno*. Vigo: MC Sports, 2018.

Coca, Santiago. *Los entrenadores de fútbol*. Real Federación Española de Fútbol. Madrid: Gymnos, 2004.

Couto, Álex. *Fútbol Total: Los estrategas que han cambiado la historia*. Barcelona: Editorial Base, 2018.

Couto, Álex. *Las grandes escuelas de fútbol moderno*. Barcelona: Fútbol de Libro, 2014.

Cruyff, Johan y Groot, Jaap de. *Fútbol*. Barcelona: Ediciones B, 2012.

Curletto, Mario A. *Fútbol y poder en la URSS de Stalin*. Madrid: Altamarea, 2018

Dholdan, Joaquín. *Genios del fútbol*. Sevilla: El Paseo, 2018.

Eisenberg, Christiane. *FIFA 1904-2004: un siglo de fútbol*. Madrid: Pearson Alhambra, 2004.

FOER, Franklin. *El mundo en un balón: cómo entender la globalización a través del fútbol.* Barcelona: Debate, 2004.

GALEANO, Eduardo H. *Cerrado por Fútbol.* Madrid: Siglo XXI, 2017.

GARCÍA, Guillermo y GABILONDO, Aritz. *Sueños de gol: el origen de las estrellas.* Madrid: Aguilar, 2014.

GARRIGA, José. *Violencia en el fútbol: investigaciones sociales y fracasos políticos.* Buenos Aires: Godot, 2013.

GIFFORD, Clive. *El arte del fútbol.* Madrid: Edilupa, 2006.

GLANVILLE, Brian. *Historia de los Mundiales de fútbol: De Uruguay 1930 a Brasil 2014.* Madrid: T&B, 2018.

GÓMEZ, Pedro. *El fútbol ¡NO! es así: ¿Quién dijo que estaba todo inventado?* Barcelona: Futbol de Libro, 2014.

HERNÁNDEZ, Ricardo. *La pequeña gran historia del fútbol (y de los Campeonatos Mundiales).* Madrid: Mundis, 1978.

KELMAN, Jim. *Fútbol: las reglas del juego.* Madrid: Susaeta, 2013.

KERR, Philip. *La mano de Dios.* Barcelona: RBA, 2016.

KISTNER, Thomas. *FIFA Mafia.* Barcelona: Córner, 2015.

LAGO, Carlos. *Fútbol es fútbol: Una explicación científica sobre creencias del juego.* Vigo: MC Sports, 2015.

LEIVA, Jorge. *Fútbol y dictaduras: resistencia vs propaganda.* Valencia: La Xara edicions, 2012.

Ludden, John. *Los partidos del siglo: Los duelos más apasionantes de la historia del fútbol.* Madrid: T&B, 2010.

Menayo, David. *El fútbol femenino en 20 toques: La historia contada a través de las vivencias, anécdotas e impresiones de sus protagonistas.* Madrid: Cydonia, 2015.

Morán, José: *Las mejores anécdotas de fútbol.* Madrid: Susaeta, 2018.

Moreno, Mariano. *Fútbol: reglas del juego.* Real Federación Española de Fútbol. Madrid: Gymnos, 1995.

Moreno, Mariano. *Campeones de Europa 2008, del mundo 2010.* Madrid: Real Federación Española de Fútbol, 2010.

Nacah, Pablo. *¡Fútbol!: mucho más que un juego.* Madrid: Siruela, 2016.

Newsham, Gail J. *In a League of Their Own! The Dick, Kerr Ladies 1917-1965.* London: Scarlet Press, 1997.

Padilla, Toni. *Brasil 50.* Barcelona: Contra, 2014.

Pérez, Alberto. *La retransmisión del fútbol en la radio.* Barcelona: Fundación CIDIDA, 2014.

Relaño, Alfredo. *Tantos Mundiales, tantas historias.* Barcelona: Córner, 2014.

Rinke, Stefan. «La última pasión verdadera: historia del fútbol en América Latina en el contexto global». En*: Iberoamericana. América Latina, España, Portugal: Ensayos sobre letras, historia y sociedad. Notas. Reseñas iberoamericanas,* 2007; Vol. 7, n.º 27: 85-100.

Sans, Álex y Frattarola, César. *El fútbol femenino.* Vigo: MC Sports, 2017.

SANZ, Javier. *Héroes bajo los palos: el guardameta, nº1 en la historia del fútbol*. Madrid: T&B, 2013.

SEMPERE, Pedro y RACCA, Virginia. *Apodario del planeta fútbol: lo que no estaba escrito del deporte rey*. Huesca: Titano, 2012.

SORIANO, Osvaldo. *Fútbol: Storie di calcio*. Torino: Einaudi, 1998.

TEJERO, Juan y RINCÓN, Jaime. *Los años del «jogo» bonito: equipos de leyenda del fútbol clásico*. Madrid: Bookland, 2014.

TORREBADELLA-FLIX, Xavier. «Fútbol en femenino. Notas para la construcción de una historia social del deporte femenino en España, 1900-1936». En: *Investigaciones Feministas 313, 2016; Vol. 7, n.º 1: 313-334.*

TRUJILLO, Eduardo. *Atlas ilustrado de fútbol*. Madrid: Susaeta, 2010.

UNZUETA, Patxo. *A mí el pelotón y otros escritos de fútbol*. Barcelona: Córner, 2011.

WELSH, Alex. *The soccer goalkeeping handbook: the essential guide for players and coaches*. London: Bloomsbury Sport, 2014.

WILLIAMS, Jean. *A Contemporary History of Women's Sport, Part One: Sporting Women, 1850-1960*. New York: Routledge. 2014.

WILSON, Jonathan. *La pirámide invertida: Historia de la táctica en el fútbol*. Buenos Aires: Debate, 2014.

ZIMBALIST, Andrew S. *Circus maximus: el negocio económico detrás de la organización de los Juegos Olímpicos y la Copa del Mundo*. Madrid: Akal, 2016.

Printed in the United States
By Bookmasters